기도가이끄는 삶
Driven by Prayer

전 남 련

 글샘

기도가 이끄는 삶

(Driven by Prayer)

2020년 8월 07일 초판 1쇄 인쇄
2020년 8월 17일 초판 1쇄 발행

지은이 | 전남련

펴낸이 | 황성연

펴낸곳 | 글샘출판사

교정·교열 | 심원섭, 최병민

주소 | 서울특별시 중랑구 망우로 192(상봉동) 성신빌딩

등록번호 | 제 8-0856

총판 | 하늘물류센타

전화 | 031-947-7777

팩스 | 0505-365-0691

북디자인 | Creative & Art

ISBM | 978-89-91358-77-5 (03230)

THE WORD OF GOD
AND PRAYER

하나님의 말씀과 기도로 거룩하여 짐이라

(딤전4:5)

불과 땀과 피로 쓴 체험적 기도안내서

사막이 있다. 뭇생명의 마지막 숨결과 체액의 한 방울까지 남김없이 흡입해 버린 뜨거운 모래가 끝없이 펼쳐져 있는 곳. 영원한 징벌 같은 태양의 열기만이 이글거리는 그곳, 거기에 한 여인이 서 있다. 여인이 바라보는 모래 지평선 위에는 오아시스의 신기루가 떠 있다.

그녀는 수백 명의 아이와 어른이 살 수 있는 오아시스를 짓게 해달라고 파란 새벽마다 기도를 드렸다. 그녀는 모래 속에 가녀린 묘목들을 심고 물을 져 나르고 집을 짓기 시작했다. 말라 죽어가는 나무들과 허물어지는 벽돌과 모래 바람 속에서 일을 계속하는 그녀의 주변에 하나 둘 조력자가 모여들었다. 삼십여 년이 지난 어느 날, 수백 명이 먹고 잘 수 있는 집과 밭과 연못과 작은 마을길이 사막 위에 모습을 드러냈다. 그녀는 학교와 교회를 짓기 위해 오늘도 새벽 기도길에 나선다.

이 이야기가, 내가 30년간을 지켜봐 온 전남련 교수의 인생을 비유한 것이라고 해도 될까. 그녀는 맨손으로 시작하여 오늘에 이르렀다. 그래서 나는 전남련 교수를 전 다르크라 부른다. 말씀과 기도와 인생 현장에서의 시험으로 혹독하게 단련된 불굴의 영혼을 가진 여인. 이 책에 담긴 내용이 전남련 교수의 기도 인생의 극히 일부를 보여주는 예에 지나지 않는다는 점도 독자 여러분은 미리 알아 두셔야 하겠다.

말씀은 영원히 흐려지지 않는 거울이자, 영원히 꺼지지 않는 등대불이

다. 그것에 비춰 보아야 내가 매순간 어떤 인간으로 살아가는지 알 수 있다. 그것이 없으면 내가 어디서 좌초를 하여 검은 바다 속으로 수장될지 알 수 없다. 지옥이 어디 죽어서만 있으랴. 말씀이 없는 인생 바로 그것이 살아서 지옥 속을 걷는 길이다.

기도가 없다면 말씀은 헛것에 가깝다. 기도는 말씀과 현재의 나를 실시간으로 이어주는 혈관과 같은 것이기 때문이다. 기도는, 인생의 모든 난관과 유혹에 약한 영육을 다스릴 수 있는 유일한 직접적 방법이다. 말씀의 세계를 체화할 수 있도록 이끌어주는 생생한 실전적 체험 그것이 바로 기도와 응답이다. 기도 없는 인생, 그것 역시도 살아서 지옥을 걷는 것과 마찬가지다.

말씀과 약속에 대한 투명한 신뢰, 전신을 던져 부르짖는 새벽기도와 철야기도, 봄비처럼 혹은 번개처럼 내리는 응답과 이적, 이것으로 그녀는 모든 인생 장애를 육탄으로 뚫어왔다. 이 책의 문체 속에 에둘러가는 화법, 화려한 장식적 표현, 매끄러운 지적 조작이 보이지 않는 것도 그 때문이다. 이 책은 머리와 혀가 아니라 몸과 피로 씌어진 것이다. 그녀의 말법은 즉각적이고 직설적이고 단도직입적이다.

이 책은 그녀의 기도 인생을 보여주기에는 얇기 그지없는 책이나, 한번 읽는 이는 누구나 즉각 뜨거움과 충격을 느낄 수 있다. 불과 땀과 피로 씌어진 체험적 기도방법론, 혹은 그에 대한 체험적 안내서, 나는 이렇게 이 책을 이해한다. 이 뜨거운 책을 모든 분께 권한다.

전 독쿄대 교수 심원섭

추천의 글

사람들은 어떤 사물을 볼 때 망원경식으로 보든지 현미경식으로 보든지 합니다. 마찬가지로 성경을 보는 눈도 망원경식으로 보든지 현미경식으로 보든지 합니다. 지금까지 시중에 기도에 관한 책이 많이 나와 있지만 금번에 전남련 교수님이 출판한 「기도가 이끄는 삶(Driven by Prayer)」 이책은 성경을 망원경식과 현미경식으로 동시에 본 것 같습니다. 그러므로 성경적으로는 물론이거니와 신학적으로도 아주 잘 기술한 기도서입니다.

내용은 천지와 만물을 창조하신 은혜에 대한 기도와 12가지 은사(카리스마)를 구하는 기도, 달마다 12가지 열매를 맺는 삶을 위한 기도, 하나님 앞에 상달되는 헌물로서의 기도로 되어 있습니다. 저자가 하나님으로부터 받은 지혜와 은사를 지면에 토해 놓은 수정 같은 결정체이자 신앙고백입니다.

저자는, 기도의 응답과 축복을 함께 나누고 이제 신앙생활을 시작하는 사람은 물론, 매일 성경을 읽고 기도하는 모든 분들에게 도움이 되도록 하려는 의도에서 이런 말씀을 준비한 것으로 보입니다.

제가 존경하는 저자 전남련 교수님은 유아교육·사회복지학 교수님으로 그동안 100권이 넘는 많은 책을 저술하신 분입니다. 실력과 인격은 물론이며 기도를 많이 하시며 성경을 많이 읽으시는 기독교 영성을 가지신 보기 드문 보배로운 교수님이십니다.

본서를 쓰게 된 중요한 동기는, 세계선교 비전을 갖고 1천만 명 영혼 구원을 위한 사명을 감당하고자 하는 데 있습니다. 목회자로서 도전을 받습니다.

본서를 읽으면 감동을 느낄 수밖에 없습니다. 깊은 기도를 향해 가며 성경을 읽어야 하는 목회자와 성도라면 반드시 한번 읽을 필요가 있습니다. 거듭 본서의 출판을 축하하며 많은 성도 여러분께 추천을 드리는 바입니다.

2020년 7월 10일

추경호 (은성교회 담임목사, 신학박사)

추천의 글

"책장이 아닌, 당신의 책상 위에 두게 될 책"

저의 미국 유학 시절 존경하는 교수님 한 분의 말씀이 기억납니다. "좋은 책은 한 번 읽고 책장에 꽂아두어 보관하게 만드는 책이 아니다. 좋은 책은 책장이 아니라 책상 위에 올려놓고 언제든 다시 보게 만드는 책이다!"

전남련 교수님의 저서 「기도가 이끄는 삶(Driven by Prayer)」이 바로 이런 책입니다. 보고 또 봐도 다시 보고 싶게 만드는 책! 볼 때마다 새로운 깨달음을 얻게 되는 책! 이 책은 앞으로 책장이 아니라 당신의 책상 위에 계속 두게 될 것입니다.

"기도의 즐거움을 맛보게 해 주는 책"

제가 전남련 교수님을 만나고 두 번 놀란 일이 있습니다. 첫 번째는 하나님께 매일 드려지는 전남련 교수님의 기도 시간에 놀랐습니다. 매일 변함없이 두 세 시간 기도하신다고 합니다. 그것도 두 손을 하늘을 향해 높이 들고 서서 두 세 시간 기도하신다니! 정말 놀랍습니다. 어떻게 이런 기도가 가능하실까? 바로, 기도의 맛(taste)을 체험하셨기 때문입니다. 그리고 오늘도 기도의 맛을 누리고 계시기 때문입니다. 어떤 사람들에게 기도는 하기 힘든 괴로운 시간일 수 있지만, 전남련 교수님에게 기도는 연애(戀愛)의 시간입니다. 사랑하는 예수님을 만나는 시간! 말씀과 교제하며 하나님과 동행하는 시간! 시간 가는 줄 모르는 영적 즐거움을 누리는 시간입니다. 기대하세요! 이 책을 읽게 될 당신도 저자와 같은 기도의 즐거움(delight)을 누릴 줄 아는 사람이 될 것입니다.

"기도 응답을 통해 말씀의 살아 계심을 증명 해 주는 책"

전남련 교수님을 만나고 두 번째 놀란 일이 있습니다. 바로, 교수님께서 성경을 일 년에 12독씩 해 오셨다는 사실입니다. 그래서 저는 전 교수님의 말과 기도 속에서 말씀을 기초로 한 영적 파워(spiritual power)와 초고도 긍정의 에너지(unlimited positive energy)를 느낍니다. 본 저서는 철저하게 말씀 중심입니다. 그래서 이 책은 남다른 가치를 가지고 있습니다. 그리고, 말씀 뒤에 이어지는 저자의 기적 같은 간증 이야기들은 하나님의 말씀을 빛나게 합니다. 하나님의 말씀이 살아 움직이고 있다는 사실을 증명(proof; verification)해 줍니다. 어떻게 기도할 때 기도가 향연이 되어 하나님 나라 금제단에 상달될 수 있는가? 해답은 바로 '말씀'에 있습니다. 말씀을 붙잡고 하는 기도와 그렇지 않은 기도의 결과는 하늘과 땅 차이입니다. 모세가 말씀을 붙잡고 기도했을 때 즉각적인(immediate) 하나님의 응답을 받은 것처럼, 전남련 교수님의 이 귀한 저서를 통해 응답받는 기도의 방법을 배우시기 바랍니다.

"당신의 기도 수준을 한 단계 더 높여 줄 책"

야구 선수나 축구 선수들이라고 해서 모두가 다 같은 선수가 아닙니다. 메이저 리거(Major Leaguer)가 있고, 마이너 리거(minor leaguer)가 있습니다. 이들의 수준 차이는 상당합니다. 또한 구단으로부터 받는 대우도 많은 차이가 나는 법이지요! 저는 이러한 관점에서 전남련 교수님을 기도의 메이저 리거(Major Leaguer of Prayer)라 칭해 드리고 싶습니다. "How to pray?" 기도하는 방법은 진짜 기도가 무엇인지 아는 사람에게 배워야 합니다. 기도의 메이저 리거가 되시기 바랍니다! 본 저서를 통해 당신은 어디서도 배우지 못한 수준 높은(highquality) 차원의 기도를 배우게 될 것입니다.

"삶의 분주함에서 벗어나 쉼과 안식을 누리게 하는 책"

저는 매주 토요일 아침마다 저희 교회 성도님들과 함께 계양산에 오릅니다. 매번 산행을 하지만 반복적으로 실수하는 부분도 있습니다. 바로, 목적지만을 향해 분주하게만 가려는 저의 여유 없는 마음입니다. 어느 날 그런 저의 실수를 깨닫고 잠시 멈춰 봤습니다. 멈춰 서니 평소에 안 보이던 것들이 보이기 시작합니다. 방금 전까지만 해도 전혀 듣지 못했던 여러 소리들이 들립니다. 아름다운 새소리, 바람 소리, 작은 풀벌레들 소리!

전남련 교수님의 책은 우리의 삶의 분주함(daily bustle of life)을 기도로 멈추게 합니다. 그리고 그간 분주함으로 보지 못했던 하나님을 바라보게 합니다. 수선스러운 우리의 삶으로 인해 듣지 못했던 성령의 세미한 음성을 듣게 합니다. 삶의 분주함으로 힘들어 하는 분이 계시나요? 전남련 교수님의 이 책이 바로, 해답입니다.

"당신을 기도의 신세계(新世界)로 안내할 책"

여행의 묘미는 단연 "새로움(novelty)과의 만남"입니다. 누구나 여행을 떠나기 전에 마음이 설렙니다. 이유가 있지요? 바로, 새로운 장소(new place)에서 새로운 사람들(new face)과 새로운 환경(fresh atmosphere)을 만날 것을 기대하기 때문입니다. 전남련 교수님의 저서도 마찬가지입니다. 이전에 출간된 기도에 관한 그 어떤 책에서도 볼 수 없는 신선한 기도의 재료들이 이 책 안에 가득합니다. 이 책은 독자들을 기도의 신세계로 안내할 것입니다. 그리고 그곳에서 처음 보는 특별한 음식을 먹어 보는 듯한 즐거움(delight)을 선물받게 해 줄 것입니다. 여러분 모두 이 책을 통해 신비로운 기도의 신세계(新世界)를 경험해 보시기 바랍니다. 할렐루야!

전남련 교수님의 저서 「기도가 이끄는 삶」 추천사를 마무리하며, 문득 이어령 교수님의 글이 생각났습니다.

"우리는 틀에 박힌 일상에 파묻혀 삽니다. 실험실의 쥐처럼 쳇바퀴 위에서 뛰고, 먹고, 일하고, 잠자고… 이런 일을 반복하는 꼴이죠. 새로울 것 하나 없는, 반복되는 일상 속에서는 호기심을 잃기 쉬워요. 모든 게 익숙해지면 따분하고 짜증이 나서 뭔가 자극이 필요하다고 느낍니다. 한편으로는 익숙한 영역을 벗어나는 걸 두려워하면서요. 하지만 호기심이 있으면 지루한 일상 밖으로 빠져나갈 수 있습니다."

"나의 동력은 호기심입니다. 머리로 끊임없이 생각할 때, 1초 전의 나와 1초 후의 나는 달라집니다. 습관을 들이면 호기심도 키울 수 있어요. 익숙한 것도 낯설게 보는 연습을 하고, 뭐든 받아들일 수 있는 열린 태도를 가지는 거예요. 새로운 시도와 실수에 대한 두려움 따윈 버리고요. 이제 호기심을 가지고 주변을 돌아보세요. 내 안의 호기심에 귀 기울이는 순간, 지루했던 일상은 신나고 재미있는 일들로 가득한 세상이 될 거예요!" (이어령 교수)

이번에 출간된 전남련 교수님의 저서 「기도가 이끄는 삶」 속엔 기도에 대한 신선한 호기심들(fresh curiosity)이 가득합니다. 이어령 교수님의 말씀처럼 기도에 대한 새로운 영적 호기심을 가지고 이 책을 한 장 한 장 펼쳐 보시기 바랍니다. 당신의 기도에 대한 익숙함을 내려놓고, 틀에 박힌 기도의 매너리즘에서 빠져나와 심오한 기도의 향연 속에 빠져들어가 보시기 바랍니다.

이 책은 기도에 목말라 있는 전 세계 크리스천들에게 신선한 영적 자극(spiritualstimulation)이 될 것이며, 책을 읽는 모든 독자들에게 "성경적인 기도는 무엇인가?(What does the Bible say about prayer?)"에 대한 명확한 해답과 "기도가 이끄는 삶(Driven by Prayer)"에 대한 올바른 성경적 지침을 제공하게 될 것입니다.

굴현사랑의교회 담임목사 박진건

책을 시작하며

> 만물의 마지막이 가까이 왔으니 그러므로 너희는 정신을 차리
> 고 근신하여 기도하라 (벧전4:7)

세계사의 흐름을 보면 한 나라의 멸망은 악인이 많아서 국가가 망하는 것이 아니고 기도하는 의인이 없어서 망하였다. 소돔과 고모라는 기도 하는 의인 열 명이 없어서 멸망하였고 온 세계는 하나님이 아닌 우상을 숭배하여 망하였다.

신명기 30장 17~18절 말씀에는 "네가 만일 마음을 돌이켜 듣지 아니 하고 유혹을 받아 다른 신들에게 절하고 그를 섬기면 내가 오늘 너희 에게 선언하노니 너희가 반드시 망할 것이라 너희가 요단을 건너가서 차지할 땅에서 너희의 날이 길지 못할 것이니라"고 말씀하고 있다.

다윗은 기도해서 능력 있는 왕이 되었고 사울은 하나님을 의지하지 않 고 기도를 하지 않고 순종하지 않고 하나님께 묻지 않고 신접한 여인을 찾아가서 그에게 물어서 하나님께 버림받는 왕이 되었다.

> 주의 눈은 의인을 향하시고 그의 귀는 의인의 간구에 기울이시
> 되 주의 얼굴은 악행하는 자들을 대(against)하시느니라
>
> (벧전3:12)

너희가 내게 부르짖으며 내게 와서 기도하면 내가 너희들의 기
도를 들을 것이요 너희가 온 마음으로 나를 구하면 나를 찾을
것이요 나를 만나리라 (렘29:12~13)

 지금 세계는 신자유주의, 공산주의, 양극화, 테러리즘, 인종차별주의,
동성애, 성평등과 페미니즘, 코로나19, 사회의 불안정 등 여러 가지 복
합적인 문제를 안고 세상을 어지럽게 하고 있다. 이럴 때 크리스천들은
무엇을 해야 할까? 무엇보다 정신을 차리고 깨어 기도를 해야 하는데
많은 크리스천들이 시대의 흐름에 합류하고 융화되어 함께 그들과 하
나가 되어가고 있다.
 하나님께서는 우리에게 성경을 주셨고 성경 속의 사건을 통해 우리가
어떻게 살아야 할지를 알려주셨다.

 너희는 여호와의 책에서 찾아 읽어보라 이것들 가운데서 빠진
것이 하나도 없고 제 짝이 없는 것이 없으리니 이는 여호와의
입이 이를 명령하셨고 그의 영이 이것들을 모으셨음이라
(사34:16)

또 어려서부터 성경을 알았나니 성경은 능히 너로 하여금 그리
스도 예수 안에 있는 믿음으로 말미암아 구원에 이르는 지혜가
있게 하느니라 모든 성경은 하나님의 감동으로 된 것으로 교훈
과 책망과 바르게 함과 의로 교육하기에 유익하니 이는 하나님
의 사람으로 온전하게 하며 모든 선한 일을 행할 능력을 갖추
게 하려 함이라 (딤후3:15~17)

소돔과 고모라가 유황불에 멸망당하게 되었을 때 천사를 통해 아브라
함에게 알려 주셨고 이스라엘이 우상숭배로 멸망하기 전에 이사야, 예
레미야, 에스겔 선지자를 통해 심판을 예언하셨다. 북이스라엘 왕 여로
보암의 우상숭배로 온 이스라엘이 범죄 했을 때 선지자 아히야를 통하
여 멸망을 예언하셨고 아합과 이세벨이 바알과 아세라를 숭배하여 이
스라엘 땅에 수년 동안 비도 이슬도 내리지 않을 것을 엘리야를 통해
예언하셨고 지금도 세계의 주의 종들을 통해 미래에 되어질 일들을 우
리에게 알려주고 계신다.

 사탄은 정치, 경제, 종교 통합을 조장하고 환경과 평화라는 말로 믿는
자들을 혼미하게 하는 이 때 우리는 그들에게 속지 말고 세계와 나라,
민족, 교회와 자신을 위해 기도해야 한다.

이렇게 혼탁한 세상에 우리는 기도로 이 세상을 물을 정수하듯이 깨끗이 정수할 수 있어야 한다.

물을 정수하기 위해서는 돌, 자갈, 모래, 숯 등이 필요하다. 숯에 있는 아주 작은 구멍들이 먼지나 금속 등을 잘 빨아들여서 물속의 더러운 물질들을 없애고 깨끗이 물을 정수하듯이 우리 한 사람 한 사람의 기도가 정수하는 재료가 되어서 하나님께서 기뻐하시는 세상을 함께 만들어 갈 수 있기를 소망한다.

우리가 기도할 때 하나님께서는 성령을 보내 주셔서 기도를 도와 주신다. 우리는 성령의 도움 없이는 하루도 살아갈 수 없다. 성령은 우리 인생의 가이드로 진리를 가르쳐 주시고 바른 길로 인도하시는 네비게이션과 같다. 우리가 잘 모르는 길을 갈 때 네비게이션의 도움 없이는 가기 힘들 듯이 인생의 미래, 우리가 잘 모르는 길을 갈 때 영적인 네비게이션이 되시는 성령님의 도움을 받아야 한다.

제4차 산업혁명과 함께 인공지능의 출현은 기계가 모든 세상을 지배하는 시대로 변화할 것이고 이에 따른 부작용도 엄청 많아질 것으로 본다. 그러나 인공지능이 할 수 없는 일이 있는데 그것은 바로 영적인 일이다. 인공지능은 기도도 할 수 없고 성령님과 교통하며 하나님께서 창조하신 인간처럼 기도를 하지 못한다. 인공지능이 기도를 아무리 앵무새처럼 반복해서 할지라도 하나님께서는 그 기도를 받지 않으신다. 하나님은 하나님의 자녀가 올려드리는 기도를 받기 원하신다. 하나님께서는 인공지능에게 성령을 주시지 않기 때문에 성령을 받을 수 없고 미래도 모른다. 물론 인간도 내일 일은 모른다. 그러나 성령은 모든 것을 아시기 때문에 기도하면 성령께서 우리에게 미래를 알게 하신다.

> 오직 하나님이 성령으로 이것을 우리에게 보이셨으니 성령은 모든 것 곧 하나님의 깊은 것까지도 통달하시느니라 (고전2:10)

세계가 코로나19로 혼란스러운 이 때 우리가 해야 할 일이 무엇인가? 생각할 때 바로 기도하는 일이었다. 많은 사람들이 기도를 하고 싶은데 기도가 잘 안 된다고 하고 몇 분만 기도해도 기도할 말이 없어서 길게 기도를 못한다고 한다. 코로나19로 자유롭게 여행도 못하고 사람을 대면해서 하는 일이 제한적인 이 때 "나는 과연 무엇을 해야 하나?" 하고 기도했을 때 성령께서 "너가 잘하는 일을 하라"고 알려주셨다. "제가 잘하는 일이 무엇입니까?" 하고 물었을 때 성령께서 기도를 열심히 하니까 기도에 관한 책을 쓰라고 하시면서 환상처럼 'How to Pray'라는 글자를 보여 주셨다. 많은 사람들이 말씀을 붙잡고 기도할 수 있는 책을 쓰라는 영감을 주셔서 여러모로 부족한 필자가 순종하는 마음으로 책을 집필하게 되었다.

이 책의 저자는 성령님이시고 필자는 대필을 했을 뿐이다. 원고를 준비하는 기간 동안 명성교회 김삼환 목사님의 주옥과 같은 설교 말씀이 성전으로부터 쏟아져 내려와 내게 선물로 주어졌고 유튜브를 통해 방송되어지는 내용을 보고 이 시대를 볼 수 있는 안목과 세계의 현상을 볼 수 있는 눈이 띄어졌다. On time에 정확하게 말씀을 보내주시고 세계 정세의 흐름을 알 수 있는 자료들을 주시고, 매일 손들고 기도할 수 있는 명성교회 성전을 주시고 기도와 말씀으로 준비된 귀한 목사님의 설교를 통해 글을 정리할 수 있도록 도와주신 하나님의 은혜에 깊이 감사드리며, 이 책의 추천사를 써주신 심원섭 교수님과 은성교회 추경호 목사님, 귤현사랑의교회 박진건 목사님과 이 책의 원고를 코멘트 해주신 최대열 목사님, 김병규 목사님, 김준곤 목사님, 김은자 목사님, 신상근 목사님, 박근준 목사님, 김홍태 선교사님, 석재은 선교사님과 독자의 입장에서 원고를 읽고 힘을 실어 주신 영어예배부 김태우 장로님, G셀 박현자 권사님, 홍주성 집사님, 김미재 집사님, 정은아 집사님, 배영희 집사님, 유영미 집사님께도 감사를 드린다. 또한 이 책을 출판해주신 글샘출판사 황성연 대표님과 원고를 정리해준 최병민, 박지민,

정선아 조교와 이 책의 표지를 그려준 신정애 선생과 배영희 전도사님에게도 감사를 드린다.

코로나19 이후에 더 큰 어려움이 교회마다 찾아올 것으로 보인다. 코로나로 인해 교회 문이 폐쇄되고 예배와 기도가 약화되고 성도들의 믿음이 약해져서 다시 회복하려면 반드시 기도와 말씀이 교회마다 다시 살아나야 한다. 아무리 세상이 전염병과 재앙으로 어려울지라도 하나님의 성전에 거하는 자는 하나님이 지켜 주신다.

지존자의 은밀한 곳에 거주하며 전능자의 그늘 아래에 사는 자여, 나는 여호와를 향하여 말하기를 그는 나의 피난처요 나의 요새요 내가 의뢰하는 하나님이라 하리니 이는 그가 너를 새 사냥꾼의 올무에서와 심한 전염병에서 건지실 것임이로다 그가 너를 그의 깃으로 덮으시리니 네가 그의 날개 아래에 피하리로다 그의 진실함은 방패와 손 방패가 되시나니 너는 밤에 찾아오는 공포와 낮에 날아드는 화살과 어두울 때 퍼지는 전염병과 밝을 때 닥쳐오는 재앙을 두려워하지 아니하리로다 천 명이 네 왼쪽에서, 만 명이 네 오른쪽에서 엎드러지나 이 재앙이 네게 가까이 하지 못하리로다 (시91:1~7)

필자는 이 책을 통하여 수많은 크리스천들, 특별히 다음 세대를 준비하는 젊은 청년들이 말씀과 기도로 깨어나고 하나님께 더 가까이 나아가 성령님의 도움을 받아 하나님의 말씀과 옷자락을 붙잡고 깊이 있는 기도를 올려드리길 기대한다. 그리고 우리의 기도가 향연이 되어 금향로에 담겨져 하나님 보좌 앞에 상달되어 하나님께서 영광 받으시고 우리에게는 응답이 선물처럼 위로부터 내려지길 간절히 소망한다.

아무 것도 염려하지 말고 다만 모든 일에 기도와 간구로, 너희 구할 것을 감사함으로 하나님께 아뢰라 그리하면 모든 지각에 뛰어난 하나님의 평강이 그리스도 예수 안에서 너희 마음과 생각을 지키시리라(빌4:6~7)

2020. 8. 15.

저자 전남련

프롤로그(Prologue)

 하나님께서 세상 만물을 창조하실 때 꽃은 꽃처럼 창조하시고 동물은 동물처럼 창조하시고 사람은 사람처럼 창조하지 않으시고 하나님의 형상(his own image)대로 창조하셨다. 요한복음 4장 24절 말씀에 "하나님은 영이시니"라고 말씀하고 있다. 하나님이 영이시기 때문에 우리에게도 영을 주셔서 우리는 유전적으로 영적인 아버지인 하나님을 찾게 되어 있다.

하나님의 영이 우리 속에 있기 때문에 우리가 아무리 잘 먹고, 잘 입고, 좋은 곳을 가고 즐길지라도 기도하지 않으면 주의 영이 내게 오지 않기 때문에 속이 허하고 텅 빈 것 같은 느낌을 갖는다.

성령의 역사는 우리가 기도할 때, 말씀 들을 때, 말씀 읽을 때 무시로 시간과 공간을 초월하여 역사하신다. 성령님이 오시면 우리에게 말씀을 주시고 기도하게 하신다. 예배는 하나님께서 기뻐하시는 기도, 찬송, 말씀이 모두 들어있기 때문에 예배시간에 성령님이 역사하신다.

예수님을 믿는 사람들에게는 기도 이상 귀한 것이 없다. 복을 받는 것도 기도로 시작되고 복을 받은 후에 지키는 것도 기도며 믿음을 지키는 것도 기도이므로 기도는 끊임없이 이어져야 한다.(명성교회 김삼환 원로목사님 설교 중)

예수님께서도 기도하실 때 용모가 변하셨으며 열두 명의 제자들을 세울 때도 밤새도록 기도하셨다.

예수께서 베드로와 요한과 야고보를 데리고 기도하시러 산에 올라가사 기도하실 때에 용모가 변화되고 그 옷이 희어져 광채가 나더라 (눅9:28~29)

예수께서 기도하시러 산으로 가사 밤이 새도록 하나님께 기도하시고 밝으매 그 제자들을 부르사 그 중에서 열둘을 택하여 사도라 칭하셨으니 곧 베드로라고도 이름을 주신 시몬과 그의 동생 안드레와 야고보와 요한과 빌립과 바돌로매와 마태와 도마와 알패오의 아들 야고보와 셀롯이라는 시몬과 야고보의 아들 유다와 예수를 파는 자 될 가룟 유다라 (눅6:12~16)

예수님께서 세례를 받으시고 기도할 때에 하늘이 열리고 성령이 비둘기 같이 강림하였다.

백성이 다 세례를 받을새 예수도 세례를 받으시고 기도하실 때에 하늘이 열리며 성령이 비둘기 같은 형체로 그의 위에 강림하시더니 하늘로부터 소리가 나기를 너는 내 사랑하는 아들이라 내가 너를 기뻐하노라 하시니라 (눅3:21~22)

크리스천들에게 기도는 영적 호흡이다. 우리가 숨을 쉬지 않으면 살아갈 수 없듯이 예수님을 믿는 사람들은 기도를 하지 않으면 살아갈 수 없다. 그래서 기도를 하지 않으면 답답하고 숨이 막히는 것 같은 경험을 하게 된다. 또한 기도는 매일 밥을 먹는 것과 같다. 우리가 생명을 유지하기 위해 매일 세 끼 밥은 잘 챙겨 먹으면서도 영적인 양식을 위해서는 대부분 노력을 많이 하지 않는다. 육신을 위해서는 좋은 음식을 먹기 위해 맛집을 찾아가기도 하고 호텔 뷔페나 잘 차려진 정식을 선호하지만 영적 양식을 얻기 위해서는 그리 큰 노력을 하지 않는다. 한 끼 식사를 놓치거나 금식을 하면 애써 끼니를 찾아 먹으려고 하는데 하루 기도 시간을 놓쳐도 보충하려고 노력을 하지 않는다.

필자는 매일 드리는 기도가 매일의 영적인 식사라고 생각한다. 우리가 진수성찬을 앞에 두고 "이걸 언제 다 먹지?" 이런 생각을 하지 않고 기쁘고 즐거운 마음으로 식사하듯이 기도도 훌륭한 식사를 대하는 것처럼 한다. 잘 차려진 호텔 뷔페나 코스요리는 2~3시간 정도에 걸쳐 식사를 해도 금방 시간이 지나가듯이 하나님과 깊이 있는 기도를 하다보면 2~3시간은 금방 지나가서 20~30분 기도하는 것처럼 느껴진다. 필자는 하루 2시간 이상 서서 기도하지만 다리도 아프지 않고 손을 들고 기도를 해도 성령의 도우심으로 기도하기 때문에 팔이 아프지도 않으며 올해 60세가 넘었지만 아직 오십견을 앓은 적이 없다. 성령께서 기도할 때 팔을 붙잡아주시고 오랫동안 서서 기도해도 지탱할 수 있는 튼튼한 다리를 주셨기 때문이다.

우리가 성령님을 의지하고 기도하면 성령께서 친히 우리의 기도를 도와주신다.

이와 같이 성령도 우리의 연약함을 도우시나니 우리는 마땅히
기도할 바를 알지 못하나 오직 성령이 말할 수 없는 탄식으로
우리를 위하여 친히 간구하시느니라 마음을 살피시는 이가 성
령의 생각을 아시나니 이는 성령이 하나님의 뜻대로 성도를 위
하여 간구하심이니라 (롬8:26~27)

　필자는 우리가 기도하는 것을 하나님과 전화통화하는 것에 비유한다.
하나님과 전화통화하면 아무리 오랜 시간 통화해도 전화요금이 전혀
들지 않는다. 누가 도청할 수도 없고, 전화통화가 안될 때도 없고, 공간
적 제한이 없어 아무데서나 통화가 가능하고 시간적 제한이 없어 24시
간 내내 통화가 가능하다. 어떠한 경우에도 불통이 되지 않으며 잡음이
있거나 혼선도 없다. 오래 통화해도 실례가 아니고 오래 통화할수록 더
좋아하신다. 또한 내가 먼저 끊기 전에는 절대로 먼저 끊으시는 법이
없고 비싼 전화기가 없어도 통화가 가능하며 긴급전화일수록 더 빨리
받으시고 더 빨리 응답해 주신다. 그런데 왜 우리는 깊이있는 기도를
못하고 꾸준히 기도하는 것을 어려워 할까? 그것은 말씀과 기도가 병
행되지 못하기 때문이다. 말씀만 강조하면 냉철한 이성과 지식이 앞서
기 때문에 냉랭한 기도를 하기 쉽고, 말씀에 근거하지 않는 기도를 하
면 중언부언하는 기도가 되기 쉽다. 사탄이 가장 싫어하는 것은 하나님
의 말씀이다. 그러므로 말씀을 붙잡고 기도하면 기도가 힘이 있고 성령
께서 도와주셔서 빨리 하나님 보좌에 상달되는 것을 경험 할 수 있다.

> 그 때에 제자가 더 많아졌는데 헬라파 유대인들이 자기의 과부
> 들이 매일의 구제에 빠지므로 히브리파 사람을 원망하니 열두
> 사도가 모든 제자를 불러 이르되 우리가 하나님의 말씀을 제쳐
> 놓고 접대를 일삼는 것이 마땅하지 아니하니 형제들아 너희 가
> 운데서 성령과 지혜가 충만하여 칭찬 받는 사람 일곱을 택하라
> 우리가 이 일을 그들에게 맡기고 우리는 오로지 기도하는 일과
> 말씀 사역에 힘쓰리라 하니 (행6:1~4)

초대교회 사도들은 성령과 지혜가 충만하고 칭찬받을 만한 집사 일곱
명을 택하여 섬김과 봉사를 담당하게 했고 사도들은 오직 말씀과 기도
에 전념하였다.

디모데전서 4장 5절 말씀에도 "하나님의 말씀과 기도로 거룩하여 짐
이라"고 말씀하고 있다. 그래서 필자는 우리가 기도할 때 말씀과 기도
두 기둥(pillar)을 잡고 기도해야 한다고 본다.

"우리는 하나님께 기도로 나가고 하나님은 우리에게 말씀으로 오신
다."(내수동교회 박희천 목사님 설교말씀 중)

말씀에 뿌리를 두고 기도하면 기도할 때 힘이 생기고 오랜 시간 기도할
수 있고, 깊이 있는 기도를 할 수 있고 하나님 말씀에 근거하여 기도하
기 때문에 초점이 분명하여 흔들림이 없이 기도할 수 있고, 하나님의 말
씀이 내 말씀으로 찾아오기 때문에 믿음의 확신을 갖고 기도하게 된다.

여호와의 눈은 온 땅을 두루 감찰하사 전심으로 자기에게 향하
는 자들을 위하여 능력을 베푸시나니 (대하16:9)

그러면 기도는 어디서 하는 것이 좋을까? 필자는 성전이라고 본다. 물
론 가정에서 기도할 수 있고 시·공간을 초월하여 내가 있는 어느 곳에
서나 기도할 수 있지만 성령님의 강한 임재가 있는 곳은 예수님의 몸이
신 교회이다. 집에서 기도하는 것보다 성전에서 기도하면 기도가 더 잘
되고 기도에 몰입할 수 있고 성령님과 교통함이 다른 곳에서 기도하는
것과는 비교할 수가 없을 정도로 강함을 느낀다. 2020년 2월부터 코로
나19가 우리나라를 강타했을 때 교회 성전 문이 닫히고 기도 처소를 잃
게 되었을 때 필자는 산과 강을 찾아다니며 기도했는데 어떤 때는 신
천지로 오해받아 기도 중에 쫓겨나기도 했고 나그네처럼 추위와 싸우
며 기도하는 것이 얼마나 힘들고 어려운지를 알게 되었다. 우리가 마음
놓고 기도할 수 있는 성전이 있다는 것이 얼마나 큰 하나님의 은혜이며
축복인지 모른다. 성전은 믿는 자들에게 주신 하나님의 축복이다.
 필자는 몇 년 전 명성교회 새 성전 입당 후 김삼환 원로 목사님께서 꿈
에 나타나셔서 "이곳에 나와서 기도하면 무엇이든 구하는 것은 다 이루
어 주신다."라고 하시면서 축복기도를 해 주셨다. 그 후부터 성전에서
드리는 수많은 기도에 응답해 주셨고 지금까지 그 말씀을 잊지 않고 되
새기며 매일 기도한다.
 필자는 매일 하나님의 말씀을 붙잡고 성령님의 인도를 따라 말씀 속의

주인공을 동일시하며 그 말씀의 배경을 상상(imagination)하며 역사의 현장 속에 내가 있는 것처럼 기도한다. 그러면 기도 속으로 빨리 들어갈 수 있고 깊이있게 기도를 하게 된다.

새벽기도는 졸릴 때가 많으니까 말씀들은 후 자리에서 일어서서 손을 들고 기도하는데 정말 신기하게도 일어서서 기도하면 졸리지 않고 정신이 바짝 들고 깨어 기도할 수 있다. 모세가 손을 들고 기도했을 때 아말렉과의 싸움에서 이스라엘이 승리하게 하신 것처럼 필자도 이미 기도 속에서 승리를 경험하며 기도하기 때문에 어디서 오는지 모르는 새힘이 솟아난다.

그 때에 아말렉이 와서 이스라엘과 르비딤에서 싸우니라 모세가 여호수아에게 이르되 우리를 위하여 사람들을 택하여 나가서 아말렉과 싸우라 내일 내가 하나님의 지팡이를 손에 잡고 산 꼭대기에 서리라 여호수아가 모세의 말대로 행하여 아말렉과 싸우고 모세와 아론과 훌은 산 꼭대기에 올라가서 모세가 손을 들면 이스라엘이 이기고 손을 내리면 아말렉이 이기더니 모세의 팔이 피곤하매 그들이 돌을 가져다가 모세의 아래에 놓아 그가 그 위에 앉게 하고 아론과 훌이 한 사람은 이쪽에서, 한 사람은 저쪽에서 모세의 손을 붙들어 올렸더니 그 손이 해가 지도록 내려오지 아니한지라 여호수아가 칼날로 아말렉과 그 백성을 쳐서 무찌르니라 여호와께서 모세에게 이르시되 이것을 책에 기록하여 기념하게 하고 여호수아의 귀에 외워 들리라 내가 아말렉을 없이하여 천하에서 기억도 못 하게 하리라 모세가 제단을 쌓고 그 이름을 여호와 닛시라 하고 (출17:8~16)

디모데전서 2장 8절에도 "거룩한 손을 들어 기도하기를 원하노라"고 말씀하고 있다.

필자는 기도할 때 성경말씀을 붙들고 기도하기 때문에 기도가 힘들지 않고 성령께서 기도를 도와주시는 것을 경험한다. 하루 60페이지씩 말씀을 읽으면 매월 성경을 1독씩 통독할 수 있고 1년이 되면 12독을 통독할 수 있다. 명성교회 김삼환 원로 목사님께서는 그 바쁘신 가운데서도 1년에 성경 15독도 하시고 20독도 하시고 우리가 따라가기 힘들 정도로 영적인 스승으로 본을 보여 주시기 때문에 목사님을 나의 영적인 멘토로 삼고 모델링을 한 후 부터 지금까지 매년 성경 12독을 하고 있는데 말씀을 정독하면서 얻게 되는 유익은 세상 그 어떤 것보다 크다.
2019년 명성교회가 큰 어려움에 처해 있을 때 많은 성도들이 새벽기도하며 교회를 위해 기도하는데 필자는 처음으로 기도가 파도를 타는 것처럼 온 성전에 기도의 물결이 출렁이는 것을 직접 눈으로 보고 귀로 들었다. 살아있는 하나님의 교회는 언제든지 어려움에 처해질 수 있지만 그 난관을 이겨내는 것은 바로 '기도'라고 생각한다. 많은 성도들이 앞에서부터 주여! 하며 부르짖으면서 온 힘과 마음을 토하며 기도하면 그 다음 줄도 계속 이어가며 "주여!"를 부르짖자 그 기도소리가 주여! 여! 여! 여! 하며 에코(Echo)처럼 온 성전에 가득했고 그 부르짖음이 다시 앞으로 전해지며 수십 분을 기도의 물결이 온 성전에 파도처럼 출렁이었고 하나님께서는 우리의 기도를 들어 주시고 교회를 회복시켜 주셨다.

실로 교회는 살아계신 예수님의 몸이며, 지금도 성령님께서 임재하셔서 우리 각자의 기도를 들어주시고 회복시켜 주시는 하나님의 집이다.

> 그들이 부르기 전에 내가 응답하겠고 그들이 말을 마치기 전에 내가 들을 것이며 (사65:24)

우리가 하나님께 기도드릴 때 성경 속의 인물을 모델로 하여 기도하고 기도의 패턴을 갖고 기도하고, 한 가지 기도 제목을 놓고 반복하여 계속 기도하면 하나님께서 좋아하시고 기도에 응답을 주신다.(김삼환 원로 목사님 설교 중)

필자는 그 동안 성전에서 기도할 때 기도를 한 곡의 오페라를 보는 것처럼 상상하고 프롤로그, 1막, 2막, 3막, 4막, 에필로그의 형식을 따라 기도의 패턴을 갖고 기도하였고 각각의 주제마다 말씀을 붙잡고 기도하고 있기 때문에 기도가 지루하거나 힘이 들지 않고 기쁜 마음으로 기도할 수 있다. 각자의 기도 시간에 따라 오페라 곡의 형식과 패턴은 다를 수 있지만 주인공으로 역할을 마친 후에 주시는 기쁨은 누구나 동일하게 느낄 수 있으리라 보고 필자가 성전에서 드리는 기도를 소개하고자 한다.

• 성전에 들어갈 때 감사기도

> 감사함으로 그의 문에 들어가며 찬송함으로 그의 궁정에 들어
> 가서 그에게 감사하며 그의 이름을 송축할지어다. (시100:4)

필자는 성전에 들어갈 때 이 말씀을 새기며 기쁘고 감사한 마음, 기도
하는 마음으로 성전 안으로 들어간 후 자리에 앉아서 성전 중앙에 있는
십자가를 생각하며 예수님의 보혈로 나의 모든 죄가 깨끗이 사함을 입
고 정결하게 되는 기도를 한다. 그리고 매일 새로운 피로 수혈해 달라
고 기도한다. 죄사함이 없으면 기도가 하나님 보좌에 상달되지 않는다.

• 십자가의 보혈로 정결하게 되는 기도

> 우리가 예수의 피를 힘입어 성소에 들어갈 담력을 얻었나니 그
> 길은 우리를 위하여 휘장 가운데로 열어 놓으신 새로운 살 길
> 이요 휘장은 곧 그의 육체니라 (히10:19~20)

> 오라 우리가 서로 변론하자 너희의 죄가 주홍 같을지라도 눈과
> 같이 희어질 것이요 진홍 같이 붉을지라도 양털 같이 희게 되
> 리라 (사1:18)

그가 빛 가운데 계신 것 같이 우리도 빛 가운데 행하면 우리가
서로 사귐이 있고 그 아들 예수의 피가 우리를 모든 죄에서 깨
끗하게 하실 것이요 만일 우리가 죄가 없다고 말하면 스스로
속이고 또 진리가 우리 속에 있지 아니할 것이요 만일 우리가
우리 죄를 자백하면 그는 미쁘시고 의로우사 우리 죄를 사하시
며 우리를 모든 불의에서 깨끗하게 하실 것이요 만일 우리가
범죄하지 아니하였다하면 하나님을 거짓말하는 이로 만드는 것
이니 또한 그의 말씀이 우리 속에 있지 아니하니라
(요일1:7~10)

자리에 앉아서 위의 말씀을 되새기며 정결하게 해 주신 은혜를 감사하
며 성전에 가득한 주님의 옷자락을 잡고 기도한다.

• 주의 옷자락 잡고 드리는 기도

웃시야 왕이 죽던 해에 내가 본즉 주께서 높이 들린 보좌에 앉
으셨는데 그의 옷자락은 성전에 가득하였고 스랍들이 모시고
섰는데 각기 여섯 날개가 있어 그 둘로는 자기의 얼굴을 가리
었고 그 둘로는 자기의 발을 가리었고 그 둘로는 날며 서로 불
러 이르되 거룩하다 거룩하다 거룩하다 만군의 여호와여 그의
영광이 온 땅에 충만하도다 하더라 (사6:1~3)

주님의 옷자락을 잡고 성령 안에서 성령으로 기도하면 기도가 어느새 하나님 보좌로 향연이 되어 올라가는 것을 느낀다. 기도의 시작은 어제 있었던 일들을 하나님께 아뢰고 감사한 일들을 일일이 나열하며 감사를 드린다. 나를 힘들게 하거나 속상했던 일들도 있는 그대로 말씀드리고 주님께 도움을 요청하면 성령의 인도함 받아 해결 방안을 찾게 되는데 거기서 하나님의 위로함을 받는다. 그리고 오늘 드리는 이 긴 코스의 기도가 향연이 되어 금 향로에 담겨 하나님 보좌 앞 금 제단에 드려지기를 간절히 기도한다.

그 두루마리를 취하시매 네 생물과 이십사 장로들이 그 어린 양 앞에 엎드려 각각 거문고와 향이 가득한 금 대접을 가졌으니 이 향은 성도의 기도들이라 (계5:8)

또 다른 천사가 와서 제단 곁에 서서 금 향로를 가지고 많은 향을 받았으니 이는 모든 성도의 기도와 합하여 보좌 앞 금 제단에 드리고자 함이라 향연이 성도의 기도와 함께 천사의 손으로부터 하나님 앞으로 올라가는지라 (계8:3~4)

CONTENTS

제 1 장

천지와 만물을 창조하신
은혜 감사기도

태초에 하나님이 천지를 창조하시니라(창1:1)

만물이 그에게서 창조되되 하늘과 땅에서 보이는 것들과 보이지 않는 것들과 혹은 왕권들이나 주권들이나 통치자들이나 권세들이나 만물이 다 그로 말미암고 그를 위하여 창조되었고 또한 그가 만물보다 먼저 계시고 만물이 그 안에 함께 섰느니라 (골1:16~17)

여호와께서 그의 능력으로 땅을 지으셨고 그의 지혜로 세계를 세우셨고 그의 명철로 하늘들을 펴셨으며 그가 목소리를 내신 즉 하늘에 많은 물이 생기나니 그는 땅 끝에서 구름이 오르게 하시며 비를 위하여 번개를 치게 하시며 그의 곳간에서 바람을 내시거늘(렘51:15~16)

필자는 오늘도 성전에서 기도할 수 있는 시간을 주심에 감사하는 마음으로 성전에 들어온 후 십자가의 보혈로 정결케 되는 기도를 드리고 주님의 옷자락 잡고 몰입하여 기도하는데 가장 먼저 천지를 창조하신 하나님의 은혜에 감사하며 창조하신 순서를 따라 기도를 드린다.

1. 빛을 창조하신 은혜 감사기도

하나님이 이르시되 빛이 있으라 하시니 빛이 있었고 빛이 하나
님이 보시기에 좋았더라 하나님이 빛과 어둠을 나누사 하나님
이 빛을 낮이라 부르시고 어둠을 밤이라 부르시니라 저녁이 되
고 아침이 되니 이는 첫째 날이니라(창1:3~5)

하나님께서 첫째 날에 빛을 창조하시고 빛을 낮이라 부르셨다. 성
경에서의 빛은 육안으로 느껴지는 자연광선(창1:3~5), 물리적인
빛인 햇빛, 달빛, 별빛, 천체의 빛(시136:7), 번개(욥36:32), 이적
을 통한 빛(출13:21~22, 행9:3) 등을 언급하고 있다. 또한 밝고 강
렬하며 뜨거운 빛의 속성을 강조하여 여러 가지 상징적이고 비유
적으로 하나님(시27:1), 하나님의 임재(욥36:30), 예수 그리스도
(요1:5), 복음의 진리(고후4:6), 하나님의 말씀(시119:105) 등으로
소개하고 있다.

빛의 속도는 보통 c로 표시하는데 현재 쓰이는 광속은 진공 속에
서의 값인 $c=299,792,458m/s$이고 공기 중에서의 속도는 진공 중
에서의 속도보다는 느리지만 큰 차이가 없다고 한다. 1초에 약 3백
억 m 가까운 속도로 빛이 전달된다고 하면 우리 인간의 머리로는
절대로 상상할 수 없는 속도이다. 그러나 하나님과 기도를 하면 빛
의 속도보다 더 빨리 전달되는 것을 느낄 수 있다. 우리가 기도할

때, 주여! 하고 부르는 순간 성령님을 통해 빛의 속도보다 상상할
수 없는 빠른 속도로 기도가 하나님 앞에 상달 되는 것은 실로 놀
라운 일이다.

　필자는 빛을 자연광선 뿐 아니라 하나님의 말씀도 빛으로 보고 말
씀의 빛으로 우리에게 찾아오신 은혜도 감사드리며 기도한다.

> 태초에 말씀이 계시니라 이 말씀이 하나님과 함께 계셨으니 이
> 말씀은 곧 하나님이시니라 그가 태초에 하나님과 함께 계셨고
> 만물이 그로 말미암아 지은 바 되었으니 지은 것이 하나도 그
> 가 없이는 된 것이 없느니라 그 안에 생명이 있었으니 이 생명
> 은 사람들의 빛이라 빛이 어둠에 비치되 어둠이 깨닫지 못하더
> 라 (요1:1~5)

> 주의 말씀의 맛이 내게 어찌 그리 단지요 내 입에 꿀보다 더 다
> 니이다 (시119:103)

> 주의 말씀은 내 발에 등이요 내 길에 빛이니이다 (시119:105)

> 주의 말씀을 열면 빛이 비치어 우둔한 사람들을 깨닫게 하나이다
> (시119:130)

> 네 하나님 여호와를 사랑하고 그의 말씀을 청종하며 또 그를
> 의지하라 그는 네 생명이시요 네 장수이시니 여호와께서 네 조
> 상 아브라함과 이삭과 야곱에게 주리라고 맹세하신 땅에 네가
> 거주하리라 (신30:20)

 말씀이 없었으면 우리가 어디로 가야 하는지 길이 보이지 않았
을 것이고 눈이 있어도 보지 못하는 눈을 뜬 시각장애인이었을 텐
데 말씀이 육신이 되어 우리를 찾아와 주신 은혜가 참으로 감사하
여 위의 말씀을 붙잡고 간절히 기도한다. 또한 예수님은 예수님 자
체가 빛이 되심을, 말씀을 통해 보여주고 있다. 성경은 하나님께서
빛으로 이 세상에 오셨는데 우리가 어두움을 사랑하여 빛을 미워
한다고 말씀하고 있다.

> 그 정죄는 이것이니 곧 빛이 세상에 왔으되 사람들이 자기 행
> 위가 악하므로 빛보다 어둠을 더 사랑한 것이니라 악을 행하는
> 자마다 빛을 미워하여 빛으로 오지 아니하나니 이는 그 행위가
> 드러날까 함이요 진리를 따르는 자는 빛으로 오나니 이는 그
> 행위가 하나님 안에서 행한 것임을 나타내려 함이라 하시니라
> (요3:19~21)

> 내가 세상에 있는 동안에는 세상의 빛이로라 (요9:5)

나는 빛으로 세상에 왔나니 무릇 나를 믿는 자로 어둠에 거하
지 않게 하려 함이로라 (요12:46)

우리가 그에게서 듣고 너희에게 전하는 소식은 이것이니 곧 하
나님은 빛이시라 그에게는 어둠이 조금도 없으시다는 것이니라
(요일1:5)

아무리 좋은 것이 있어도 빛이 없으면 우리는 사물을 볼 수도 없
고 구별할 수도 없다. 이른 봄에 나뭇잎들이 빛을 받아서 바람에
날리는 모습을 상상해보자. 참 싱그럽고 아름답고 생명이 가득한
느낌을 받는다. 아무리 좋은 자연이라도 빛을 받지 않으면 살아갈
수가 없듯이 우리도 하나님의 빛을 받지 않으면 생명을 유지할 수
가 없다. 땅이 혼돈하고 공허하며 흑암이 깊음 위에 있었을 때 하
나님의 영이 수면 위에 운행하시면서 하나님께서 말씀으로 "빛이
있으라" 하시면서 우리에게 빛을 선물로 주셨다. 성경에서의 빛은
자연광선의 빛뿐 아니라 물리적인 햇빛, 달빛, 천체의 빛, 번개 등
을 말씀하고 있다.

보라 그가 번갯불을 자기의 사면에 펼치시며 바다 밑까지 비치
시고 (욥36:30)

그가 번갯불을 손바닥 안에 넣으시고 그가 번갯불을 명령하사
과녁을 치시도다 (욥36:32)

번개는 쌍극자 구조를 갖고 있는 구름 내부에서 전하가 분리되어
만들어진 순전하 영역에서 발생한다. 구름과 지면 사이의 번개 섬
광은 2개의 낙뢰를 포함한다. 먼저 음전하를 띤 선구 낙뢰가 구름
에서 지면으로 떨어진다. 이 낙뢰가 지면 근처로 다가갈 때 부딪힐
지점에서는 집중적으로 반대 전하가 유도되고, 지면에서부터 구름
으로 양전하를 띤 귀환낙뢰가 이 경로를 통해서 생긴다. 일반적으
로 두 낙뢰가 지상 약 50m 지점에서 만나면 구름과 지면 사이의
전위차는 수억 V(볼트)이며 최고 2만A(암페어)의 전류값을 갖는
다. 번개가 떨어지는 경로의 온도는 약 3만℃ 이상 이다. 선구 낙
뢰가 접합점이나 지면에 도달하는 데는 약 0.02초가 소요된다. 하
루에 평균 800만 번 이상의 번개가 치는데 이 때 땅 속의 나쁜 벌
레들이나 약으로 박멸할 수 없는 모든 벌레들이 죽는다고 한다.

필자는 기도할 때 하나님의 자연빛을 내게 비춰 주시고 내 속과
주변에 있는 온갖 나쁜 것들은 번개 빛으로 소멸해 달라고 기도한
후 자연광선을 통한 빛으로 주신 은혜, 하나님의 말씀으로 찾아오
신 은혜에 대한 감사기도를 드린 후 둘째 날 하늘을 창조하신 은혜
에 감사하는 기도로 들어간다.

2. 하늘(궁창)을 창조하신 은혜 감사기도

하나님이 이르시되 물 가운데에 궁창이 있어 물과 물로 나뉘라 하시고 하나님이 궁창을 만드사 궁창 아래의 물과 궁창 위의 물로 나뉘게 하시니 그대로 되니라 하나님이 궁창을 하늘이라 부르시니라 저녁이 되고 아침이 되니 이는 둘째 날이니라 (창1:6~8)

하늘과 모든 하늘의 하늘과 땅과 그 위의 만물은 본래 네 하나님 여호와께 속한 것이로되 (신10:14)

오직 주는 여호와시라 하늘과 하늘들의 하늘과 일월 성신과 땅과 땅 위의 만물과 바다와 그 가운데 모든 것을 지으시고 다 보존하시오니 모든 천군이 주께 경배하나이다 (느9:6)

히브리인들은 하늘을 3층천으로 보았다. 1층천은 구름이 있는 대기권, 2층천은 해·달·별이 있는 공간, 3층천은 하나님의 처소로써 영계가 존재하는 공간으로 하나님께 합당한 영광과 존귀를 드리는 최상층의 하늘이다. 필자는 3층천의 하늘을 창조하신 하나님 은혜 감사하는 기도를 먼저 드린다.

• 3층천의 하늘을 창조하신 은혜 감사기도

(하나님의 처소로서 영계가 존재하는 공간)

우리가 3층천의 하늘에 들어가려면 우선 긍휼히 여기는 마음이 있어야 한다.

긍휼을 행하지 아니하는 자에게는 긍휼 없는 심판이 있으리라 긍휼은 심판을 이기고 자랑하느니라 (약2:13)

천국에 들어가려면 남을 긍휼(Mercy)히 여기는 마음을 갖고 행함이 있는 믿음을 실천해야 한다.

내 형제들아 만일 사람이 믿음이 있노라 하고 행함이 없으면 무슨 유익이 있으리요 그 믿음이 능히 자기를 구원하겠느냐 만일 형제나 자매가 헐벗고 일용할 양식이 없는데 너희 중에 누구든지 그에게 이르되 평안히 가라, 덥게 하라, 배부르게 하라 하며 그 몸에 쓸 것을 주지 아니하면 무슨 유익이 있으리요 이와 같이 행함이 없는 믿음은 그 자체가 죽은 것이라 (약2:14~17)

성경은 가난한 형제에게 그에게 필요한 대로 쓸 것을 넉넉히 꾸어 주고 줄 때에는 아끼는 마음을 품지 말라고 말씀하신다. 그리고 그 마음을 보시고 우리에게 복을 주신다고 한다.

네 하나님 여호와께서 네게 주신 땅 어느 성읍에서든지 가난한 형제
가 너와 함께 거주하거든 그 가난한 형제에게 네 마음을 완악하게 하
지 말며 네 손을 움켜 쥐지 말고 반드시 네 손을 그에게 펴서 그에게
필요한 대로 쓸 것을 넉넉히 꾸어주라 삼가 너는 마음에 악한 생각을
품지 말라 곧 이르기를 일곱째 해 면제년이 가까이 왔다 하고 네 궁핍
한 형제를 악한 눈으로 바라보며 아무것도 주지 아니하면 그가 너를
여호와께 호소하리니 그것이 네게 죄가 되리라 너는 반드시 그에게
줄 것이요, 줄 때에는 아끼는 마음을 품지 말 것이니라 이로 말미암아
네 하나님 여호와께서 네가 하는 모든 일과 네 손이 닿는 모든 일에
네게 복을 주시리라 땅에는 언제든지 네 땅 안에 네 형제 중 곤란한
자와 궁핍한 자에게 네 손을 펼지니라 (신15:7~11)

긍휼은 심판을 이기고 행함이 없는 믿음은 죽은 믿음이라고 야
고보서는 말씀하고 있다. 필자가 명성교회에서 만난 천사 몇 명
을 소개하고자 한다. 2002년 명성교회에서 주일 예배를 구성전에
서 드리는데 헌금시간에 헌금을 못 드리는 분이 있어서 깨끗한 돈
10,000원 짜리를 그 분에게 헌금하라고 드렸다. 옷차림이나 겉모
습은 깨끗하고 헌금 못할 정도로 어려워보이지는 않았는데 성령
님께서 내 마음속에서 자꾸 드리라는 사인을 주셔서 체면불구하
고 "이거 헌금하세요." 하며 감사헌금 봉투에 넣어서 드렸는데 예
배 후에 그 분이 내게 "정말 감사합니다. 요즘 너무 어려워서 헌

금할 돈이 없었습니다." 하면서 감사하다고 하셨다. 그 때는 필자
가 박사과정 공부를 하면서 대학에서 강의를 하고 있었던 때였는
데 신기하게도 그 일이 있은 후 1주일 내에 특강이나 연구 project
가 들어오면서 하나님께서 1,000배로 채워주시는 경험을 했다. 또
한 번은 구성전 1층에서 예배를 드리는데 어떤 부부가 선글라스를
끼고 예배를 열심히 잘 드렸는데 두 분이 모두 헌금을 안 하셔서
10,000원을 드렸는데 여자 분이 감사하다면서 헌금을 하셨다. 겉
으로 보기에는 옷도 잘 입으셨고 전혀 헌금을 못할 분 같이 보이지
않는데 그 때도 성령님께서 자꾸 내 마음속에 오셔서 감동을 주
셨다. 나는 이분들이 하나님께서 내게 보내주신 천사로 생각하고
순종했다. 예배 후 두 분이 바깥으로 나가는데 보니 남편이 시각장
애인이었고 여자 분이 부축해서 나가는 모습을 보았다. 내 보기에
는 어떠하든지 성령께서 내 마음 속에 역사하시면 내게 복 주시기
위해 보내주신 천사를 놓치지 않아야 한다. 그 후로 몇 달 간격으
로 대학부 학생, 청년부 자매, 이름 모르는 집사님 등 5명의 천사
들을 더 보내 주셨는데 모두 한결같이 헌금할 돈이 없었던 분이었
고 하나님께서는 동일한 방법으로 내게 축복해 주셨다. 왜 하필이
면 그런 분들이 내 옆에 앉았을까? 생각해보면 하나님께서 내게 복
을 주시기 위해 보내 주신 분들이었고 우연이 아닌 하나님의 계획
이었음을 알 수 있었다.

또 한번은 필자가 2014년 명성교회 새성전에서 새벽기도를 드리

고 일어서서 2시간 이상 열심히 하고 자리에 앉으려고 하는데 뒤에서 어떤 청년이 다가오더니 내게 할 말이 있다고 해서 이야기를 하라고 했더니, 현재 그의 사정을 말하면서 도와 달라고 하였다. 현재 그는 위암 3기 판정을 받았고 혼자 종로 쪽에 있는 고시텔 같은 곳에 살고 있다가 수입이 없어 더 이상 그 곳에 살 수가 없어 그 집을 나오게 되었고 약을 사먹을 돈도, 병원비도 없다고 하면서 병원비와 교통비 얼마와 고시텔 같은 곳을 얻어주면 좋겠다고 하였다. 옷도 남루했고 청년이라고 볼 수 없을 정도로 이도 여러 개 빠져 있었고 암 환자라 그런지 혈색도 좋지 않았고 생활고에 시달린 자국이 역력하게 나타나 있었다. 새성전에는 이미 다른 사람들은 모두 기도를 마치고 자리를 비웠고 그 청년과 필자만 있었다. 긍휼한 마음이 들어서 성전 밖으로 일단 나가자고 해서 자초지종을 다 들어주었다. 그는 암진단 증명서와 나들나들하게 닳은 신분증 카드, 병원 진단서 등을 내게 보여주었고 자신이 이렇게 힘들게 살아도 거처하는 곳이 없어서 주소 부재로 사회복지제도 혜택을 전혀 받을 수 없으니 우선 고시텔이라도 얻으면 주소지가 있어 관할 동사무소에 신고하면 기초생활수급을 받을 수 있으니까 도와달라는 것이었다.

필자는 그 순간 하나님께서 나를 복 주시기 위해 보내주신 천사라고 생각하고 교회 근처에 살고 있는 송추경 집사에게 전화를 해서 자초지종을 말하고 이분이 고시텔을 얻을 수 있도록 도와주라

고 했다. 송추경 집사는 자신의 교구에 있는 권사님이 마침 고시텔
을 운영하니까 그곳에 얻을 수 있도록 전화를 하겠다고 했고 그분
이 아무것도 없으니까 우선 먹을 수 있는 간식거리와 생필품을 좀
준비해서 집에 갖다드리자고 하고 방값을 내가 보내겠다고 하고
근무를 위해 연구소로 왔다. 송추경 집사는 생필품과 간식을 준비
해서 권사님네 고시텔에 그분이 주거할 수 있도록 협력해 주었다.
그분이 연락처도 없고 휴대전화도 없어서 전혀 연락을 할 수 없는
상황이라 우선 명일동 동사무소 사회복지과 담당 선생님께 전화를
해서 나의 신분을 밝히고 이런 분이 오면 기초생활수급을 받을 수
있도록 도와드리면 좋겠다고 하고 이름과 주민번호를 알려주었다.
그 후 사회복지 담당 선생님께 전화해서 어떻게 되었냐고 물어보
자 그분이 등록이 되어서 월 60만원 이상 기초생활수급자 생계 급
여를 받고 있다고 하였다.

 한 달 정도 지났는데 그분이 다시 새벽기도 때 찾아와서 기초생활
수급자 생계 급여가 나와서 방 렌트비는 낼 수 있는데 병원 가는
교통비와 치료비를 도와달라고 하였다. 많이 도와주지는 못했지
만 그 많은 사람들이 기도하는데 왜 그분이 하필이면 나를 찾아왔
을까? 내가 긴 시간 기도할 때 꼼짝도 않고 내 뒤에서 기도를 듣고
있었다고 생각하니 놀라운 일이었다. 물론 나는 거의 모든 시간을
방언으로 기도하기 때문에 그분이 알아들을 수는 없었겠지만 얼마
나 지루했을까? 몸이 성한 사람도 아닌데... 원종수 권사님께서 간

증하신 내용에 보면 거지 할아버지 5명이 모두 하나님께서 복 주시기 위해 보내주신 천사였고 그분들 때문에 하나님으로부터 큰 복을 받았고 미시간 주립 대학교 기독학생회 초청으로 간증하러 갔을 때 예수님께서 그가 바로 나였다(That was me)라고 가르쳐주셨다는 말씀이 생각이 났다. 우리 주변에는 도와달라고 하는 천사가 참 많은데 우리는 그분이 천사가 아닌 줄 알고 모두 놓치는 경우가 많다. 그 후로 그분을 다시 만날 수 없었는데 필자에게도 그분은 하나님께서 내게 복을 주시기 위해 보내주신 천사였다.

하나님께서 나에게 보내주신 또 다른 천사를 소개하고자 한다. 2016년 1월 첫째 주 주일 몹시도 추운 영하 15℃ 이상되는 날씨였는데 어떤 할아버지가 명성교회와 LG아파트 사이 담벼락 앞에 앉아서 하모니카로 찬송가를 열심히 부르고 있었다. 그 분은 키도, 덩치도 작았고 옷도 추리닝 같은 얇은 옷을 입어서 몸을 덜덜 떨면서 얼굴과 손은 빨갛게 변했는데도 열심히 하모니카를 불고 있었다. 사람들이 지나가다 할아버지가 놓아둔 박카스 통에 동전과 1,000원 짜리를 놓아두고 갔는데 필자는 1만원 짜리를 박스에 놓아드리자 하모니카를 불다가 멈추고 나를 쳐다보면서 좀 앉아보라고 하였다. 그 할아버지는 입으로는 하모니카를 부는데 눈은 박카스 통에 고정이 되어있었다. 내가 웃으면서 바닥에 앉자 "누가 오늘 쌀 40kg이 필요하면 그것을 사줄 용기가 있느냐?"고 물었다. 나는 그렇다고 했더니 지금 공동체 생활을 하고 있는데 오늘 쌀 40kg 살 돈을 마련하고 들어가야 한다고 하였다. "금액이 얼마냐?"고 물었더니 10만원이라고 했다. 지갑에서 10만원을 꺼내서 드렸더니 오늘은 그만 일해도 된다고 하며 감사하다고 인사를 하고 자리를 떠났다.

그 후 몇 주가 지났는데 그날따라 돈이 필요할 것 같아서 교회 은행 CD기에서 현금 30만원을 찾고 집으로 가는데 그 할아버지가 다시 그 자리에 앉아서 하모니카를 불고 있었다. 처음 본 모습과 너무나도 비슷했고 꼭 추운 날 오셔서 하모니카를 불고 있으니까 오늘도 빨리 들어가시라고 처음부터 박스에 10만원을 넣어드렸더니 하모니카를 불다 말고 나를 쳐다보았다. 내가 웃으면서 "오늘도 추운데 그만하고 들어가세요." 했더니 할아버지는 또 나를 보고 앉아보라고 하시면서 "집사님인지 권사님인지 모르겠지만 누가 쌀이 80kg 필요해서 그걸 부탁하면 들어줄 용기가 있느냐?"고 물었다. 내가 그렇다고 하며 비용이 얼마냐고 물었더니 30만원이라고 하셨다. 지갑에서 30만원을 꺼내서 드렸더니 그 할아버지께서 그 찬 바닥에 무릎을 꿇고 감사하다고 절을 몇 번 하시면서 "당신은 진짜 크리스천입니다. 나도 이 명성교회 다니겠습니다." 하며 눈물을 훔치면서 자리를 떠나셨다.

또 한번은 여의도 순복음 교회 금요철야 예배를 드리러 갔는데 예배시간이 다 되어서 막 급하게 길을 걸어가는데 구걸을 하는 거지가 눈에 띄었다. 필자의 시어머니께서 여의도순복음교회 권사로 섬기시다가 천국 가셨는데 믿음을 유산으로 물려주신 시어머님이 참 고마워서 시어머님 생각이 나면 여의도순복음교회 금요 철야예배를 드리러 가곤 했었다. 예배시간이 다가오니까 이따가 예배 마친 후 도와 주어야겠다고 마음먹고 예배 후 그곳으로 갔는데 그 시간에는 그분이 그곳에 없었다. 참 안타까운 마음이 들었다. 오늘은 내가 천사를 놓쳤구나! 돕는 것도 시간을 놓치면 안된다는 것을 배우게 되었다. 원종수 권사님께서 간증하시면서 내가 도움을 누구에게 줄 때 그 사람으로부터 다시 되돌려 받을 수 있는 것은 베풂이 아니라고 하셨다. 절대 돌려받을 수 없는 사람에게 내가 돌려받을 계산을 하지 않고 드리는 것이 베풂이라고 하셨다.

주님! 남을 긍휼히 여기는 마음을 내게도 주셔서 오늘도 내 앞에 천사들이 지나갈 때 도울 수 있는 마음을 주시고 긍휼 없는 심판을 받지 않도록 기도한 후 영으로 하늘나라를 볼 수 있는 문이 열리기를 기도한다.

또 내가 보매 거룩한 성 새 예루살렘이 하나님께로부터 하늘에서 내려오니 그 준비한 것이 신부가 남편을 위하여 단장한 것 같더라 (계21:2)

내가 그리스도 안에 있는 한 사람을 아노니 그는 십사 년 전에 셋째 하늘에 이끌려 간 자라 (그가 몸 안에 있었는지 몸 밖에 있었는지 나는 모르거니와 하나님은 아시느니라) 내가 이런 사람을 아노니 (그가 몸 안에 있었는지 몸 밖에 있었는지 나는 모르거니와 하나님은 아시느니라) 그가 낙원으로 이끌려 가서 말로 표현할 수 없는 말을 들었으니 사람이 가히 이르지 못할 말이로다 내가 이런 사람을 위하여 자랑하겠으나 나를 위하여는 약한 것들 외에 자랑하지 아니하리라 (고후12:2~5)

필자의 시아버님께서 소천하신 후 1년이 지났을까? 필자의 꿈에 나타나셔서 천국 문 앞에 계시는 모습을 보여주셨다. 나는 평소에 천국은 어떤 색깔일까? 참 궁금해서 천국 갔다 온 분들의 간증도 들어보았고 유튜브로도 천국의 화려한 빛을 보았지만 내가 꿈에 본 색깔은 마치 황금이 태양빛을 받아 반사된 밝은 주황빛을 띤 금빛 찬란한 그런 색깔이었다. 너무 색깔이 강렬해서 그 빛을 잊을 수가 없다. 시아버님이 천국 가셨다는 확신이 들었고 믿음의 가정에 며느리로 들어간 것이 참 감사했다.

이 부분에서 필자는 천국에 들어갈 수 있는 사람 1천만 명을 놓고 기도한다. 나의 강의를 듣거나, 책을 보거나, 세미나를 하거나, 사람을 대면하여 전도하는 직접적인 전도와 간접적인 영향으로 전도되어지는 사람들이 1천만 명이 되어 하늘에서 상급 받기를 간절히 기도한다.

　요한계시록 21장에는 새 하늘과 새 땅, 새 예루살렘을 소개하고 있다. 그 성의 빛은 벽옥과 수정 같이 맑고 크고 높은 성곽이 있고 열두 문이 있는데 각 문에 천사가 있고 이스라엘 자손 열두 지파의 이름이 문들 위에 써 있고 성곽에는 열두 기초석이 있고, 그 위에 열두 사도의 이름이 적혀 있고, 그 성은 길이와 넓이와 높이가 같은 정사각형이며 크기는 약 2,200km가 된다. 서울에서 부산까지 거리가 477km이니까 서울에서 부산까지 4.6번 가는 거리이다. 성곽은 65m 정도가 되고 성곽은 모두 벽옥으로 쌓였고 성은 순금으로 되어있고 성곽의 기초석은 12지파의 보석으로 되어 있고, 열두 문이 있는데 각 문마다 한 개의 진주로 되어 있으니 세상에서 어찌 이런 진주를 볼 수 있을까. 그래서 필자는 이 땅에서 살 동안 보석에 대한 관심은 없다. 천국에는 이 땅과 가히 비교할 수 없는 보석들이 많으니까 굳이 보석을 사고 꾸미는데 시간과 비용을 들이지 않는다. 또한 천국의 길은 맑은 유리 같은 순금으로 되어 있고 전능하신 하나님과 예수님이 계시는 성전이 있고, 밤이 없으며 낮에도 성문은 닫지 않으며 오직 생명책에 기록된 자들만 들어갈 수 있는 곳이다.

성령으로 나를 데리고 크고 높은 산으로 올라가 하나님께로부터 하늘에서 내려오는 거룩한 성 예루살렘을 보이니 하나님의 영광이 있어 그 성의 빛이 지극히 귀한 보석 같고 벽옥과 수정 같이 맑더라 크고 높은 성곽이 있고 열두 문이 있는데 문에 열두 천사가 있고 그 문들 위에 이름을 썼으니 이스라엘 자손 열두 지파의 이름들이라 동쪽에 세 문, 북쪽에 세 문, 남쪽에 세 문, 서쪽에 세 문이니 그 성의 성곽에는 열두 기초석이 있고 그 위에는 어린 양의 열두 사도의 열두 이름이 있더라 그 성은 네 모가 반듯하여 길이와 너비가 같은지라 그 갈대 자로 그 성을 측량하니 만 이천 스다디온이요 길이와 너비와 높이가 같더라 그 성곽을 측량하매 백사십사 규빗이니 사람의 측량 곧 천사의 측량이라 그 성곽은 벽옥으로 쌓였고 그 성은 정금인데 맑은 유리 같더라 그 성의 성곽의 기초석은 각색 보석으로 꾸몄는데 첫째 기초석은 벽옥이요 둘째는 남보석이요 셋째는 옥수요 넷째는 녹보석이요 다섯째는 홍마노요 여섯째는 홍보석이요 일곱째는 황옥이요 여덟째는 녹옥이요 아홉째는 담황옥이요 열째는 비취옥이요 열한째는 청옥이요 열두째는 자수정이라

그 열두 문은 열두 진주니 각 문마다 한 개의 진주로 되어 있고 성의 길은 맑은 유리 같은 정금이더라 성 안에서 내가 성전을 보지 못하였으니 이는 주 하나님 곧 전능하신 이와 및 어린 양이 그 성전이심이라 그 성은 해나 달의 비침이 쓸 데 없으니 이는 하나님의 영광이 비치고 어린 양이 그 등불이 되심이라 만

국이 그 빛 가운데로 다니고 땅의 왕들이 자기 영광을 가지고
그리로 들어가리라 낮에 성문들을 도무지 닫지 아니하리니 거
기에는 밤이 없음이라 사람들이 만국의 영광과 존귀를 가지고
그리로 들어가겠고 무엇이든지 속된 것이나 가증한 일 또는 거
짓말하는 자는 결코 그리로 들어가지 못하되 오직 어린 양의
생명책에 기록된 자들만 들어가리라 (계21:10~27)

- **2층천의 하늘을 창조하신 은혜 감사기도** (해, 달, 별이 있는 공간)

2층천의 하늘은 해·달·별이 있는 공간이다. 지구를 포함한 모
든 별이 끝없이 수놓아진 넓은 곳을 Space라 한다.

여호와께서 이와 같이 말씀하셨느니라 그는 해를 낮의 빛으로
주셨고 달과 별들을 밤의 빛으로 정하였고(렘31:35)

우주공간은 지구를 포함한 모든 천체의 공간으로 천문학적으로 관
측되거나 가정되는 모든 천체와 현상으로 이루어진 물리적 우주이
며 우주의 주요 구성요소는 은하, 별, 성단, 성운이다. 더 작은 요

소로는 태양계와 수백만 개의 은하에 있는 별 주위를 공전하는 행성, 위성, 혜성, 유성체들로 된 계가 있다. 이러한 천체들과 널리 퍼져 있는 물질들 이외에 중력장과 여러 형태의 복사가 있다.

태양계는 계의 중심이 있는 태양의 기본 성질을 알아야 이해 할 수 있다. 별들은 우주의 기본적인 구성요소이고 태양은 여러 가지 관점에서 전형적인 별이기 때문에 태양은 행성과 우주의 다른 구성요소들 사이를 연결하는 사슬의 고리역할을 한다.

태양의 질량은 그 크기가 1.99×10^{33}g이다. 이것은 목성보다 1,000배나 더 무거우며, 지구에 비해 33만 배나 더 무겁다. 중심핵의 온도는 1,500만K이며, 밖으로 갈수록 온도는 낮아져서 표면의 온도는 약 5,800K가 된다.(다음백과 어학사전)

태양계는 태양, 태양풍, 9개의 행성과 그 위성들 외에 많은 작은 천체들이 있다. 태양계에는 항성인 태양과 8개의 행성과 약 160개의 위성, 수많은 소행성, 혜성, 유성과 운석, 옅은 구름을 이루고 있는 행성 간 물질 등으로 구성된다.(다음백과 어학사전) 태양풍(solar wind)은 태양의 상부 대기층에서 방출된 전하입자, 즉 플라스마의 흐름을 말한다.

행성은 지구형 행성인 수성, 금성, 화성과 목성형 행성인 목성, 토성, 천왕선, 해왕성으로 구분한다. 과거에는 태양계에 총 9개의 행성이 있었으나 2006년 태양계 맨 바깥쪽에 있던 명왕성이 왜소행성(dwarf planet)으로 분류되면서 행성 수가 8개가 되었다.

위성은 행성 주위를 공전하는 천체다. 태양계 행성 중에서 수성과 금성은 위성이 없다. 소행성은 약 3,000개가 있으며, 혜성은 매우 크지만 가벼운 천체로 길게 늘어진 궤도를 따라 공전한다. 유성은 밤하늘에 반짝이며 날아가는 빛과 그 빛을 내는 물체 모두를 말하며 천체가 대기를 통과하여 지면에 도달하는 것을 운석이라 한다.

밤하늘에 하늘을 가로질러 은가루를 뿌려 놓은 듯이 희미한 띠가 겹쳐있는 모습이 보이는데 이러한 희미한 띠를 우리나라에서는 은하수라고 한다. 은하수는 남반구 하늘로도 이어져서 결국은 온 하늘을 한 바퀴 휘감고 있는 형태를 띤다. 무수하게 많은 별들이 모여 은하수를 이룬다는 사실을 맨 처음 알아낸 사람은 갈릴레오 갈릴레이였다. 육안으로 보면 은하수가 마치 띠처럼 널려 있는 우유 빛 가루처럼 보이지만 망원경을 통해 보면 수많은 별들이 몰려 있다는 것을 알게 된다. 은하에는 태양과 같은 별들이 약 2,000억 개나 포함되어 있는 것으로 보고 있다.

필자는 매일 기도할 때 2층천의 하늘을 창조하신 하나님께 감사하며 그의 웅장함(majesty)과 찬란함(splendor)을 찬양한다. 어린 시절, 하늘이 맑은 날 밤, 머리 위로 금방이라도 쏟아질 것 같은 별들과 선명한 별자리들을 회상하며, 우리에게 헤아릴 수 없는 별과 은하수를 선물로 주심에 감사드린다. 1995년 필자가 아프리카 케

냐에 갔을 때 어린 시절 밤하늘에서 본 별보다 수 천배나 더 많은 별을 보았는데 그때의 아름다움을 지금도 잊을 수가 없다. 세계 어디서 보아도 같은 하늘이고 같은 아름다움을 지닌 우주공간을 우리에게 선물로 주신 하나님께 감사드리며 기도한다.

• **1층천의 하늘을 창조하신 은혜 감사기도** (구름이 있는 대기권의 공간)

> 하나님이 궁창을 하늘이라 부르시니라 저녁이 되고 아침이 되니 이는 둘째 날이니라 (창1:8)

> 구름이 물을 쏟고 궁창이 소리를 내며 주의 화살도 날아갔나이다 회오리바람 중에 주의 우렛소리가 있으며 번개가 세계를 비추며 땅이 흔들리고 움직였나이다 (시77:17~18)

> 주께서 옷을 입음 같이 빛을 입으시며 하늘을 휘장 같이 치시며 물에 자기 누각의 들보를 얹으시며 구름으로 자기 수레를 삼으시고 바람 날개로 다니시며 (시104:2~3)

하늘(天, Sky)은 지평선이나 수평선 위로 보이는 무한대의 넓은 공간을 말한다.

> 여호와께서 너를 위하여 하늘의 아름다운 보고를 여시사 네 땅에 때를 따라 비를 내리시고 네 손으로 하는 모든 일에 복을 주시리니 네가 많은 민족에게 꾸어줄지라도 너는 꾸지 아니할 것이요 (신28:12)

하늘에는 하나님께서 하늘의 아름다운 보고, 하늘의 보물창고를 준비하고 계신다. 하늘의 보물창고에는 부족함이 없다. 필자는 매일 이 부분을 기도할 때, 하늘의 보물창고를 여시사 내가 하고 싶은 것, 되고 싶은 것, 갖고 싶은 것을 구체적으로 구한다. 하고 싶은 것은, 「기도가 이끄는 삶」 이 책으로 직·간접적으로 세계 1천만 명의 영혼을 구원할 수 있도록 하는 것이다. 되고 싶은 것은, 세계를 복음화하는 전도와 선교자의 사명을 감당할 수 있게 되는 것이다. 갖고 싶은 것은, 코시모 데 메디치(Cosimo de' Medici, 1389~1464)가 1463년 플라톤 아카데미를 설립하여 당대의 인문학자들과 교류하며 인문학이 새로운 시대의 중산층들, 상인계급들에게 필요한 인간됨의 지혜를 제공하고 위대한 예술가들이 마음껏 재능을 발휘할 수 있도록 '르네상스'라는 창조시대를 열어 뒤에서 조용히 후원한 것처럼, 필자도 세계 선교를 위하여 '플라톤 아카데미아' 같은 건물을 건축하여 바울이 빌레몬에게 "나를 위하여 숙

소(guest room)를 마련하라"는 부탁을 듣고 행한 본을 받아, 세계
선교사들이 선교의 사명을 감당하기 위해 우리나라에 들어오실 때
guest room을 마련하여 영과 육이 쉼을 얻을 수 있도록 후원하는
것이다. 이를 위해 기도한다.

오직 너는 나를 위하여 숙소를 마련하라 너희 기도로 내가 너
희에게 나아갈 수 있기를 바라노라 (몬1:22)

코시모 데 메디치가 마르실리오 피치노에게 건물을 지어주고 평
생을 보장해 주면서 제시한 요구 조건 한 가지는 "자네가 하고 싶
은 일을 하게나"였다. 당대 최고의 인문학자들(마르실리오 피치노,
폴리치아노, 미란돌라, 니콜라 니콜리, 본델몬티)이 플라톤 아카데
미아에 모여 새로운 르네상스 시대를 열고 새로운 문화를 열 수 있
었던 것은, 메디치 가문이 인문학 탄생의 배후에 있었기 때문이었
다. 이탈리아 피렌체 우피치 미술관에는 보티첼리(비너스의 탄생),
프리마베라, 미켈란젤로, 다빈치, 티치아노의 작품들이 있고 여기
에 피렌체를 빛낸 인물 동상이 서 있다. 단테, 페트라르카, 보카치
오(데카메론), 지오토, 마사치오, 미켈란젤로, 레오나르도 다빈치,
갈릴레이 갈릴레오, 마키아벨리, 레오나르도 부루니 등등… 르네
상스를 빛낸 천재 예술가 동상들 위에 코시모 데 메디치, 로렌조
데 메디치, 2명의 동상이 뒤에 서 있다. 이들은 위대한 예술가들이
마음껏 재능을 발휘할 수 있도록, 르네상스라는 놀라운 창조시대

를 열 수 있도록 뒤에서 조용히 후원했던 것이다.

메디치 가문이 피렌체에서 르네상스를 탄생시킬 수 있었던 이유는 숨겨진 인재들의 재능을 발견하여 파격적으로 후원하였기 때문이다. 스펙이 좋은 사람을 지원한 것이 아니라 무명인, 젊은이들을 격려하고 지원해주면서 르네상스가 탄생하게 되었다. 메디치 가문은 한 사람을 믿고, 신뢰하고 후원하는 데 있어 그 신뢰, 후원의 폭과 깊이는 다른 사람들의 후원보다 훨씬 더 컸다. 경제적 상황이 좋지 않은 사람들을 후원하여 그들을 위대한 천재로 만들어 간 예를 대표하는 인물이 바로 미켈란젤로이다.(EBS 인문학 특강, 인문의 시대 르네상스)

미켈란젤로(Michelangelo, 1475~1564)
- 이탈리아의 조각, 건축가. 주요 작품〈다비드(1504)〉, 〈최후의 심판 Last Judgement(1542)〉 등 -

미켈란젤로가 최고의 조각가, 화가, 건축가로 성장하게 된 배경에는, 그의 타고난 재능도 있었지만 메디치 가문이 있었다. 미켈란젤로는 거리에서 조각하던 사람이었고, 아버지는 피렌체 공증인이었다. 미켈란젤로는 어릴 때부터 그림 그리기, 조각하기를 좋아했는데, 어느 날 조각 공원에서 조각을 하고 있는데 코시모 데 메디치의 손자인 로렌조 데 메디치(Lorenzo de' Medici, 1449~1492)가 10대의 미켈란젤로를 발견하고 그를 양자로 입양하여 15세에 그는 메디치 가문의 양자가 되었다. 메디치 가문은 미켈란젤로를 당대 최고의 작가, 철학, 인문학자들(마르실리오 피치노, 폴리치아노, 미란돌라)로부터 인문학 공부를 시켰다. 메디치 가문은 단순히 부의 축적을 원하지 않았으며 공동체 의식을 갖고 피렌체 시민, 하층민들에게 우호적으로 대하면서 부를 남다르게 생각하였다.

메디치 가문은 부의 목적을 재규명하여 '왜 부를 축적했느냐? 무엇 때문에 돈을 벌려고 하는가?'에 대하여 재정의하였다. 메디치 가문에 위대한 여성들이 있었는데 그 중 중요한 인물은 안나 마리아 루이사 데 메디치(Anna Maria Luisa de' Medici, 1667~1743)이다. 그녀는 메디치 가문의 마지막 직계 후손이었고 메디치 가문의 제일 마지막 여성 지도자였다. 그녀는 메디치 가문의 예술품들을 피렌체에 기부하였고 그녀가 임종하면서 347년 이어져 온 메디치 가문이 끝이 나게 된다.

이탈리아 피렌체에 있는 우피치 미술관에 있는 엄청난 보물들의 원래 주인은 바로 메디치 가문이었다. 메디치 가문이 소장하고 있던 작품들을 전시하고 있는 것이다. 안나 마리아 루이사 데 메디치는 "메디치 가문이 소유하고 있던 모든 작품과 궁전들은 피렌체 시민의 것"이라고 유언을 남겼다. 메디치 가문은 초기에는 하층민들을 지원해서 귀족계급들에게 엄청난 견제를 받았지만 그 가문의 마지막에는 자기 가문이 갖고 있던 모든 부를 피렌체 시민에게 아무런 조건 없이 기증함으로써 부의 개념을 재규명하였다.

　우리에게도 메디치 가문과 같은 사람들이 필요하다. 하나님께서는 아무에게나 하늘나라의 창고를 열어 부어주시는 것이 아니고 하나님께서 기뻐하시는 일을 하는 사람들에게 아낌없이 부어주신다고 믿는다. 이 책을 읽는 모든 분들이 하늘나라의 보고에 쌓여 있는 아름다운 보물들을 마음껏 끌어 쓸 수 있는, 하나님의 축복이 함께 하길 간절히 소망한다.

　필자는 1층천의 하늘을 창조하시고 하늘의 아름다운 보고를 준비하셔서 하나님 뜻에 맞는 사람들에게 마음껏 부어주시는, 부하고 넉넉하신 하나님께 감사하며 셋째 날 바다와 땅을 창조하신 은혜에 감사하는 기도로 들어간다.

3. 바다와 땅을 창조하신 은혜 감사기도

하나님이 이르시되 천하의 물이 한 곳으로 모이고 뭍이 드러나라 하시니 그대로 되니라 하나님이 뭍을 땅이라 부르시고 모인 물을 바다라 부르시니 하나님이 보시기에 좋았더라 하나님이 이르시되 땅은 풀과 씨 맺는 채소와 각기 종류대로 씨 가진 열매 맺는 나무를 내라 하시니 그대로 되어 땅이 풀과 각기 종류대로 씨 맺는 채소와 각기 종류대로 씨 가진 열매 맺는 나무를 내니 하나님이 보시기에 좋았더라 저녁이 되고 아침이 되니 이는 셋째 날이니라 (창1:9~13)

하나님은 하늘의 이슬과 땅의 기름짐이며 풍성한 곡식과 포도주를 네게 주시기를 원하노라 (창27:28)

바다도 그의 것이라 그가 만드셨고 육지도 그의 손이 지으셨도다 (시95:5)

그가 가축을 위한 풀과 사람을 위한 채소를 자라게 하시며 땅에서 먹을 것이 나게 하셔서 사람의 마음을 기쁘게 하는 포도주와 사람의 얼굴을 윤택하게 하는 기름과 사람의 마음을 힘있게 하는 양식을 주셨도다 (시104:14~15)

• 바다를 창조하신 은혜 감사기도

> 하나님이 이르시되 천하의 물이 한 곳으로 모이고 뭍이 드러나
> 라 하시니 그대로 되니라 하나님이 뭍을 땅이라 부르시고 모인
> 물을 바다라 부르시니 하나님이 보시기에 좋았더라 (창1:9~10)

셋째 날 바다를 창조하시고 셀 수 없는 생명체를 창조하신 하나님
의 은혜에 먼저 감사하는 기도를 드린다.

> 배들을 바다에 띄우며 큰 물에서 일을 하는 자는 여호와께서
> 행하신 일들과 그의 기이한 일들을 깊은 바다에서 보나니 여호
> 와께서 명령하신즉 광풍이 일어나 바다 물결을 일으키는도다
> (시107:23~25)

> 주께서 바다의 파도를 다스리시며 그 파도가 일어날 때에 잔잔
> 하게 하시나이다 (시89:9)

바다(Sea)는 지표면의 거대한 분지 내에 들어 있는 대규모의 염수
(鹽水)를 말한다. 바다의 면적은 3억 6,200만㎢에 달하는데 이는
전체 지구 표면의 71%에 해당된다. 바다의 평균 깊이는 3,795m
에 이르고 바닷물의 전체 부피는 13억 5,600만㎢이다. 지구 표면
의 육지와 바다의 분포를 보면 북반구에는 육지가 39.4%, 바다가

60.2%이며, 남반구에는 육지가 19.0%, 바다가 81.0%로 바다의 비율이 남반구가 훨씬 높다.

세계에는 태평양, 대서양, 인도양의 3개 주요 대양이 있으며 3개 대양은 남양이라 불리는 남극대륙 주변의 바다와 연결되어 있다. 남양은 세 부분으로 나뉘는데 각각은 3개 대양에 포함된다. 태평양은 전체 해양 면적의 46%, 대서양은 24%, 인도양은 20%를 차지하고 있다. 주요 연해는 북극해와 주변의 연해, 오스트레일리아와 동남아시아 사이에 있는 아시아 지중해, 서해, 동해 등을 들 수 있다. 대서양, 인도양, 태평양 면적의 비는 약 10:7:17이다.

해수의 조성 성분은 염과 같은 용존 무기질, 용존 기체, 용존 유기질이며, 이외에도 매우 다양한 부유물질을 포함하고 있다. 이 부유물질들은 플랑크톤 같은 생물 및 무생물을 포함하고 있다.

▶용존 무기질 – '해수의 주요성분' 물을 제외한 조성 성분은 화합물이 아닌 이온으로 나타낸다. 나트륨 이온과 염소 이온은 해수의 많은 부분을 차지하고 있어 무게로 볼 때 이 두 이온은 용해염의 85% 이상을 차지하고 있다.

대양과 바다의 전체 부피가 13억7,000㎦이고, 해수 내의 염 농도가 평균 0.036kg/L이기 때문에 해수 내의 전체 염량은 약 5×10^{16}t으로 추정된다. 이를 추출해서 지표면에 깔아놓을 경우 지표면에 45m 두께의 층을 만들 수 있다.(다음백과 어학사전)

▶**용존 기체 −** 해수에는 대기 중의 기체가 해수의 표층을 통해 해수로 녹아들기 때문에 여러 종류의 기체가 녹아 있다. 또한 바다에 살고 있는 생명체의 활동으로 해수에 녹아 있는 산소나 이산화탄소의 농도가 변하기도 한다. 산소는 해수에 녹아 있는 기체의 약 36%를 차지하며, 해수 1L에 약 6mg이 녹아 있다. 해수에 녹아 있는 산소는 해양 생물의 생명 활동에 반드시 필요한 기체로 해수 표면에서 녹아 들어오거나 해양식물의 광합성을 통해 공급된다. 이산화탄소는 물에 잘 녹는 기체로, 해수에 녹아있는 전체 용존 기체의 약 15%를 차지한다.

▶**용존 유기질 −** 해수는 다양한 용존 유기성분을 포함하고 있는데, 이 유기성분은 생물이 죽은 후 유기질이 분해되어 생긴 것이다.

바다는 여러 가지 수산물이 나오는 곳이고 세계의 교통로이기도 하다. 맨 처음 지구에 생물이 나타난 곳도 바닷속이었다. 육지에 많은 생물이 살 듯이 바닷속에는 많은 생물이 산다. 사람과 같이 공기 호흡하는 고래를 비롯하여 조개, 물고기, 게, 물개 등이 있으며 눈에 보이지 않을 만큼 작은 생물도 많이 산다. 바다에는 약 950여 종류의 물고기들이 살고 있으며, 13,000여 종류의 바다 생물이 살고 있다. 사람의 머리로는 상상할 수도 없는 바다의 풍성함과 바다의 생명들을 창조하신 하나님의 전능하심을 찬양하며 이 부분을 기도할 때는 지금까지 필자가 본 아름다운 바다들과 베풀어주신 수많은 해산물과 지금도 우리를 위해 풍성한 바다를 가꾸고 계신 하나님께 감사하며 기도드린다.

• 땅을 창조하신 은혜 감사기도

> 대저 여호와께서 이같이 말씀하시되 하늘을 창조하신 이 그는 하나님이시니 그가 땅을 지으시고 그것을 만드셨으며 그것을 견고하게 하시되 혼돈하게 창조하지 아니하시고 사람이 거주하게 그것을 지으셨으니 나는 여호와라 나 외에 다른 이가 없느니라 (사45:18)

> 여호와께서 그의 능력으로 땅을 지으셨고 그의 지혜로 세계를 세우셨고 그의 명철로 하늘들을 펴셨으며 (렘51:15)

땅 또는 육지(陸地)는 강이나 바다와 같은 물이 있는 곳을 제외한 지구의 표면을 말한다. 땅을 뭍이라고도 하는데, 뭍은 땅 중에서도 섬이 아닌 본토(本土)를 주로 가리킨다. 지구 표면 아래는 토양층이 있다. 토양층도 각각 다른 흙으로 되어있는데 위쪽 부식토층과 표토층에는 생물들이 살고 심토층과 모래층은 아래에 있고 자잘한 암석들과 광물, 점토로 이루어져 있다. 더 깊이 가면 단단한 바위층이 있다. 우리가 평소에 밟는 흙은 가장 위층인 부식토이고 촉촉하고 어두운 색을 갖고 있으며 죽은 동식물로 만들어져서 땅 속의 영양분이 된다. 표토층은 여러 가지 물질로 이루어져 있는데 모래와 토사, 점토가 섞여 있고 작은 생물들과 우리가 먹는 채소도 이 표토층에서 살고 있다. 땅 속 깊은 곳에는 심토층이 있다. 심토층 바로 아래는 단단한 암석이 있고 지구 속 깊은 곳에 마그마가 있고 지구 땅 속 중심에는 외핵과 내핵이 있는데 외핵의 두께는 2,250km이다. 외핵은 거의 액체로 이루어져 있고 이 외핵이 움직여서 자기장을 만들고 지구는 자석처럼 변한다. 자석 양 끝에 극이 있듯이 지구의 서로 반대쪽에 북극과 남극이 있다.

남극대륙은 세계에서 5번째로 큰 대륙이며 오세아니아나 유럽 대륙보다 더 넓고 대체로 타원 모양을 이룬다. 서해안을 따라 트랜선탁틱 산맥이 남극대륙을 가로지르며 뻗어 있다. 동남극은 대륙 빙상으로 덮힌 고원이며, 서남극은 남극반도와 그 주변의 섬들로 이루어져 있으나 얼음으로 서로 연결되어 있다.

대륙 빙상의 평균 두께는 2,000m이며, 대륙을 덮고 있는 빙상은 약 3,000㎦의 부피로 세계 전체 빙하 빙의 90%에 해당된다. 남극대륙의 평균 해발고도는 2,100~2,400m로 세계에서 가장 높은 대륙이다. 남극대륙은 세계에서 기온이 가장 낮은 지역이다. 해발고도가 높은 내륙 빙상에 위치한 보스토크 기지에서 1983년 7월 21

일에 -89.2℃를 나타내서 세계 최저 기온을 기록했으며, 해안가에서는 -60℃를 기록했다. 내륙에서는 -40℃~70℃이며 가장 기온이 낮은 때는 8월 말이다. 여름철의 기온은 남극반도에서 최고 15℃까지 오르기도 하지만 평균기온은 해안에서 0℃~4℃, 내륙에서는 -20℃~35℃이다. 지구의 북쪽 끝 지역이 북극이며 자석이 가리키는 북쪽 끝이기도 하다. 북극은 육지가 아니라 북극의 한 지점이다. 북극권은 그린란드의 대부분을 포함하고 있고 북아메리카, 유럽, 아시아 등으로 둘러싸여 있다. 북극과 그 주변 지역은 일 년 내내 얼음과 눈으로 덮여 있다. 북극은 겨울이 길고 추우며 여름은 짧다. 여름에는 하루 종일 해가 지지 않는 백야현상이 나타나는 반면, 겨울에는 해가 뜨지 않는 날도 있다.

북극지역에는 아직 개발되지 않은 석유의 약 13%와 미개발 천연가스의 약 30%가 묻혀 있다. 이외에도 석탄, 금, 은 등도 많이 매장되어 있다. 인간의 머리로는 상상할 수도 없는 땅 속의 보물, 광물질 등 눈으로 볼 수 없는 숨겨진 자원까지도 생각하며 땅을 창조하신 하나님의 은혜에 감사한다.

필자는 '과연 땅속의 깊이는 얼마나 될까? 땅속의 끝은 무엇으로 연결되어 있을까?' 참 궁금한 것이 많았다. 지금은 과학이 많이 발달되어 우리가 알고 싶은 것을 검색하면 바로 찾을 수 있다. 이 많은 부분을 연구한 연구자들의 노력에도 감사하지만, 식물, 동물, 사람, 모든 생물은 땅 속에 묻히고 이것이 영양분이 되어 많은 식물을 살리며 자연이 순화되게 하신 하나님의 능력에 감탄하지 않을 수 없다. 생명을 살리는 흙은 창조하신 하나님, 우리가 흙으로 지음받고 다시 흙으로 돌아갈 수 있게 하신 하나님의 은혜에 감사하며 기도드린다.

• 땅의 식물을 창조하신 은혜 감사기도

하나님이 이르시되 땅은 풀과 씨 맺는 채소와 각기 종류대로 씨 가진 열매 맺는 나무를 내라 하시니 그대로 되어 땅이 풀과 각기 종류대로 씨 맺는 채소와 각기 종류대로 씨 가진 열매 맺는 나무를 내니 하나님이 보시기에 좋았더라 (창1:11~12)

하나님이 이르시되 내가 온 지면의 씨 맺는 모든 채소와 씨 가진 열매 맺는 모든 나무를 너희에게 주노니 너희의 먹을거리가 되리라 또 땅의 모든 짐승과 하늘의 모든 새와 생명이 있어 땅에 기는 모든 것에게는 내가 모든 푸른 풀을 먹을거리로 주노라 하시니 그대로 되니라 (창1:29~30)

식물은 생물계를 구성하고 있는 것 중 세균, 균류, 동물을 제외한 생물로 세포벽과 엽록소를 가지고 광합성을 하는 생물을 말한다.

우리나라의 관속식물은 현재 약 4,300종류가 자생하고 있는 것으로 알려져 있다. 그 중 양치식물(고사리 종류의 식물을 말하며 종족번식은 포자를 이용한다. 세계적으로 12,000종류가 있다.)이 350종류, 나자식물(씨방이 없이 밑씨가 노출되는 식물로 중복 수정을 하지 않는 은행나무와 소나무 종류가 있다.)이 53종류, 피자식물(중복수정을 하고 자방 속에서 종자가 발달하는 식물로 꽃식물이라고도 한다.)이 3,963 종류이다. 피자식물 중 쌍자엽식물이 2,910종류, 단자엽식물이 1,053종류로 약 3분의 2가 쌍자엽식물이다.(다음백과 어학사전)

과일은 나무나 풀에서 나는 먹을 수 있는 열매이다. 과실이라고도 한다. 보통 수박이나 딸기 같은 열매채소도 과일에 포함된다.

봄에 나는 과일은 딸기, 매실, 오디, 살구, 체리, 앵두, 산딸기, 멜론, 여름에 나는 과일은 수박, 참외, 자두, 포도, 복숭아, 가을에 나는 과일은 석류, 사과, 배, 무화과, 밤, 감, 단감, 개암, 다래, 호두, 유자 등이 있다. 겨울철 과일은 감귤, 한라봉, 천혜향, 레드향, 금귤, 황금향 등이 있다. 열대과일은 바나나, 파인애플, 오렌지, 파파야, 야자, 망고, 두리안, 비파, 망고스틴, 아보카도, 구아바 등이 있다. 이스라엘의 4대 과일로는 무화과, 포도, 석류, 올리브가 있다.

봄철에 피는 꽃은 개나리, 진달래, 철쭉, 영산홍, 매화, 목련, 해

당화, 모란, 살구꽃, 배꽃, 사과꽃, 벚꽃, 아네모네, 수선화, 튤립, 히아신스, 금어초, 금잔화, 개양귀비, 은방울꽃, 작약, 데이지, 아이리스, 할미꽃, 제비꽃, 양지꽃, 민들레, 토끼풀, 엉겅퀴, 냉이꽃, 씀바귀꽃, 유채꽃, 배추꽃, 장다리꽃 등이 있다. 여름철에 피는 꽃은 봉선화, 채송화, 백일홍, 분꽃, 나팔꽃, 호박꽃, 해바라기, 꽃창포, 과꽃, 달리아, 접시꽃, 메리골드, 수련, 창포, 참나리, 원추리꽃, 도라지꽃, 장미꽃, 옥잠화, 칸나 등이 있다. 가을에 피는 꽃은 코스모스, 맨드라미, 과꽃, 백일홍, 천일홍, 기생초, 국화, 칡꽃, 갈대, 구절초, 무릇, 쑥부쟁이, 들국화 등이 있다. 겨울에 피는 꽃은 비파나무, 팔손이나무, 감탕나무, 서향나무, 매화나무, 동백나무와 복수초, 군자란 등이 있다.

하나님께서 우리에게 먹거리로 주신 첫 번째 선물이 바로 씨 맺는 모든 채소와 씨 가진 열매들이다. 우리가 셀 수도 없는 수많은 꽃들과 식물과 나무와 과일과 채소들을 주신 하나님께 감사드린다.

필자는 유소년기를 시골에서 보냈기 때문에 계절마다 피는 꽃과 계절마다 열리는 과일들, 계절마다 주시는 먹거리들을 상상하며 기도를 드린다. 봄은 봄대로 아름답고 여름은 여름대로 아름답고 가을은 가을대로, 겨울은 겨울대로 아름답다. 계절마다 주시는 꽃의 색깔도 다르고 아름다움도 다르다. 이른 봄에 매화, 산수유, 살구꽃, 배꽃, 사과꽃을 먼저 피워주시고 진달래, 개나리, 벚꽃, 목련, 복숭아, 라일락, 박테리아꽃, 감꽃을 피워주시고 아카시아, 장미, 찔레꽃, 밤꽃을 피워주신 하나님께 감사드린다. 매일 기도 속에 이 아름다운 꽃들을 상상하며 보고 그 아름다움에 감사드린다. 만약에 꽃을 일시에 다 피워주시면 어떻게 될까? 하나님께서는 우리를 사랑하셔서 일 년 내내 꽃을 볼 수 있도록 먼저 피는 꽃, 나중 피는 꽃을 정해주셨고, 먹거리도 봄, 여름, 가을 계절별로 생산되는 것들이 모두 다르게 창조해 주셨다. 가을에 거두어들이는 곡식과 과일류, 향신료, 열대지방에 주신 열대과일들 모두 일일이 감사드린다. 이 많은 것들을 어떻게 다 기도하나? 궁금하겠지만 필자는 유년시절부터 보아온 자연들을 상상(imagination)하며 기도하기 때문에 짧은 시간에도 많은 감사를 드릴 수 있다.

4. 해, 달, 별을 창조하신 은혜 감사기도

하나님이 이르시되 하늘의 궁창에 광명체들이 있어 낮과 밤을 나뉘게 하고 그것들로 징조와 계절과 날과 해를 이루게 하라 또 광명체들이 하늘의 궁창에 있어 땅을 비추라 하시니 그대로 되니라 하나님이 두 큰 광명체를 만드사 큰 광명체로 낮을 주관하게 하시고 작은 광명체로 밤을 주관하게 하시며 또 별들을 만드시고 하나님이 그것들을 하늘의 궁창에 두어 땅을 비추게 하시며 낮과 밤을 주관하게 하시고 빛과 어둠을 나뉘게 하시니 하나님이 보시기에 좋았더라 저녁이 되고 아침이 되니 이는 넷째 날이니라 (창1:14~19)

넷째 날 해와 달, 별을 창조하시고 우주를 아름답게 꾸며주신 은혜를 감사하며 기도한다.

해와 달아 그를 찬양하며 밝은 별들아 다 그를 찬양할지어다 (시148:3)

여호와께서 이와 같이 말씀하셨느니라 그는 해를 낮의 빛으로 주셨고 달과 별들을 밤의 빛으로 정하였고 바다를 뒤흔들어 그 파도로 소리치게 하나니 그의 이름은 만군의 여호와니라 (렘31:35)

• 해를 창조하신 은혜 감사기도

전능하신 이 여호와 하나님께서 말씀하사 해 돋는 데서부터 지는 데까지 세상을 부르셨도다 (시50:1)

여호와 하나님은 해요 방패이시라 여호와께서 은혜와 영화를 주시며 정직하게 행하는 자에게 좋은 것을 아끼지 아니하실 것임이니이다 (시84:11)

내 이름을 경외하는 너희에게는 공의로운 해가 떠올라서 치료하는 광선을 비추리니 너희가 나가서 외양간에서 나온 송아지 같이 뛰리라 (말4:2)

해(Sun)는 태양계의 중심인 고온의 기체로서 지구에서 가장 가까운 항성이다. 질량은 태양계 총 질량의 99%를 차지하며 행성의 운동을 지배하고 스스로 중력으로 고온의 기체로 하여금 일정한 크기로 뭉쳐 있게 한다. 우리가 눈으로 볼 수 있는 표면인 광구(光球)는 약 400km 두께의 층으로 약 5,800K의 온도를 가진다.

태양의 흑점은 광구면에 나타나는 크기 7,000~4만km의 어두운 구역이며 여기에는 지구 자기장의 수천 배(2,000~4,000가우스)나 되는 강한 자기장이 태양 내부로부터 대류(對流)를 방해하므로 주위보다도 1,000~2,000℃ 가량 온도가 낮아서 어둡게 보인다.

태양은 지구 표면 1㎡에 1.35kw(가정용 전열기 하나 정도의 출력)로 열을 보내고 있으나 이것은 태양의 총 복사량의 약 20억 분의 1에 지나지 않는다.(한국민족문화 대백과사전)

태양은 큰 인력으로 태양계 여러 천체들의 운동을 지배하고 있으며 빛과 열을 내어 지구상의 생물이 살아갈 수 있게 해 준다. 광구 위의, 두께가 6,000km 정도 되는 대기층을 채층이라고 한다. 채층의 온도는 광구와 가까운 밑부분이 4,500℃ 정도 되지만 맨 윗부분은 약 100만℃가 된다. 코로나는 태양의 가장 바깥쪽에 있는 대기층으로 그 높이는 광구로부터 수백만km에 이른다. 코로나의 온도는 채층의 맨 윗부분과 비슷한 약 100만℃ 쯤 된다. 태양의 빛에너지는 광합성 과정을 통해 만들어진 유기물 속에 화학에너지의 형태로 저장된다. 이 에너지는 생태계의 먹이사슬을 따라 이동하며 생태계를 유지해주는 에너지로 작용한다.

필자는 이런 태양을 창조하여 우리에게 주신 하나님께 감사하며 태양으로 우리가 얻을 수 있는 온갖 좋은 것들에 대해 감사 기도한다.

태양빛이 없으면 식물들은 광합성 작용을 못하기 때문에 우리가 야채나 과일 등을 전혀 먹을 수 없으며 생명을 유지할 수 없다. 태양빛이 없으면 모든 인류가 피부병이나 온갖 질병에 걸려 살 수 없게 된다. 북유럽 쪽 사람들은 겨울이 길기 때문에 태양빛을 얻기 위해 끊임없는 노력을 하는 것을 본다. 그들은 햇빛이 좋은 날은 모두 짧은 옷을 입고 자연에서 일광욕을 즐기고 썬텐을 한다. 우리도 햇빛이 없으면 빨래도 마르지 않을 것이며 일상생활을 할 수 없을 것이다. 곰팡이균이 번식하여 피부질환으로 많은 고생을 할텐데 햇빛을 마음껏 사용할 수 있도록 하시고 가장 귀한 것 우리가 생명을 유지하기 위해 필요한 빛, 공기, 물 등을 공짜로 우리에게 선물해주신 하나님께 감사하며 기도한다.

• 달을 창조하신 은혜 감사기도

하나님이 두 큰 광명체를 만드사 큰 광명체로 낮을 주관하게 하시고 작은 광명체로 밤을 주관하게 하시며 또 별들을 만드시고 (창1:16)

그들이 해가 있을 동안에도 주를 두려워하며 달이 있을 동안에도 대대로 그리하리로다 (시72:5)

그의 날에 의인이 흥왕하여 평강의 풍성함이 달이 다할 때까지 이르리로다 (시72:7)

다시는 네 해가 지지 아니하며 네 달이 물러가지 아니할 것은
여호와가 네 영원한 빛이 되고 네 슬픔의 날이 끝날 것임이라
(사60:20)

달은 지구에서 가장 가까운 천체로 지구 둘레를 도는 단 하나의
위성이다. 지구의 중심에서 달의 중심까지의 거리는 평균 약 38만
4,400km이지만 가장 멀 때는 약 40만 7,000km이고, 가장 가까
울 때는 약 35만 7,000km이다. 달에는 대기가 없어서 기상 현상
이나 침식 작용이 일어나지 않는다. 공기가 없어서 온도 변화가 매
우 심하여 낮에는 120℃, 밤에는 영하 150℃가 된다. 지형은 모래
로 덮여 있고 분화구가 많은데 지름이 200km를 넘는 큰 분화구도
있다.

달의 표면에는 둥근 테 모양을 한 산과 바다가 있는데 높은 곳을
산이라 부르고, 낮은 곳을 바다라 한다. 달에는 물이 전혀 없고 공
기도 없으므로 생물이 살지 못한다. 달은 스스로 빛을 내지 못하므
로 태양의 빛이 닿는 부분만 빛을 낸다. 달이 지구의 주위를 돌 때
지구와 달의 위치에 따라 달의 모양이 초승달, 반달(상현), 보름달,
하현달, 그믐달 등 여러 가지로 바뀌어 보이는 것이다. 달의 지름
은 지구의 약 4분의 1이고 무게는 지구의 81분의 1이다. 그러므로
달은 지구의 인력뿐 아니라 태양의 인력도 크게 받고 있다.

달은 지구의 둘레를 약 한 달에 한 바퀴씩 도는데, 이것을 달의 공

전이라고 한다. 또 달은 자기 자신의 축을 중심으로 도는데, 이것
을 달의 자전이라고 한다. 달은 자전주기와 공전주기가 같아서 달
의 한 쪽면만 볼 수 있으며 반대쪽 면은 볼 수가 없다. 달의 공전과
자전의 주기는 똑같이 27.3일이다. 달은 지구를 중심으로 돌고 지
구는 태양을 중심으로 돌기 때문에 '지구달태양'의 순으로 일직선
을 이루는 때가 있다. 이때 달이 태양을 가려서 달의 그림자가 지
구에 비치는 지역은 태양 빛이 들지 않는데, 이러한 현상을 일식이
라 한다. 또한 '태양지구달'의 순서로 일직선을 이룰 때 태양 빛을
받는 지구의 반대쪽 역시 그림자가 생겨 달은 태양 빛을 받을 수
없게 되는데 이러한 현상을 월식이라 한다.(다음백과)

 달은 조수간만의 차를 조정하는 역할을 한다. 해변에서 물이 빠져
나가 해수면이 가장 낮아진 상태를 간조라 하고, 밀물이 가장 높
은 해면까지 꽉 차게 들어온 상태를 만조라 한다. 이 간조와 만조
의 차이를 조수간만의 차라고 한다. 간조와 만조는 지구와 달, 태
양 사이의 인력의 힘에 의해서 발생한다. 대체적으로 해수면이 가
장 낮은 지점에서 높은 지점으로 올라가는데 6시간이 걸리고, 다시
약 6시간 동안 서서히 빠져나간다. 간조 때 드러나는 해저지형을
갯벌, 혹은 간석지라고 한다.

 필자는 어린 시절을 시골에서 자랐기 때문에 계절별로 달라지는
느낌을 갖는 달의 색깔과, 달이 뜨는 시간이 매일 50분씩 늦어지는
것, 날마다 달라지는 달의 크기를 관찰할 수 있었다.

영화 '명량'에서 보면 울돌목(전라남도 해남군 문내면 학동리의 화원반도와 진도군 군내면 녹진리 사이의 있는 해협. 길이 약 1.5km이며, 폭이 가장 짧은 곳은 약 300m 정도가 된다.)에서 조수간만의 차를 이용하여 대승리를 이루는 장면이 나온다. 울돌목은 밀물 때에는 넓은 남해의 바닷물이 한꺼번에 명량해협을 통과하여 서해로 빠져나가 조류가 5m/s 이상으로 매우 빠르다. 이를 이용하여 정유재란 당시 명량해전에서 이순신 장군이 이끄는 조선군이 승리하였는데 이 또한 지구와 달, 태양 사이의 인력의 힘에 의해서 발생하는 것이다. 이렇게 위대한 자연을 우리에게 값없이 선물로 주신 하나님께 감사드리며 기도한다.

• 별을 창조하신 은혜 감사기도

별은 밤 하늘에 반짝이는 수많은 천체를 통틀어 일컫는 말이다. 넓은 뜻으로는 항성 · 행성 · 위성 · 혜성 · 유성 등을 가리키고, 좁은 뜻으로는 별자리를 만드는 항성을 가리킨다.
별은 대부분 태양과 거의 같은 크기이며, 스스로 빛을 내는 항성이다. 너무 멀어서 아주 작게 보일 뿐만 아니라 움직이지 않는 것처럼 보이지만, 사실은 움직이지 않는 별은 없다. 태양 둘레를 돌고 있는 행성 중 금성·화성·목성·토성이 우리 눈에 잘 보이는 것은 이들이 태양의 빛을 반사하기 때문이며, 비교적 가까워서 밝게 빛나 보이는 것이다.

별들 가운데는 지름이 태양의 500배나 되는 것도 있으나 지구에서 너무 멀리 있기 때문에 작은 점으로밖에 보이지 않는다. 지구에서 별까지의 거리를 나타내는 단위에는 광년이 있다. 1광년은 빛이 1년 동안 쉬지 않고 가는 거리를 말한다. 북극성은 지구에서 약 1,000광년이나 되는 먼 거리에 있다. 1초 동안에 지구를 일곱 바퀴 반 도는 빛이 1,000년이 지나야 북극성에 닿을 수 있는 것이다.

우리 눈에 보이는 별은 약 6,000개인데, 북반구에서는 맑은 날 하늘에서 2,000개 이상의 별을 한눈에 볼 수 있다. 별의 밝기는 1등성, 2등성과 같이 등급으로 나타낸다. 이러한 등급은 약 2,000년 전에 그리스의 천문학자들이 매긴 것을 그대로 쓰고 있는 것이다. 눈으로 보아 가장 밝은 별 약 20개를 1등성이라 하고, 겨우 보이는 별을 6등성으로 하여 밝기에 따라 등급을 매겼다. 우리들이 보는 별이 반짝반짝 빛나는 것처럼 보이는 까닭은 공기가 움직이는 데 따른 빛의 굴절 때문이다.

물체의 빛과 빛이 내는 색은 그 물체의 온도에 따라 다르다. 마찬가지로 별의 빛은 겉의 온도에 따라 다르다. 곧 별은 온도가 높아

짐에 따라 붉은색 → 주황색 → 노란색 → 황백색 → 흰색 → 청백색 → 푸른색을 띤다.

지구는 남극과 북극을 연결한 지축을 중심으로 돌고 있다. 이 지축을 북쪽으로 길게 늘인 하늘에 있는 별이 북극성이다. 그러므로 지구에서 볼 때 별들은 이 북극성을 중심으로 동쪽에서 서쪽으로 돌고 있는 것이다. 북극성은 항상 지구의 북쪽에 있기 때문에 항해를 하거나 길을 잃었을 때 이 별을 보고 방향을 알아내기도 한다.

별자리는 별을 몇 개씩 여러 모양의 무더기로 나누어, 그 모양에 동물·물건·신화 속의 인물 등의 이름을 붙여 위치를 나타내기 편리하게 한 것이다. 1928년에 국제천문학연합총회에서 하늘 전체를 88개의 별자리로 나누고, 황도에 12개, 북쪽 하늘에 28개, 남쪽 하늘에 48개를 각각 정하였다.

황도 부근의 별자리를 태양이 지나가는 달마다 구분한 것이 십이궁으로, 물고기·양·황소·쌍둥이·게·사자·처녀·천칭·전갈·궁수·염소·물병의 순으로 되어 있다. 봄·여름·가을·겨울의 각 계절의 별자리는 초저녁 8시경에 보이는 별자리를 말한다.

봄철의 별자리	사냥개·바다뱀·사자·게·까마귀·목자·천칭·처녀·머리털 등
여름철의 별자리	헤르쿨레스·전갈·뱀주인·거문고·독수리·백조·방패·궁수 등
가을철의 별자리	염소·물병·남쪽물고기·페가수스·물고기·카시오페이아·안드로메다·삼각형·양·고래
겨울철의 별자리	페르세우스·마차부·황소·오리온·쌍둥이·작은개·큰개·고물·용골 등

오직 주는 여호와시라 하늘과 하늘들의 하늘과 일월 성신과 땅
과 땅 위의 만물과 바다와 그 가운데 모든 것을 지으시고 다 보
존하시오니 모든 천군이 주께 경배하나이다 (느9:6)

하나님께서는 아브라함에게 복 주시기 위하여 뭇 별을 보여 주시
면서 그의 자손이 이와 같으리라고 말씀하셨고

그를 이끌고 밖으로 나가 이르시되 하늘을 우러러 뭇별을 셀
수 있나 보라 또 그에게 이르시되 네 자손이 이와 같으리라
(창15:5)

이삭을 번제로 드리려고 했을 때도 별과 같이 자손이 번성할 것을
말씀하셨다.

내가 네게 큰 복을 주고 네 씨가 크게 번성하여 하늘의 별과 같
고 바닷가의 모래와 같게 하리니 네 씨가 그 대적의 성문을 차
지하리라 (창22:17)

이삭에게도 별과 같이 자손이 번성하게 될 것을 말씀하셨다.

> 네 자손을 하늘의 별과 같이 번성하게 하며 이 모든 땅을 네 자
> 손에게 주리니 네 자손으로 말미암아 천하 만민이 복을 받으리라
> (창26:4)

또한 예수님이 탄생하실 것을 동방박사들에게 알려주실 때도 별을
통해 베들레헴까지 인도하셨다.

> 유대인의 왕으로 나신 이가 어디 계시냐 우리가 동방에서 그의
> 별을 보고 그에게 경배하러 왔노라 하니 (마2:2)

> 박사들이 왕의 말을 듣고 갈새 동방에서 보던 그 별이 문득 앞
> 서 인도하여 가다가 아기 있는 곳 위에 머물러 서 있는지라 그
> 들이 별을 보고 매우 크게 기뻐하고 기뻐하더라 (마2:9~10)

욥기 38장 31~33절에도 하나님께서 욥에게 별자리에 대해 말씀하
시고 있다.

> 네가 묘성을 매어 묶을 수 있으며 삼성의 띠를 풀 수 있겠느냐
> 너는 별자리들을 각각 제 때에 이끌어 낼 수 있으며 북두성을
> 다른 별들에게로 이끌어 갈 수 있겠느냐 네가 하늘의 궤도를
> 아느냐 하늘로 하여금 그 법칙을 땅에 베풀게 하겠느냐
> (욥38:31~33)

> 하나님은 놀라운 음성을 내시며 우리가 헤아릴 수 없는 큰 일
> 을 행하시느니라 눈을 명하여 땅에 내리라 하시며 적은 비와
> 큰 비도 내리게 명하시느니라 (욥37:5~6)

필자는 어린 시절 여름철 마당에 모깃불을 피워놓고 엄마 무릎에
머리를 대고 누워서 쏟아지는 밤하늘의 별을 바라보며 북두칠성을
찾던 그 추억을 생각하며 별을 창조하신 하나님 은혜를 깊이 감사
드리며 기도한다. 또한 햇빛이 좋은 날, 비 오는 날, 안개 낀 날, 바
람이 부는 날, 이슬이 내리는 날, 서리를 주시고 눈을 주시고 얼음
이 얼게 하시고 봄, 여름, 가을, 겨울 4계절을 주시고 날씨와 일기
를 주관하시는 하나님의 은혜를 생각하며 감사기도를 드린다.

> 폭풍우는 그 밀실에서 나오고 추위는 북풍을 타고 오느니라 하
> 나님의 입김이 얼음을 얼게 하고 물의 너비를 줄어들게 하느니
> 라 또한 그는 구름에 습기를 실으시고 그의 번개로 구름을 흩
> 어지게 하시느니라 그는 감싸고 도시며 그들의 할 일을 조종하
> 시느니라 그는 땅과 육지 표면에 있는 모든 자들에게 명령하시
> 느니라 (욥37:9~12)

누가 홍수를 위하여 물길을 터 주었으며 우레와 번개 길을 내
어 주었느냐 누가 사람 없는 땅에, 사람 없는 광야에 비를 내리
며 황무하고 황폐한 토지를 흡족하게 하여 연한 풀이 돋아나게

하였느냐 비에게 아비가 있느냐 이슬방울은 누가 낳았느냐 얼

음은 누구의 태에서 났느냐 공중의 서리는 누가 낳았느냐 물은

돌 같이 굳어지고 깊은 바다의 수면은 얼어붙느니라

(욥38:25~30)

5. 새, 바다짐승과 고기를 창조하신 은혜 감사기도

하나님이 이르시되 물들은 생물을 번성하게 하라 땅 위 하늘의 궁창에는 새가 날으라 하시고 하나님이 큰 바다 짐승들과 물에서 번성하여 움직이는 모든 생물을 그 종류대로, 날개 있는 모든 새를 그 종류대로 창조하시니 하나님이 보시기에 좋았더라 하나님이 그들에게 복을 주시며 이르시되 생육하고 번성하여 여러 바닷물에 충만하라 새들도 땅에 번성하라 하시니라 저녁이 되고 아침이 되니 이는 다섯째 날이니라(창1:20～23)

• 새를 창조하신 은혜 감사기도

새는 몸이 깃털로 덮여 있고 이빨이 없는 부리를 가진 척추동물이다. 전 세계에 존재하는 새의 종류는 대략 9,700종이다. 한국의 새는 남북한 합쳐 450종을 기록하고 있다.

열대 지방은 일 년 내내 무더위가 계속되어 많은 종류의 새들을 볼 수 있는데, 온대 지방에서도 흔히 볼 수 있는 새들을 비롯하여 열대 지방에서만 볼 수 있는 특이한 새들도 있다.

인도 · 말레이시아 · 인도네시아 · 필리핀 등지의 숲이나 강가에서는 우리가 동물원에서 흔히 볼 수 있는 공작 · 사다새 · 코뿔새 · 팔색조 등이 산다. 코뿔새는 동남아시아와 중앙아프리카의 삼림에 사는 새로, 곤충이나 과일을 먹고 살며, 긴 부리 위에 큰 뿔깃관이 있는 것이 특징이다. 아프리카에는 독수리 · 사다새 . 홍학 · 타조 · 코뿔새 · 느시(들칠면조) 등 많은 새들이 산다. 그 중에서 아프리카민머리황새는 흉한 외모처럼 썩은 고기만을 먹고 살아가는 새이고, 구멍새는 긴 다리를 이용하여 뱀 · 도마뱀 · 쥐 등을 잡아먹는 특이한 새이다.

남아메리카에는 우리가 흔히 보지 못했던 새들이 산다. 특히 무희새 · 장식새 · 앵무새 · 벌새 · 호아친 · 왕부리 등 모양과 색깔이 특이하여 한 번 보면 잊혀지지 않을 새들도 있다. 벌새는 새 중에서 가장 작은 새로, 꽃의 꿀을 먹고 살며 온대 지방에도 몇 종류가 있다.

열대 지방의 새 가운데서도 가장 아름다운 새는 극락조이다. 주로 뉴기니의 밀림에 60여 종이 사는데, 왕극락조 · 분홍극락조 등 모두가 특색 있는 모양과 색깔을 지니고 있다. 이 지역에는 또 머리가 아름답게 생긴 왕관비둘기라는 새도 있다.(출처 : 학습그림백과 | 천재교육 편집부)

잠자는 새는 나뭇가지에서 떨어지지 않는다. 새들은 땅바닥에서는 물론이거니와 바람에 한없이 흔들리는 가느다란 나뭇가지에서도 떨어지지 않고 잘 서 있거나 통통 뛰기도 하고, 때로는 나뭇가지에 발하나만 의지한 채 잠을 자기도 한다. 새들은 두 개의 평형기관이 있어 체조선수보다 뛰어난 균형감각을 갖고 있다. 새가 나뭇가지에 잘 붙어 있을 수 있는 이유는, 사람의 몸에는 몸의 균형을 조절해주는 평형기관이 귀 속에 하나 있지만 새들에게는 두 개의 평형기관이 있기 때문이다. 하나는 귀에 있고, 다른 하나는 골반에 있는데 골반에 있는 평형기관은 다리로 서 있을 때 균형을 잡을 수 있도록 근육을 조절해준다.

 새의 발에는 고감도 발바닥 센서가 있는데 그것은 바로 새의 발바닥에 있는 반사점이라는 것이다. 이 반사점이 자극을 받으면 자동적으로 쥐기반사(손바닥에 무엇이 닿으면 꼭 쥐는 행동)가 나타난다. 새들은 쥐기반사가 일어나도 다른 근육들은 완전히 이완된 상태를 유지할 수 있어 바람이 아주 강하게 부는 날에도 흔들리는 나뭇가지 위에서 나무에서 떨어지지 않고 잠을 잘 수 있다.(출처 : 국립중앙과학관 : 텃새 과학관)

 새만이 가지고 있는 가장 큰 특징은 바로 깃털이다. 아름다운 색깔과 모양의 깃털은 이성을 유혹하는 역할을 하기도 하지만 방수효과를 갖고 있으며 쉽게 오염되지도 않는다. 새의 몸은 매우 가벼워 하늘을 날기에 적합하다.

 새는 뼈 속이 비어 있고, 몸 곳곳에 공기 주머니가 있는데, 이 주머니는 잘 발달된 폐와 연결되어 있다. 날개를 접고 펴는데 필요한 근육과 목 근육 등 기본적인 것을 제외하고는 근육, 인대 등이 발달하지 않았고, 이빨이 없으며, 두개골도 매우 가볍다. 대장이 없고 직장도 짧아 위를 거친 먹이는 금새 몸 밖으로 빠져나간다.

 대부분의 새들에게는 시각이 가장 중요한 감각이다. 새는 각막과 수정체를 모두 조절할 수 있어서 원거리와 근거리의 물체를 동시에 파악하는 일도 가능하고 순간적으로 초점을 맞추는 능력도 뛰어나다. 대부분의 새의 눈은 머리 양쪽에 있어서 전방과 좌우의 물체들도 동시에 파악하는 넓은 시야를 가졌다.

 새의 소리에는 경계음과 지저귐의 두 가지 종류가 있다. 경계음(Call)은 날아갈 때나 위험이 있을 경우 다른 새들에게 알리는 기능을 하는 짧고 간단한 소리로 계절에 따른 차이가 거의 없다. 지저귐(Song)은 번식기에 이성을 유혹할 때나 자기 영역을 나타내기 위해 내는 다채롭고 복잡한 소리로, 번식하는 계절에만 들을 수 있는 소리다.

 새는 38℃~42℃ 정도의 높은 체온을 유지하는 항온 동물이며, 매우 활동적이기 때문에 많은 에너지를 필요로 한다. 따라서 체중에 비해 많은 먹이를 먹는 편인데, 보통 같은 체중의 파충류보다 10배 이상 많은 먹이를 먹는다. 새들은 종류에 따라 나무 열매, 식물의 순, 벌레나 곤충, 물고기, 조개류, 들쥐 등의 포유류, 동물의 시체에 이르기까지 다양한 먹이를 먹는다.

새의 가장 신비로운 특징 중 하나는 계절에 따라 이동한다는 것이다.

 새의 하늘을 나는 능력은 수천 킬로미터 이상의 비행이 가능하다는 것이다. 주로 북반구에 있는 번식지와 겨울을 나는 적도지방의

따뜻한 월동지 사이의 먼 거리를 이동한다. 이중 여름과 겨울에만 우리나라에서 사는 철새들을 각각 여름철새, 겨울철새라고 하고, 북쪽 번식지로부터 남쪽 월동지로 오가는 도중 봄, 가을에 통과하는 철새를 나그네새라고 하며 계절을 따라 옮겨 다니지 않고 한 지역에서만 사는 새를 텃새라고 한다. (출처: 블로그 생태관광.철새관광)

새들 가운데 율법이 식용으로 규정하는 것들로는 비둘기, 자고새, 메추라기 등이 있고 산비둘기와 집비둘기는 희생제물로 사용된 유일한 새로서 레위기 5장 7절에서 말씀하고 있다.

> 만일 그의 힘이 어린 양을 바치는 데에 미치지 못하면 그가 지은 죄를 속죄하기 위하여 산비둘기 두 마리나 집비둘기 새끼 두 마리를 여호와께로 가져가되 하나는 속죄제물을 삼고 하나는 번제물을 삼아 (레5:7)

신약 시대에는 예루살렘 성전 뜰에서 매매되기도 하였다.

> 예수께서 성전에 들어가사 성전 안에서 매매하는 모든 사람들을 내쫓으시며 돈 바꾸는 사람들의 상과 비둘기 파는 사람들의 의자를 둘러 엎으시고 (마21:12)

또한 새의 습성에 빗댄 비유들이 나타나는데 어미 새가 새끼를 보호하는 것은 하나님의 사랑에 비유된다.

> 마치 독수리가 자기의 보금자리를 어지럽게 하며 자기의 새끼 위에 너풀거리며 그의 날개를 펴서 새끼를 받으며 그의 날개 위에 그것을 업는 것 같이 (신32:11)

> 새가 날개 치며 그 새끼를 보호함 같이 나 만군의 여호와가 예루살렘을 보호할 것이라 그것을 호위하며 건지며 뛰어넘어 구원하리라 하셨느니라 (사31:5)

> 예루살렘아 예루살렘아 선지자들을 죽이고 네게 파송된 자들을 돌로 치는 자여 암탉이 그 새끼를 날개 아래에 모음 같이 내가 네 자녀를 모으려 한 일이 몇 번이더냐 그러나 너희가 원하지 아니하였도다 (마23:37)

여호와의 규례를 알지 못하는 어리석은 백성은 계절을 분별하며 이동하는 철새보다 못한 자들로 보고 책망하시는 말씀도 있다.

> 공중의 학은 그 정한 시기를 알고 산비둘기와 제비와 두루미는 그들이 올 때를 지키거늘 내 백성은 여호와의 규례를 알지 못하도다 (렘8:7)

그들은 애굽에서부터 새 같이, 앗수르에서부터 비둘기같이 떨
며 오리니 내가 그들을 그들의 집에 머물게 하리라 나 여호와
의 말이니라 (호11:11)

어리석은 인생은 새가 올무에 걸리는 것처럼 갑자기 재앙이 닥쳐
망하게 된다고 말씀하신다.

분명히 사람은 자기의 시기도 알지 못하나니 물고기들이 재난
의 그물에 걸리고 새들이 올무에 걸림 같이 인생들도 재앙의
날이 그들에게 홀연히 임하면 거기에 걸리느니라(전9:12)

본향을 떠나 타지에서 유랑하는 자는 보금자리를 떠나 떠도는 새
에 비유하기도 한다.

고향을 떠나 유리하는 사람은 보금자리를 떠나 떠도는 새와 같
으니라 (잠27:8)

외로운 인생은 광야의 올빼미와 부엉이에 비유하셨다.

나는 광야의 올빼미 같고 황폐한 곳의 부엉이 같이 되었사오며
내가 밤을 새우니 지붕 위의 외로운 참새 같으니이다
(시102:6~7)

성경에는 새에게도 긍휼히 여기는 마음을 가지라고 말씀하신다.

> 길을 가다가 나무에나 땅에 있는 새의 보금자리에 새 새끼나
> 알이 있고 어미 새가 그의 새끼나 알을 품은 것을 보거든 그 어
> 미 새와 새끼를 아울러 취하지 말고 어미는 반드시 놓아 줄 것
> 이요 새끼는 취하여도 되나니 그리하면 네가 복을 누리고 장수
> 하리라 (신22:6~7)

예수님께서는 여우도 굴이 있고, 새도 깃들 둥지가 있지만 당신은
머리 둘 곳이 없다고 하시면서 십자가 죽음을 예고하였다.

> 예수께서 이르시되 여우도 굴이 있고 공중의 새도 거처가 있으
> 되 인자는 머리 둘 곳이 없다 하시더라 (마8:20)

또한 새들에게 먹이를 마련하시는 분이 하나님이심을 욥에게 말씀
하고 있다.

> 까마귀 새끼가 하나님을 향하여 부르짖으며 먹을 것이 없어서
> 허우적거릴 때에 그것을 위하여 먹이를 마련하는 이가 누구냐
> (욥38:41)

여기서는 필자가 기도 중 상상(imagination)하면서 보는 새들을 소개하고자 한다.

첫 번째 새는 1996년 겨울 산곡기도원에, 추워도 눈이 와도 양털 방석 하나 들고 기도하러 매일 다녔을 때의 일이다. 맨바닥에 앉아 1시간 이상 열심히 기도를 하는데, 성령님을 의지하고 한참 기도를 하면 어느새 그 추운 겨울에 새들이 와서 내 기도에 장단을 맞추어 주었다. 새들의 소리가 그렇게 다양한지 그때 처음 느꼈다. 10중주 오케스트라 연주를 듣는 것처럼, 새소리는 각각이지만 전체가 조화가 되어 온산에 아름답게 울려퍼졌다. 지금 보니 콩새, 유리딱새, 할머니새, 참새, 박새, 쑥새, 곤줄박이, 큰오색딱따구리 등이었던 것 같다. 딱따구리는 기도하는 동안 계속 나무를 '딱딱딱' 소리 내며 쪼으는 소리가 신기했고 어디서 새들이 모여드는지 의아스러웠다. 말씀을 읽으면서 새도 하나님께서 보내시는 것을 깨닫게 되었다.

1996년 여의도순복음교회 주최로 예루살렘에서 개최된 예수님탄생 2000주년 기념행사 때의 일이다. 조용기 목사님을 모시고 순복음교단이 거의 참여했던 그 당시 필자는 순복음부천교회 실업인연합회 내 국제선교회 회장을 맡고 있었다. 순복음부천교회 교역자와 권사님, 집사님 등 31명이 참석하게 되어 전체 행사에 참여하는 비행기표, 성지순례 비용, 숙박비 등을 필자가 담당하게 되었는데,

그 당시 여행비가 1인당 거의 300만 원 정도였다. 여행사는 여의도 순복음교회에서 지정해 준 유성여행사로, 계약을 하고 31명의 비용을 모두 지급을 했는데 성지순례 가는 날 아침 유성여행사 이사가 김포공항에 나와서 비행기표를 못 갖고 나왔다고 하면서 우리가 끊어서 다녀오면 그 비용을 지급해 주겠다고 하여 우리는 그 말을 믿었다. 교회서 지정해 준 여행사였기 때문에 조금도 의심을 하지 않고 필자가 갖고 있는 신용카드로 31명의 왕복 비행기표를 다시 끊었다. 그런데 이스라엘에서 행사를 하고 있던 중 숙박을 위해 지정한 호텔로 갔는데 호텔 측에서 호텔비가 입금이 되지 않아서 지금 결재를 하지 않으면 모두 이 호텔에서 내보내겠다고 했다.

유성여행사 이사에게 어떻게 된 거냐고 전화했더니 카드 결재한 것이 제대로 입금되지 않아서 그러니까 숙박비를 우리 돈으로 내면 귀국 후 결산해 주겠다고 해서 그것도 믿고 1500만 원 정도를 결재해 주었다. 다음날 행사를 마치고 이스라엘에서 이집트로 이동한 후 시내산을 가게 되었는데 저녁식사 때 먹은 소스가 잘못되었는지 밤새 설사를 하고 한잠도 자지 못하고 새벽 3시에 금식하며 시내산을 오르게 되었다. 풀 한 포기, 나무 한 그루 없는 산이라 해가 뜨면 더워서 가기 힘드니까 이른 새벽에 출발해서 모세가 하나님으로부터 십계명을 받은 장소도 보고 일출을 구경하고 내려오는 코스였는데 하나님 은혜로 그 힘든 곳을 금식하며 잘 다녀오게 되었다.

이집트에서 요르단을 거쳐 서유럽의 성지를 돌아보고 귀국하던 비행기 안에서 급성위염이 와서 비행기 속에서도 금식하며 한국에 도착하게 되었다. 우리 일행 대표들이 여행사를 찾아가서 어떻게 된 거냐고 물었더니 이미 유 이사는 여행사 이름을 바꾸고 재산도 정리해서 우리가 받을 수 있는 돈은 하나도 없었다. 단체로 고소를 했지만 법원에서는 이미 모든 것을 정리한 상태라 어쩔 수가 없다고 하여 필자가 고스란히 모든 부담을 안고 갈 수밖에 없었다. 그 중에는 평소에 은혜받은 교역자와 선교사님 여행비를 필자가 내드렸기 때문에 2중 3중 고통을 겪을 수밖에 없었다. 몇 달이 지나도 상황은 좋아지지 않았고 문제 해결을 위해 오직 기도에 몰입하게 되었다. 이런 어려움 속에도 중앙대학교 대학원 유아교육학과에서 석사과정을 공부하고 있던 중이라 유치원 운영과 학업, 경제적인 짐까지 떠맡으면서 하루라도 기도하지 않으면 살 수가 없었다. 기도를 하고 있었기 때문에 다른 사람들 보기에 겉으로는 그런 고통을 당하고 있는 사람으로 전혀 보이지 않았고 늘 웃으면서 다녔다. 기도하면 힘이 나고 기도하지 않으면 절망이었다. 그때는 이미 부천에서 이사를 해서 하남시에서 르호봇 어린이집을 운영하고 있었기 때문에 하남에 있는 산곡 기도원으로 매일 양털 방석 하나 들고 기도하러 갔는데, 이때 내 기도소리에 함께 합창해준 새들이 참으로 고마웠다. 하나님께서 새들을 통해 위로하심을 알게 되었고 지금도 그때 새들을 보내주시고 나를 위로해주신 하나님께 감사하며 기도를 드린다.

필자가 산곡 기도원에서 기도하던 중 하나님께서 IMF를 미리 알려주셔서 하남에 분양받은 아파트를 매매하기로 하고 그 다음날 부동산에 내 놓았는데 바로 계약이 되어 여행사 문제를 해결하게 되었다. 순복음부천교회에서도 당회에서 결의하여 왕복 비행기표 값을 보조해 주셔서 큰 도움이 되었다. 아무런 불평없이 처음 분양받은 아파트를 아낌없이 내어주고 뭐라고 나무라지 않았던 남편이 참 고마웠다. 그 일로 남편은 고혈압과 당뇨가 와서 마음 고생을 많이 했고 교회에서 선교하는 일에 자신의 유익을 위해 교인들을 이용하는 사람들에게 매우 부정적인 시각을 갖게 되어 교회와 마음이 멀어지게 되었다. 그러나 하나님께서는 우리가 알지 못하는 축복을 예비하셨고 고난의 때에 부르짖어 기도한 덕분에 남편은 직장에서 높은 자리로 승진했다.

두 번째 새 체험은 2016년 3월 필자의 장남 박지형이 이희영과 결혼하여 에티오피아 MCM병원. 의과대학에 2년간 봉사하러 갔을 때의 것이다. 필자도 함께 갔었다. 1주일간 있으면서 매일 새벽 기도를 다녔는데 어느 날 새 한 마리가 필자가 기도하고 있는 성전에 들어와서 2시간 이상 기도하는 동안 계속 소리를 내며 날아다녔다. 내가 기도하는 시간에 하나님께서 새를 보내 주셔서 외롭지 않게 기도했던 때를 생각하며 하나님께 감사기도를 드린다.

세 번째 새 체험은 2018년 5월 친정어머니께서 소천하셨을 때의 일이다. 경주 선산에서 장례를 치르는 시간 내내 산곡기도원에서 들었던 예쁜 새소리들이 내 귀에 영롱하게 들려 왔다. 하나님께서 나를 위로하기 위해 보내 주신 새들이라 생각하니 감사한 마음이 들었다. 필자가 친정어머니와 멀리 떨어져 있어서 효도도 제대로 못하고 먼저 천국 보내드린 슬픔이 참 컸는데 새들이 노래를 불러 주는 것 같아 새를 보내 주신 하나님께 감사하며 기도한다.

네 번째 새 체험은 2018년 12월 25일 크리스마스 날의 일이다. 새 성전에서 1부 예배를 드리려고 새벽기도 후 성전에 앉아 있는데 어디서 까치가 그 큰 성전에 들어와서 소리를 내며 온 성전을 날아다니는 것을 보았다. 새 한 마리도 그저 보내 주시는 것이 아니고 예수님 탄생을 축하하며 예수님께 사랑하는 마음을 드리고 싶어하는 자들에게 보내주신 선물이라 생각하고 감사하며 기도한다.

다섯 번째 새는 2019년 1월 블라디보스톡에 선교하러 가던 때의 일이다. 새벽 예배 후 홍주성 집사님, 박현자 권사님과 함께 같은 차를 타고 인천 공항을 가는데 88도로에서 김포공항 들어가는 길 가까이 갔을 때 갑자기 하늘에 새들이 수 십 마리가 나타나서 V자 모양을 하며 하늘을 힘차게 날고 있었다. 그 장관의 아름다움은 보지 않은 사람들은 이해할 수가 없을 것이다. 바로 눈앞에서 이루어진 일이다. 사진을 남길 수 없어서 아쉽긴 하지만 선교하러 가는 우리 일행에게 기쁨을 주시기 위해 보내 주신 선물이라 생각하며 감사 기도를 드린다.

 여섯 번째 새는 2020년 2월부터 코로나가 우리나라에 확산되면서 교회 문이 닫혀서 필자가 산과 계곡으로 기도하러 다니다가 산곡기도원으로 가서 기도하라는 응답을 받고 성전이 오픈될 때까지 산곡기도원에서 기도하고 있었다. 24년 전에 그곳에서 기도했을 때 찾아온 새들의 소리와 같은 예쁜 새들의 소리를 듣게 되었다. 어느 날 그곳에서 기도하기 전에 말씀을 읽고 있었는데 촉새 한 마리가 날아와서 내가 읽고 있는 성경책 밑에 둔 방석 오른쪽 모서리에 앉아서 몇 초간을 가만히 있었다. 너무 신기해서 쳐다보고 있으니까 다시 날아와서 내가 손으로 성경책을 잡고 있는 왼손 검지손가락을 '콕' 쪼으고 날아갔다. 내가 먹이를 준 것도 아닌데 겁도 내지 않고 내 손가락까지 쪼고 간 새가 참 신기했다. 명성교회 영어예배부 G셀(cell) 김미재 집사님, 홍주성 집사님, 배영희 집사님, 박현자 권사님과 여러 차례 기도하게 되었는데 그때마다 새들이 찾아와서 우리를 반겨 주었다. 산은 변했어도 새들의 소리는 변하지 않았고 그때 내 기도소리에 장단 맞춰 나무를 쪼아주던 딱따구리도 그때처럼 나무를 쪼아 주면서 나의 기도를 도와 주었다. 하나님께서 미물인 새 한 마리도 그저 보내 주시는 것이 아님을 깨닫고 새를 창조하신 하나님께 감사하며 기도를 드린다.

일곱 번째 새는 바로 오늘 2020년 6월 9일 새벽기도를 마치고 집으로 오는데 은혜 교육관 가까이로 차를 운전하고 가던 중 갑자기 하늘에서 블라디보스톡에 선교하러 갔을 때 보여 주셨던 그 장관이 눈 앞에 펼쳐졌다. 너무 놀라서 그저 "주여! 주여!"를 외칠 수밖에 없었고, "주님! 감사합니다! 주님! 아름답습니다." 하자 새들은 내가 기뻐하는 줄 알았는지 거의 100마리나 되는 새들이 큰 V자로 떼를 지어 하늘을 3바퀴나 돌아주었다. 바로 오늘이 '새를 보내주신 하나님 은혜에 감사'하는 원고를 써야 하는데 이렇게 나를 기쁘게 하시고 힘내라고 응원해 주시는 하나님 은혜 감사하며 차안에서 혼자 박수를 치며 어린아이처럼 좋아했다. 필자는 매일 새를 창조하신 하나님 은혜 감사하며 위의 일곱 장면을 상상하며 감사 기도를 드린다.

• 바다 짐승과 고기를 창조하신 은혜 감사기도

하나님이 큰 바다 짐승들과 물에서 번성하여 움직이는 모든 생물을 그 종류대로, 날개 있는 모든 새를 그 종류대로 창조하시니 하나님이 보시기에 좋았더라 (창1:21)

땅 위에 기는 어떤 곤충의 형상이든지, 땅 아래 물 속에 있는 어
떤 어족의 형상이든지 만들지 말라 (신4:18)

너희는 이러한 고기를 먹지 말고 그 주검도 만지지 말라 이것
들은 너희에게 부정하니라 물에 있는 모든 것 중에서 너희가
먹을 만한 것은 이것이니 강과 바다와 다른 물에 있는 모든 것
중에서 지느러미와 비늘 있는 것은 너희가 먹되 (레11:8~9)

우리 바다에는 13,000여 종류의 바다 생물이 살고 있으며 대략
950여 종류의 물고기들이 살고 있다. 잠시 우리 바다를 거쳐 가거
나 알이나 새끼를 낳기 위해 찾아오는 400여 종류의 회유성 물고
기도 있고, 아예 태어나서 죽을 때까지 평생 우리 바다에서만 살아
가는 약 550여 종류의 정착성 물고기도 있다.

물고기는 육상동물과 달리 몸의 모양만 겨우 유지할 정도로 약하
고 가벼운 뼈를 가지고 있는 경우가 대부분이다.(출처 : 갯벌에서 심해까
지 저자 손민호 | 아카데미서적)

깊이 1,000m 아래의 바닷속 환경은 전 세계 어디에서나 거의 비슷
하다. 이곳은 햇빛이 전혀 없는 캄캄한 곳으로 수온은 0℃에 가깝
고 수압은 매우 높다. 심해저에 살고 있는 종의 수는 대략 1천만~1
억에 이를 것으로 추산되고 있다.(출처 : 중등교과서 과학(이면우) 천재교육
편집부)

수중 암초에서는 바다생태계에 기본적인 에너지를 제공해 준다.

암초에 이끼처럼 붙어 사는 떡청각을 비롯해 미역과 감태 등 해조류는 각종 생물의 먹이가 될 뿐 아니라, 물고기들의 은신처와 산란 장소가 되어 준다. 수중 암초에 사는 동물은 삶의 방식에 맞게 먹이를 섭취하는데, 부착 생물인 멍게는 물속의 플랑크톤을, 게와 물고기는 작은 동물이나 찌꺼기를 먹는다. 모든 생물은 바다 생태계를 구성하는 데 반드시 필요한 구성원이며, 어느 한 생명도 쓸모없는 종은 없다.

식물 플랑크톤은 바다의 대표적인 1차 생산자로서 햇빛과 바닷물에 녹아 있는 영양분을 이용한 광합성 작용을 통하여 자신이 살아가는 데 필요한 에너지(탄수화물)를 직접 만들어 낸다. 현재 우리 바다에는 약 2,500여 종류의 식물 플랑크톤들이 살고 있다. 광합성 작용을 통하여 자신의 생존에 필요한 에너지를 스스로 만들어 가는 식물 플랑크톤들은 광합성 작용에 필수적인 충분한 빛이 있어야만 한다. 그래서 식물 플랑크톤들은 햇빛이 충분히 스며드는 바다의 표면에서만 살 수가 있다.(출처 : 갯벌에서 심해까지 저자 손민호 | 아카데미서적)

물고기는 수중 생활을 하고, 지느러미가 있으며, 아가미로 호흡하는 척추동물을 통틀어 일컫는 말로 어류라고도 한다. 물고기는 크게 바닷물고기와 민물고기로 나뉜다. 대부분의 물고기는 굳고 단단한 뼈를 가진 경골 어류이나, 상어 · 가오리와 같이 물렁뼈를 가진 연골 어류도 있다.

물고기는 대부분 아가미로 호흡하고, 알을 낳으며, 몸에 비늘이 있고, 등뼈가 있다. 등지느러미 · 가슴지느러미 · 배지느러미 · 뒷지느러미 · 꼬리지느러미를 움직여서 헤엄친다. 뱃속에 부레가 있어서 잠수함처럼 자유자재로 뜨고 가라앉을 수 있다. 물고기의 몸 옆에는 머리에서 꼬리지느러미까지 몸 한가운데를 가로질러 점선이 늘어서 있는데 이것을 옆줄이라고 한다. 옆줄에는 많은 신경 세포가 분포되어 있어 물의 흐름이나 압력, 소리 등을 느낄 수 있다.

한편 허파로 호흡하는 물고기도 있고, 뱃속에서 알이 깨어 새끼를 낳는 것도 있으며, 비늘이 없는 것, 지느러미가 가시로 변한 것 등이 있다. 그뿐만 아니라 부레가 없어 몸에서 전기를 내는 물고기도 있다. 지느러미의 생김새나 지느러미가 달려 있는 곳도 물고기에 따라서 각각 다르고, 헤엄치는 모습도 다르며, 사는 곳과 습성도 여러 가지이다. 식성으로 플랑크톤을 먹는 물고기는 정어리 · 꽁치 · 전갱이 · 명태 등이고, 남조류 · 해조류 · 수초 등을 먹는 물고기는 쥐돔 · 뱅어돔 · 은어 등이며, 육식어 물고기는 삼치 · 방어 · 다랑어 등이고, 잡식어 물고기는 잉어 · 붕어 등이다. (출처 : 학습그림 백과 천재교육 편집부)

히브리 사람들은 주로 갈릴리 호수에서 고기를 잡았다. 요단강에서도 고기잡이가 이루어졌지만 급류가 많아 어획량은 많지 않았다. 또 갈릴리 호수 북방 훌레(Huleh) 호수와 일부이지만 지중해

연안에서도 고기잡이가 이루어졌다. 솔로몬과 여호사밧 왕 때는 홍해 연안에서도 고기잡이가 이루어졌다고 한다. 당시 고기잡이에 사용된 어구들로는 그물, 낚시줄, 창과 작살 등이 사용되었다.

갈릴리 해변에 다니시다가 두 형제 곧 베드로라 하는 시몬과 그의 형제 안드레가 바다에 그물 던지는 것을 보시니 그들은 어부라 (마4:18)

또 천국은 마치 바다에 치고 각종 물고기를 모는 그물과 같으니 그물에 가득하매 물가로 끌어 내고 앉아서 좋은 것은 그릇에 담고 못된 것은 내버리느니라 (마13:47~48)

이런 방식으로 잡힌 물고기는 어문(漁門)을 통해 수도 예루살렘으로 반입되었다.

또 두로 사람이 예루살렘에 살며 물고기와 각양 물건을 가져다가 안식일에 예루살렘에서도 유다 자손에게 팔기로 내가 유다의 모든 귀인들을 꾸짖어 그들에게 이르기를 너희가 어찌 이 악을 행하여 안식일을 범하느냐(느13:16~17)

이렇게 히브리인들의 생활과 밀접한 관계가 있는 물고기는 초대교회 당시 교회 박해가 극심할 때 그리스도인임을 나타내는 상징물로도 사용되어, 물고기 상징물이 걸려 있는 집은 그 집에서 성찬식이 거행되니 참석하라는 초대의 의미를 갖고 있었다고 한다. 당시 성도들의 신앙 고백인 '예수 그리스도 하나님의 아들 구세주'는 헬라어로 '이예수스 크리스토스 데우 휘오스 소테르'인데 각 단어의 첫 글자만 딴 '익뒤스'는 '물고기'란 뜻이다.

(출처 : 네이버 지식백과 물고기 [fish] (라이프성경사전, 2006.8.15. 생명의 말씀사))

필자는 육고기보다 물고기나 어류, 해조류들을 좋아하는데 풍부한 먹거리들이 헤아릴 수 없이 많은 바다를 주심에 감사드리며 바다 속 생물들에게 우리가 먹이를 주지 않아도 하나님께서 플랑크톤이나 다양한 먹이를 준비하셔서 공급하시며 약육강식, 적자생존의 방법으로 바다를 관리하고 계심이 경이로울 따름이다. 우리 눈으로 바다에서 볼 수 있는 것들과 눈에 보이지 않는 것까지도 우리에게 주신 하나님 은혜 감사하며 기도한다.

6. 가축, 짐승과 동물, 사람을 창조하신 은혜 감사기도

하나님이 이르시되 땅은 생물을 그 종류대로 내되 가축과 기는
것과 땅의 짐승을 종류대로 내라 하시니 그대로 되니라 하나님
이 땅의 짐승을 그 종류대로, 가축을 그 종류대로, 땅에 기는 모
든 것을 그 종류대로 만드시니 하나님이 보시기에 좋았더라 하
나님이 이르시되 우리의 형상을 따라 우리의 모양대로 우리가
사람을 만들고 그들로 바다의 물고기와 하늘의 새와 가축과 온
땅과 땅에 기는 모든 것을 다스리게 하자 하시고 하나님이 자
기 형상 곧 하나님의 형상대로 사람을 창조하시되 남자와 여자
를 창조하시고 하나님이 그들에게 복을 주시며 하나님이 그들
에게 이르시되 생육하고 번성하여 땅에 충만하라, 땅을 정복하
라, 바다의 물고기와 하늘의 새와 땅에 움직이는 모든 생물을
다스리라 하시니라 하나님이 이르시되 내가 온 지면의 씨 맺는
모든 채소와 씨 가진 열매 맺는 모든 나무를 너희에게 주노니
너희의 먹을거리가 되리라 또 땅의 모든 짐승과 하늘의 모든
새와 생명이 있어 땅에 기는 모든 것에게는 내가 모든 푸른 풀
을 먹을거리로 주노라 하시니 그대로 되니라 하나님이 지으신
그 모든 것을 보시니 보시기에 심히 좋았더라 저녁이 되고 아
침이 되니 이는 여섯째 날이니라 (창1:24~31)

여섯째 날 가축과 짐승, 동물, 사람을 창조하신 은혜를 감사하며 기도한다.

> 이는 삼림의 짐승들과 뭇 산의 가축이 다 내 것이며 산의 모든 새들도 내가 아는 것이며 들의 짐승도 내 것임이로다 내가 가령 주려도 네게 이르지 아니할 것은 세계와 거기에 충만한 것이 내 것임이로다 (시50:10~12)

• 가축을 창조하신 은혜 감사기도

가축은 가정에서 키우는 짐승으로 서양에서는 주로 소나 양, 돼지, 염소, 말, 당나귀, 노새 등을 말하지만, 다른 지역에서는 들소나 황소, 낙타와 같은 동물들이 주종을 이루기도 한다. 소는 가축 가운데 가장 큰 무리로, 약 277가지 품종이 있다.(출처: 다음백과 Daum) 가축은 사람이 길들여서 여러모로 이용하는 동물이다. 고기·털·젖·가죽 등을 얻기도 하고, 힘든 일에는 가축의 힘을 이용한다. 애완용으로 기르면서 모습이나 소리를 감상하기도 한다. 좁은 뜻으로 가축을 말할 때는 애완용이나 관상용 동물은 가축에 포함하지 않는다. 그리고 닭이나 오리, 칠면조와 같은 새 종류는 가금이라 하여 따로 가금류로 분류하기도 한다.

오늘날 가장 많이 기르는 가축은 소 · 말 · 양 · 산양 · 돼지 · 닭 · 염소 등이며, 오리 · 나귀 · 토끼 · 라마 · 칠면조 등도 널리 기르고 있다. 지역적으로 특별한 가축에는 낙타 · 순록 · 물소 · 야크 · 야마 · 알파카 · 코끼리 등이 있다. 인류가 처음 야생 동물을 길들여 가축으로 기르게 된 것은 종교적인 제물로 이용하려는 목적에서였다고 알려졌다.(출처: 학습그림백과 천재교육 편집부)

1) 가축

현재 세계에서 가축으로 취급되는 것은 포유류에는 말 · 당나귀 · 소 · 물소 · 면양 · 염소 · 낙타 · 순록 · 돼지 · 개 · 고양이 · 토끼, 조류에는 닭 · 칠면조 · 거위 · 집오리 · 화조 · 집비둘기 · 메추리 등이 있다. 포유류와 조류만을 말하는 경우 조류에 속한 것을 가금(家禽)이라고 하고 이를 제외하고, 포유류만을 좁은 뜻의 가축이라 한다.(출처: 네이버 지식백과 가축 [domestic animal, 家畜] (두산백과))

성경에도 가축에 대해 다음과 같이 말씀하고 있다.

집에서 기르는 짐승을 총칭하여 이르는 말씀,

> 그러므로 아브람의 가축의 목자와 롯의 가축의 목자가 서로 다
> 투고 또 가나안 사람과 브리스 사람도 그 땅에 거주하였는지라
> (창13:7)

구약시대 가축은 재산으로 간주되어 부의 척도가 되었다.

> 이삭이 그 땅에서 농사하여 그해에 백 배나 얻었고 여호와께서
> 복을 주시므로 그 사람이 창대하고 왕성하여 마침내 거부가 되
> 어 양과 소가 떼를 이루고 종이 심히 많으므로 블레셋 사람이
> 그를 시기하여 (창 26:12)

뿐만 아니라 생활에 밀접하게 연관되어 있었기 때문에 율법에서도
가축과 관련하여 발생하는 분쟁을 해결하기 위한 여러 규정들을
두고 있다.

> 사람이 소나 양을 도둑질하여 잡거나 팔면 그는 소 한 마리에
> 소 다섯 마리로 갚고 양 한 마리에 양 네 마리로 갚을지니라 도
> 둑이 뚫고 들어오는 것을 보고 그를 쳐죽이면 피 흘린 죄가 없
> 으나 해 돋은 후에는 피 흘린 죄가 있으리라 도둑은 반드시 배
> 상할 것이나 배상할 것이 없으면 그 몸을 팔아 그 도둑질한 것
> 을 배상할 것이요 도둑질한 것이 살아 그의 손에 있으면 소나

나귀나 양을 막론하고 갑절을 배상할지니라 (출22:1~4)

또한 가축은 인간의 필요를 위해 존재하는 짐승이지만 그렇다고 해서 가축을 잔인하게 취급하지 말고 이들에게도 긍휼을 베풀도록 가르친다.

의인은 자기의 가축의 생명을 돌보나 악인의 긍휼은 잔인이니라 (잠12:10)

이런 사실은 십계명의 안식일 준수 규례에서도 잘 나타난다.

일곱째 날은 네 하나님 여호와의 안식일인즉 너나 네 아들이나 네 딸이나 네 남종이나 네 여종이나 네 가축이나 네 문안에 머무는 객이라도 아무 일도 하지 말라 (출20:10)

(출처 : 네이버 지식백과 가축[家畜, cattle] (라이프성경사전, 2006.8.15. 생명의 말씀사))

2) 짐승

성경에는 사람과 구별되는 길짐승과 날짐승에 대해 말씀하고 있다.

> 또 땅의 모든 짐승과 하늘의 모든 새와 생명이 있어 땅에 기는
> 모든 것에게는 내가 모든 푸른 풀을 먹을거리로 주노라 하시니
> 그대로 되니라 (창1:30)

> 들짐승과 우는 까마귀 새끼에게 먹을 것을 주시는도다 (시147:9)

> 비가 오고 날이 차매 원주민들이 우리에게 특별한 동정을 하여
> 불을 피워 우리를 다 영접하더라 바울이 나무 한 묶음을 거두
> 어 불에 넣으니 뜨거움으로 말미암아 독사가 나와 그 손을 물
> 고 있는지라 원주민들이 이 짐승이 그 손에 매달려 있음을 보
> 고 서로 말하되 진실로 이 사람은 살인한 자로다 바다에서는
> 구조를 받았으나 공의가 그를 살지 못하게 함이로다 하더니 바
> 울이 그 짐승을 불에 떨어 버리매 조금도 상함이 없더라 그들
> 은 그가 붓든지 혹은 갑자기 쓰러져 죽을 줄로 기다렸다가 오
> 래 기다려도 그에게 아무 이상이 없음을 보고 돌이켜 생각하여
> 말하되 그를 신이라 하더라 (행 28:26)

3) 동물

동물은 식물과 더불어 생물계를 이루는 한 무리이다. 동물은 식물과 달리 대부분 스스로 양분을 만들지 못하고, 식물이 만들어 놓은 영양분을 직접 또는 간접으로 먹고 산다. 동물은 크게 무척추동물과 척추동물로 나뉜다.

무척추동물은 척추, 즉 등뼈가 없는 동물이다. 아메바와 같이 세포가 하나로 이루어진 원생동물에서부터 비교적 발달한 동물에 이르기까지 다양하게 분포되어 있다.

현서동물은 100만 종을 넘는다고 추정되며, 동물분류학상 약 32문(門)으로 나누어진다.

동물은 세포벽이 없는 진핵세포를 가지는 다세포생물이며 광합성 색소가 없어 종속영양적(영양분을 스스로 합성할 수 없어 다른 생물이 합성해 둔 영양분을 이용하는 것)이고 덩어리 먹이를 몸 속에 넣어 소화하는 것이 보통이다. 이 동물에는 원생동물을 제외한 모든 동물이 속한다. 동물은 원생동물이나 해면동물과 같은 매우 하등한 동물을 제외하면 반응 및 운동과 관련하여 감각기관·운동기관(근육·골격)·신경계를 가지며, 동물의 세포는 섬유소질을 포함하는 두꺼운 막을 가지지 않는다.(출처 : 네이버 지식백과 동물[animal, 動物] (두산백과))

하나님께서 창조하신 피조물 중 하나로, 하늘을 나는 것, 땅 위에

사는 것, 바다에 사는 것으로 여섯째 날 창조된 사람들도 여기에
속한다.

율법은 비록 동물일망정 무자비하게 다루지 말도록 가르친다. 예
를 들면 곡식을 밟아 떠는 소에게는 멍에를 씌우지 말라고 하며,

> 모세의 율법에 곡식을 밟아 떠는 소에게 망을 씌우지 말라 기록
> 하였으니 하나님께서 어찌 소들을 위하여 염려하심이냐 (고전9:9)

과중한 짐을 부과하여 짐승을 넘어지게 하는 것을 삼가라고 하며,

> 네가 만일 너를 미워하는 자의 나귀가 짐을 싣고 엎드러짐을 보거
> 든 그것을 버려두지 말고 그것을 도와 그 짐을 부릴지니라 (출23:5)

구덩이에 빠진 짐승은 건져주고,

> 예수께서 이르시되 너희 중에 어떤 사람이 양 한 마리가 있어
> 안식일에 구덩이에 빠졌으면 끌어내지 않겠느냐 (마12:11)

짐승이 거처할 곳을 마련해 주며,
> 또 짐승 지키는 천막을 치고 양과 낙타를 많이 이끌고 예루살
> 렘으로 돌아왔더라 (대하14:15)

필요한 곡물로 가축을 먹여 주라고 한다.

> 그 사람이 그 집으로 들어가매 라반이 낙타의 짐을 부리고 짚
> 과 사료를 낙타에게 주고 그 사람의 발과 그의 동행자들의 발
> 씻을 물을 주고 (창24:32)

하나님께서는 일정한 수준에서 동물을 먹을 수 있도록 허락하셨고,

> 땅의 모든 짐승과 공중의 모든 새와 땅에 기는 모든 것과 바다의
> 모든 물고기가 너희를 두려워하며 너희를 무서워하리니 이것들
> 은 너희의 손에 붙였음이니라 모든 산 동물은 너희의 먹을 것이
> 될지라 채소같이 내가 이것을 다 너희에게 주노라 (창9:2~3)

또 먹을 수 있는 것과 먹지 못하는 기준을 마련해 주셨다.

> 만일 누구든지 부정한 것 곧 사람의 부정이나 부정한 짐승이나
> 부정하고 가증한 무슨 물건을 만지고 여호와께 속한 화목제물
> 의 고기를 먹으면 그 사람도 자기 백성 중에서 끊어지리라
> (레7:21)

필자는 여섯째 날 가축, 짐승과 동물을 창조하시고 우리에게 채소
같이 먹을 수 있는 먹거리로 주시고 사람이 동물을 무서워하는 것

이 아니라 동물들이 사람을 무서워하며 그들을 다스리게 하신 하나님의 은혜에 감사하며 기도한다.

> 땅의 모든 짐승과 공중의 모든 새와 땅에 기는 모든 것과 바다의 모든 물고기가 너희를 두려워하며 너희를 무서워하리니 이것들은 너희의 손에 붙였음이니라 모든 산 동물은 너희의 먹을 것이 될지라 채소같이 내가 이것을 다 너희에게 주노라
> (창9:2~3)

• 사람을 창조하신 은혜 감사기도

> 하나님이 이르시되 우리의 형상을 따라 우리의 모양대로 우리가 사람을 만들고 그들로 바다의 물고기와 하늘의 새와 가축과 온 땅과 땅에 기는 모든 것을 다스리게 하자 하시고 하나님이 자기 형상 곧 하나님의 형상대로 사람을 창조하시되 남자와 여자를 창조하시고 하나님이 그들에게 복을 주시며 하나님이 그들에게 이르시되 생육하고 번성하여 땅에 충만하라, 땅을 정복하라, 바다의 물고기와 하늘의 새와 땅에 움직이는 모든 생물을 다스리라 하시니라 (창1:26~28)

사람은 스스로 하고 싶은 대로 마음껏 사유하고, 언어를 사용하고 자기 반성과 문제 해결을 할 수 있고, 감정을 느낄 수 있는 고도로 발달한 두뇌를 지니고 있다. 이로써 인간은 개인이 자신을 통합적으로 인식하는 주체가 된다. 그러나 환경의 영향에 따라 자신을 통합화하는 데 많은 영향을 받는다. 이러한 지적, 심리적 능력과 함께, 직립 보행을 하기 때문에 자유롭게 쓸 수 있는 팔을 이용해 다른 종보다 훨씬 정교한 도구를 만들 수 있다. 지구에 사는 사람은 2019년 12월 기준으로 약 73억 명이다. 사람은 현재 남극을 제외한 지구의 모든 대륙에 살고 있으며, 이 중 약 85%가 아시아, 아프리카, 유럽에 살고 있고, 나머지 15%만이 북아메리카, 남아메리카, 오세아니아에 살고 있다.(출처: 위키백과 검색)

사람은 하나님이 창조한 피조물 중에 가장 으뜸되고 뛰어난 존재이며 하나님의 형상대로 창조되었음을 성경은 말씀하고 있다.

> 하나님이 이르시되 우리의 형상을 따라 우리의 모양대로 우리가 사람을 만들고 그들로 바다의 물고기와 하늘의 새와 가축과 온 땅과 땅에 기는 모든 것을 다스리게 하자 하시고 하나님이 자기 형상 곧 하나님의 형상대로 사람을 창조하시되 남자와 여자를 창조하시고(창1:26~27)

또 한 사람은 몸과 영(혼)을 가지고 있다.

> 여호와 하나님이 땅의 흙으로 사람을 지으시고 생기를 그 코에
> 불어넣으시니 사람이 생령이 되니라 (창2:7)

따라서 사람은 하나님을 의지하며 하나님과 더불어 호흡하고 살아가
야 하는 존재로 만들어졌다. 하지만 에덴동산에서 인간은 범죄하였고,

> 그런데 뱀은 여호와 하나님이 지으신 들짐승 중에 가장 간교하
> 니라 뱀이 여자에게 물어 이르되 하나님이 참으로 너희에게 동
> 산 모든 나무의 열매를 먹지 말라 하시더냐 여자가 뱀에게 말
> 하되 동산 나무의 열매를 우리가 먹을 수 있으나 동산 중앙에
> 있는 나무의 열매는 하나님의 말씀에 너희는 먹지도 말고 만지
> 지도 말라 너희가 죽을까 하노라 하셨느니라 (창3:1~3)

그 결과 영원히 죽을 수밖에 없는 존재로 전락하고 말았다.

> 그러므로 한 사람으로 말미암아 죄가 세상에 들어오고 죄로 말
> 미암아 사망이 들어왔나니 이와 같이 모든 사람이 죄를 지었으
> 므로 사망이 모든 사람에게 이르렀느니라 (롬5:12)

> 한 사람의 범죄로 말미암아 사망이 그 한 사람을 통하여 왕 노릇
> 하였은즉 더욱 은혜와 의의 선물을 넘치게 받는 자들은 한 분 예
> 수 그리스도를 통하여 생명 안에서 왕 노릇 하리로다 (롬5:17)

그러나 하나님의 은총과 자비는 계획되어 하나님은 예수 그리스도를 통해 인류 구원의 원대한 뜻을 이루어 주셨다.

> 이제는 율법 외에 하나님의 한 의가 나타났으니 율법과 선지자들에게 증거를 받은 것이라 곧 예수 그리스도를 믿음으로 말미암아 모든 믿는 자에게 미치는 하나님의 의니 차별이 없느니라 모든 사람이 죄를 범하였으매 하나님의 영광에 이르지 못하더니 그리스도 예수 안에 있는 속량으로 말미암아 하나님의 은혜로 값 없이 의롭다 하심을 얻은 자 되었느니라 (롬3:21~24)

이렇게 구원의 은총을 입은 자를 가리켜, 성경은 '새 사람'이라 표현하는데, 이는 곧 예수로 인해 중생한 사람을 뜻한다.

> 이제는 전에 멀리 있던 너희가 그리스도 예수 안에서 그리스도의 피로 가까워졌느니라 그는 우리의 화평이신지라 둘로 하나를 만드사 원수 된 것 곧 중간에 막힌 담을 자기 육체로 허시고 법조문으로 된 계명의 율법을 폐하셨으니 이는 이 둘로 자기 안에서 한 새 사람을 지어 화평하게 하시고 (엡2:13~15)

새 사람은 하나님이 예수 안에서 이루신 구속 사역을 통해 재창조하신 자, 진리 가운데 거듭난 인생을 가리킨다.

하나님을 따라 의와 진리의 거룩함으로 지으심을 받은 새 사람
을 입으라 (엡4:24)

이런 새 사람의 가장 큰 특징은 옛사람의 육욕에서 벗어나 내주하
시는 성령의 지배를 받는 것이다.

밤이 깊고 낮이 가까웠으니 그러므로 우리가 어둠의 일을 벗고
빛의 갑옷을 입자 낮에와 같이 단정히 행하고 방탕하거나 술
취하지 말며 음란하거나 호색하지 말며 다투거나 시기하지 말
고 오직 주 예수 그리스도로 옷 입고 정욕을 위하여 육신의 일
을 도모하지 말라 (롬13:12~14)

이에 반해 '옛사람'이란 타락한 본성을 좇아 살며, 거짓과 죄악을
일삼고, 그리하여 결국 심판을 받고 멸망할 존재를 가리킨다.

육에 속한 사람은 하나님의 성령의 일들을 받지 아니하나니 이는
그것들이 그에게는 어리석게 보임이요, 또 그는 그것들을 알 수
도 없나니 그러한 일은 영적으로 분별되기 때문이라 (고전2:14)

이외에도 '사람'과 관련된 표현들로, '속사람'은 영혼을 의미하며,

그의 영광의 풍성함을 따라 그의 성령으로 말미암아 너희 속사
람을 능력으로 강건하게 하시오며 믿음으로 말미암아 그리스
도께서 너희 마음에 계시게 하시옵고 너희가 사랑 가운데서 뿌
리가 박히고 터가 굳어져서 능히 모든 성도와 함께 지식에 넘
치는 그리스도의 사랑을 알고 그 너비와 길이와 높이와 깊이가
어떠함을 깨달아 하나님의 모든 충만하신 것으로 너희에게 충
만하게 하시기를 구하노라 (엡3:16~19)

사람은 인간의 육신(몸)을 말한다.

그러므로 우리가 낙심하지 아니하노니 우리의 겉사람은 낡아지
나 우리의 속사람은 날로 새로워지도다(고후4:16)

(출처 : 네이버 지식백과 사람 [man] (라이프성경사전, 2006.8.15. 생명의 말씀사))

하나님께서 인간을 창조하실 때 다른 동물과는 달리 인간에게만
있는 대뇌피질을 우리에게 주셨다. 여기서는 인간 두뇌의 구조에
대해 간단히 살펴보고 기도와 관련된 부분을 소개한다. 인간의 두
뇌는 무게가 1,300 ~ 1,400g 정도이며 그 중 물이 78%를 차지하
고 있고 단백질이 8%, 지방이 10%를 차지하고 있다. 두뇌의 무게
는 체중의 약 2%밖에 되지 않지만 고도의 복잡한 작용을 수행하기
때문에 신체가 소모하는 에너지의 약 20%를 사용한다.
맥클린(MacLean, 1990)은 삼위일체 두뇌(triune brain)를 주장하여

우리 두뇌가 파충류의 뇌인 뇌간(Brainstem: 뇌간은 주로 우리가 생존을 위해 필요한 호흡을 하거나 심장 박동, 혈액순환, 생화학적인 반응을 무의식적으로 조절하기 때문에 자율신경계라고도 부른다.), 포유동물의 뇌인 변연계(Limbic system: 변연계는 뇌에서 주로 감정, 성욕, 식욕 등 인간의 본능적 욕구에 중요한 역할을 하는 곳으로 뇌간과 피질 사이에 있다.), 인간의 뇌인 대뇌피질(Cerebral cortex: 대뇌피질은 뇌에서 가장 부피가 큰 부위로 전체 뇌의 약 80%를 차지하며 뇌의 가장 바깥쪽에 자리 잡고 있으며 대뇌 신피질(neo cortex)이라고도 한다. 대뇌피질은 언어, 사고, 판단, 추리, 지혜 등 인간의 고등기능을 담당하는 부위로 다른 동물에 비해 인간에게만 월등히 발달하였기 때문에 맥클린은 '인간의 뇌'라고 불렀다.)의 3층으로 구성되어 있다고 하였다.

두뇌는 중추신경계의 일부이고 우리가 걷거나 운동하거나 말을 하거나 학습을 하는 등의 수의적인 활동과 생명보존을 위해 호흡하거나 심장박동, 생리적인 활동 등의 불수의적인 활동을 포함한 여러 가지 신체 기능을 조절하는 데 결정적인 역할을 한다. 두뇌에는 양반구(좌반구·우반구)가 있으며 각 반구에는 4개의 엽(전두엽, 후두엽, 측두엽, 두정엽)이 있다. 4개의 엽에는 각각 많은 주름이 있다.

- **전두엽(frontal lobe)**: 전두엽은 이마 안쪽에 해당하며 피질의 가장 넓은 부위로 가장 복잡한 기능을 수행하며 브로커(broca) 언어 영역이 있어 말을 할 수 있게 한다. 전두엽 가운데서도 이마 앞 눈 위의 부위를 전전두 피질이라고 하는데, 이곳에서는 자기 행동의 결과를 예측하고 사고하고 느끼고 장래의 계획을 세우거나 추상적인 개념을 이해할 수 있게 하는 등 인간에게서만 볼 수 있는 고등 정신 작용을 담당한다.(박안상(1997), 「정신분자 생물학」, 지식산업사.) 전전두 피질은 연합피질이라고도 하는데, 이는 내외의 감각계에서 오는 정보가 종합되고 가장 고차적인 정신활동이 일어나는 부위이기 때문이다.

- **두정엽(parietal lobe)**: 두정엽은 두뇌의 맨 위에서 뒷부분에 걸쳐 있고 고차적인 감각처리와 언어처리를 담당한다. 두정엽의 앞부분의 동작피질의 바로 뒷부분에 체감각 피질이라는 세포들의 띠가 있어 우리 환경의 촉각과 온도에 대한 정보, 피부에서 오는 통각과 압각, 사지의 위치에 대한 정보를 받을 수 있다. 만약 두정엽이 손상되면 촉각과 통각을 인식할 수 없고 공간상에서 자신의 위치도 알 수 없다.

  두정엽은 뒷부분은 공간인식에 대한 감각을 제공해 주기 위해 이런 정보들을 끊임없이 분석하고 해석한다. 두정엽이 손상되면 물체를 잘 조작하지 못하게 된다. 치매에 걸려서 집을 찾아가지 못하는 것도 두정엽이 손상되면 나타나는 현상이다.

• **후두엽**(occipital lobe): 후두엽은 두뇌 뒷부분의 중심부 아래, 즉 머리 뒤통수에 해당되며 시각 자극을 처리하기 위한 두뇌 센터이다. 후두엽은 여러 개의 작은 부위들로 나누어지며 외부세계에서 두뇌로 들어오는 시각자료를 처리하는 데 중요한 역할을 한다.

• **측두엽**(temporal lobe): 측두엽은 귀 바로 윗부분의 양쪽에 후두엽에서 전두엽 아래로 구부러져 있는 두 개의 엽이 측두엽이며 이 부위의 주요 기능은 청각처리와 언어처리이다. 좌측 후두엽, 두정엽, 측두엽 연결 부위에 베르니케(Wernike)라는 세포집단이 있다. 좌반구에 있는 베르니케 영역은 언어를 이해하고 해석하는 일에 관여하며 말을 할 때 단어를 정확한 구문으로 종합해 준다.(김유미 (2002), 전게서, pp.47∼48.)

필자는 '사람을 창조하신 하나님 은혜'에 감사하는 기도를 드릴 때, 더 깊이, 더 오래 기도한다. 하나님의 형상대로 우리를 창조하신 은혜에 감사하고 두뇌 쪽을 기도할 때 내가 알고 있는 지식을 총동원해서 감사를 드린다. 뇌간을 창조하셔서 우리가 생존할 수 있도록 호흡하게 하시고 심장과 맥박이 쉬지 않고 뛰게 하신다. 혈액이 자동적으로 순환되게 하시고 생화학적인 반응을 무의식적으로 조절하게 해주시어 두뇌를 쓰는 의식적인 활동과 중복되지 않게 자연스럽게 공부하고 일을 할 수 있게 하신 은혜에 감사한다.

하형록 회장님의 페이버(favor)책을 읽고 심장이식 수술을 하지 않고도 자연적으로 호흡할 수 있는 것이 얼마나 감사한지 심장박동의 소중함을 깨닫게 되었다. 또한 소뇌가 있어서 자세를 유지하고 몸의 균형을 잡고, 근육기능 협응을 할 수 있는 것에 감사하고 대뇌변연계에 시상과 시상하부, 편도, 해마를 주셔서 각각이 제 기능을 하고 있음에 감사한다.

시상은 감각기관과 피질 간의 정보 흐름을 안내하고 시상하부에서는 생존에 중요한 역할을 하는 수면, 쾌락, 공격적인 행동 등을 조절하는데 모든 기능이 정상적임에 감사한다. 또한 편도가 정상 기능을 해서 정서적인 요소를 기억하고 해마가 있어서 과거의 기억을 유지하고 기억한 내용을 피질에 보내며 피질에서는 그 기억이 평생 동안 장기기억으로 남아있게 하심에 감사한다. 해마는 우리가 말씀을 읽고 기도한 내용들을 잘 기억할 수 있게 해주며, 100세가 되어도 발달하기 때문에 기도하고 말씀을 많이 읽는 것이 뇌를 더욱더 건강하게 만들어 주고 뇌는 쓰면 쓸수록 좋아지기 때문에 평생 써도 부족하지 않은 뇌를 주신 하나님께 감사드린다.

대뇌피질에 전두엽, 두정엽, 측두엽, 후두엽 4엽을 주셔서 제 기능을 하고 있음에 감사드린다. 전두엽이 있어서 감각동작 처리와 인지적인 기능을 할 수 있고 특히 전두엽 가운데로 이마 앞 눈 위의 부위를 전전두피질이라고 하는데 이곳에는 군데군데에 영성의 뇌가 자리잡고 있다. 전전두피질은 자기 행동의 결과를 예측하고 사고하고, 장래 계획을 세우고 사람만이 할 수 있는 고등정신 작용을 할 수 있다. 우리가 기도를 열심히 하거나 말씀을 많이 읽고 예배를 잘 드리면 신기하게도 전전두피질이 두꺼워져서 이마에 주름이 잘 생기지 않고 건강하고 탄력있는 피질을 갖게 되는데 영성이 있고 기도와 말씀으로 은혜를 끼쳐주시는 목사님들의 이마를 보면 전전두피질이 확실히 두껍고 피질이 도톰하게 올라와 영성의 뇌가 잘 발달되어 있음을 알 수 있다. Gardner 교수는 영성지능을 9번째 지능이라고 하며 9번째 지능이 뛰어난 사람은 탁월한 영적 통찰력을 갖는다고 하였다. 인류의 역사는 9번째 지능이 뛰어난 인물에 의해 발전해 왔고 9번째 지능이 뛰어난 사람은 자신의 삶은 물론, 자신이 살고 있는 세상과 역사의 흐름도 바꿔왔으며 미래의 역사 역시 9번째 지능이 뛰어난 사람들에 의해 발전해갈 것이라고 한다.(KBS 세상을 바꾸는 9번째 지능, p.39, 75) 필자는 은혜가 넘치는 성전에서 영성의 뇌가 잘 발달된 목사님으로부터 귀한 말씀을 듣는 것이 하나님께서 주신 축복이라 생각하고 감사드린다. 필자도 20년 이상 성경 말씀 통독과 2시간 이상 기도하면서 전전두엽의 피질이 몰려 있는 것을 발견할 수 있는데 그전에는 이마에 이런 흔적이 없었다. 나이를 먹어도 피질이 속에서 생겨나는 일은 하나님께서 인간에게만 내려주신 특별한 은혜이다. 하나님께서 우리 세포를 기도할 때마다 하나하나 만지고 계심을 믿고 감사드린다.

두정엽은 동작피질, 체감각피질이 있어 촉각과 온도에 대한 정보를 받고 아픔과 고통을 느낄 수 있고 공간상 자신의 위치도 알 수 있게 하는데 두정엽이 정상적으로 기능할 수 있게 하신 은혜 감사드린다. 또한 후두엽이 정상적인 기능을 하여 시각자료를 처리하고 측두엽이 정상적인 기능을 하여 소리를 듣고 구별할 수 있고 말을 할 수 있을 뿐 아니라 언어를 이해하고 해석하는 일을 할 수 있음에 감사드린다.

필자가 남서울대학교 아동복지융합과 박사과정을 지도할 때 어느 날 꿈에 천사가 나타나서 나의 전두엽과 전전두엽, 두정엽, 측두엽, 후두엽을 터치(touch)해 주었다. 그 후로 기억을 더 잘하게 되었고 뇌가 새로워진 경험을 하게 되었는데 기도할 때 이 부분을 꼭 감사한다. 이 이야기를 수업 시간에 제자들에게 말했더니 모두 나와 같은 경험을 하고 박사논문을 잘 쓰고 싶다고 부러워했다. 우리가 간절히 소망하면 꿈에서도 응답하시는 하나님의 은혜가 참으로 놀랍다.

사람이 태어날 때 뉴런은 1,000억만 개~2,000억만 개를 갖고 태어나지만 뉴런이 상호연결이 되지 않으면 시냅스 발달이 잘 이루어지지 않아서 정보를 흘러버리게 된다. 뉴런과 뉴런이 정보를 주고받는 접합 부위가 바로 시냅스인데 시냅스에는 신경전달 물질이라는 화학물질을 터트려서 정보를 주고받는데 이 정보전달과정에서 전기신호가 발생하게 된다. 한 뉴런의 축색돌기가 다른 뉴런의 수상돌기와 연결될 때 시냅스가 형성되는데 이때 전기신호가 전달되려면 세로토닌, 도파민, 엔돌핀과 같은 신경전달 물질이 필요하다. 기도하고 묵상하고 말씀 보면 세로토닌이 분비되고, 성령 받아 어린아이처럼 좋아하면 도파민이 분비되고, 절대자 하나님을 기쁘게 찬양하고 감사하면 엔돌핀이 분비되어 뇌에 전기신호가 발생하고 시냅스 발달이 잘 되어 기억된 정보가 새어 나가지 않고 잘 저장할 수 있게 해준다. 우리가 하나님을 믿고 성령님 의지하고 예수님 이름으로 기도하는 것이 두뇌발달에 얼마나 큰 영향을 주는지 감사하지 않을 수 없다.

두뇌 부분의 기도를 하고 나면 얼굴 전체에 대해 기도한다. 하나님 형상으로 지어주신 은혜 감사드리며 천국 갈 때까지 모세처럼 얼굴이 빛나고 은혜받은 얼굴이 되게 해 달라고 한다.

> 이스라엘 자손이 모세의 얼굴의 광채를 보므로 모세가 여호와께 말하러 들어가기까지 다시 수건으로 자기 얼굴을 가렸더라
> (출34:35)

모세처럼 120세가 되어도 눈이 흐리지 않았던 것처럼 나에게도 동일한 은혜를 베풀어 주시기를 기도하며,

모세가 죽을 때 나이 백이십 세였으나 그의 눈이 흐리지 아니 하였고 기력이 쇠하지 아니하였더라 (신34:7)

사무엘처럼 귀가 밝아서 하나님 부르실 때 잘 듣고 빨리 반응할 수 있도록 기도한다.

여호와께서 임하여 서서 전과 같이 사무엘아 사무엘아 부르시 는지라 사무엘이 이르되 말씀하옵소서 주의 종이 듣겠나이다 하니 (삼상3:10)

코 부분 기도와 관련해서는 이런 체험이 있다. 중학교 때부터 축농 증이 심해서 고등학교 입학 전에 경주기독병원에서 수술을 했는데 그때는 의술이 발달되지 않아서 많은 고생을 했다. 10대에 발병한 것이 30대에 다시 재발해서 세브란스병원 이비인후과 과장님이 수 술을 해야 된다고 해서 수술 날짜를 잡아주셨는데 그때 필자는 수 술하지 않고 오산리금식기도원 신년축복금식성회에 참여해서 성회 첫날 저녁예배 후 밤 10시가 넘어서 공동묘지가 있는 곳으로 가서 기도로 병을 낫게 해달라고 강한 믿음으로 온 힘을 다해 기도를 했 는데 기도 시작부터 30분간 그 동안 공부하느라 교회에 소홀히 한 것들을 모두 회개하고 고쳐주시면 수술비만큼 하나님을 위해 쓰겠 다고 간절히 기도했는데 1시간 쯤 기도했을 때 성령님께서 나를 찾 아오셔서 친히 기도 중에 수술을 해 주셔서 축농증이 고침받는 은혜를 입었다. 10대 때 수술했던 그 수술현장에 내가 있었고 의사가 핀셋, 끌, 수술도구를 놓는 소리가 귀로 들려왔고 그때 의사가 말하던 "이 고름 좀 봐라" 하는 소리까지 들려왔다. 코와 입으로는 온갖 불순물이 나왔고 눈물, 콧물 흘리며 간절히 기도하는 순간에 '아! 지금 하나님께서 치료하시는구나!' 하며 느낌으로 치료하시는 것을 알 수 있었다. 그날 바로 고침을 받고 3일간 금식기도를 하고 왔다. 10년이 지난 어느 날 박사논문 종합시험 준비하느라 여념이 없었는데 갑자기 얼굴이 터질 듯이 팽창되었고 입을 벌릴 수 없을 정도로 아파서 삼성병원 치과에 갔더니 이에 이상이 있다고 해서 어금니를 뽑고 부은 부분을 수술해서 고름을 긁어내고 했는데도 차도가 없었다. 의사 선생님께서 서울대병원으로 가서 다시 진찰을 받으라고 하면서 소견서를 써주셨는데 그때 소개해주신 분이 우리나라 TV에 명의로 나오신 서울대학교병원 구강악안면외과 이종호 교수님이었다. 교수님께서 Xray를 찍고 판독해 주셨는데, 옛날에 축농증 수술한 적이 있냐고 물으셔서 그렇다고 했더니 상악동에 한쪽은 계란 크기만한 혹이, 다른 한쪽은 탁구공만한 크기의 혹이 생겨서 이 압력에 눌려서 뽑은 이 사이로 고름이 나오니까 수술하면 낫는다고 하시면서 교수님께서도 나와 같은 케이스라 수술하고 깨끗해졌다고 걱정하지 말라고 하셔서 수술을 받았다. 그 때 이후 지금까지 아무런 이상 없이 건강하게 지내고 있다. 내 생명의 은인과 같은 훌륭한 의사 선생님을 보내주셔서 상악동의 혹을 깨끗이 치료할 수 있도록 도와주신 하나님의 은혜 감사하며 기도드린다.

목 부분을 기도할 때는 갑상선암으로 고생한 장영미 교수, 전석한 이사장님, 배영희 집사님을 위해 기도하고, 가슴 부분을 기도할 때는 중보기도 요청한 긴급한 환자 순서대로 일일이 기도한다. 브리스길라6 여선교회 박미용 권사님께서 폐암 말기 판정을 받고 요양 중에 있어서 매일 중보기도하며 김미재 집사님의 딸 김인녕이 폐수술을 해서 완전한 치유를 위해 중보기도하고 있으며, 뇌출혈로 고생하고 있는 박준희 권사님, 림프암으로 고생하고 있는 김준곤 목사님 어머니, 필자의 제자면서 수양딸이 된 신정애가 항생제 부작용으로 거의 10년을 고생하고 있어서 기도하고 있고, 유방암으로 고생한 이재영 교수, 백미경, 조금옥 집사, 정에스더 집사, 김미옥 권사 등 중보기도 부탁한 분들을 위해 기도를 한다. 위 쪽을 기도할 때는, 청지기에서 여러 해 동안 기쁘게 봉사하고 계신 김인숙 사모님께서 위암 수술을 받고 요양하고 있어서 중보기도 하며 복부 쪽을 기도할 때는 홍주성 집사님 남편 고재삼 집사님께서 여러 가지 암으로 고생하고 있어서 기도하며, 필자와 필자의 장남 박지형과 차남 박지민이 요로결석으로 고생을 한 적이 몇 차례 있었는데 신체 부위를 놓고 치료의 광선을 비춰 달라고 기도한 후부터는 다시 재발되지 않아서 그것도 잊지 않고 감사드린다. 다리 부분을 기도할 때는 교통사고로 다리를 크게 다쳐서 걸을 수 없을지도 모른다고 서울대학교병원 의사 선생님이 말했는데 꿈에 하나님께서 깨끗하게 치료해 주시는 꿈을 꾸고 지금까지 잘 걷고 서서 기도할 수 있게 해주신 은혜 감사하며 기도한다. 박현자 권사님 남편 송구

섭 집사님이 넘어져서 다리를 크게 다쳐서 수술을 몇 차례하고 고생을 많이 하셨는데 내게 치료해주신 하나님께서 그분도 깨끗이 치료해 달라고 날마다 기도한다.

 팔과 손을 놓고 기도할 때는 이렇게 한다. 약 7년 전에 갑자기 오른손 셋째 손가락과 넷째 손가락 사이에 콩알만한 피질이 들어 있어서 글을 잘 쓸 수가 없고 통증이 있어서 병원에 갔더니 수술해서 골수를 빼내야 하고 수술 후 6개월은 손을 못 쓰고 재발하면 또 수술해야 한다고 했는데 손을 들고 기도하던 중에 하나님께서 레이저로 치료해 주셔서 콩알만한 피질이 흔적도 없이 사라졌고 지금은 전혀 고통이 없다. 필자는 두 손을 들고 기도하면서 거의 매일 손과 팔에 전류가 흐름을 느낀다. 어떤 때는 손끝부터 팔 전체에 강한 전기에 감전된 것 같은 느낌을 받을 때도 있다. 우리가 2시간 동안 팔을 들고 벌을 선다고 가정하면 얼마나 팔이 아프지 않겠는가? 그런데 기도를 하면 전혀 팔이 아프지 않고 힘도 들지 않는다. 성령께서 기도를 들어주시고 팔을 잡아 주시기 때문이라 생각한다. 이외에도 여선교회, 영어예배부, 교구, 봉사부서에서 중보기도 요청하신 분들 생각나는 대로 아픈 부위를 놓고 기도한다. 하나님께서 우리의 기도를 외면치 않으시고 응답해 주심에 감사드린다. 세상 어떤 창조물보다 사람을 귀하고 아름답게, 하나님의 형상대로 지음받게 하신 하나님의 은혜 감사하며 기도한다.

제 1장. 천지와 만물을 창조하신 은혜 감사기도

제 **2** 장

12가지 은사(카리스마)를
구하는 기도

은사는 여러 가지나 성령은 같고 직분은 여러 가지나 주는 같으며 또 사역은 여러 가지나 모든 것을 모든 사람 가운데서 이루시는 하나님은 같으니 각 사람에게 성령을 나타내심은 유익하게 하려 하심이라 어떤 사람에게는 성령으로 말미암아 지혜의 말씀을, 어떤 사람에게는 같은 성령을 따라 지식의 말씀을, 다른 사람에게는 같은 성령으로 믿음을, 어떤 사람에게는 한 성령으로 병 고치는 은사를, 어떤 사람에게는 능력 행함을, 어떤 사람에게는 예언함을, 어떤 사람에게는 영들 분별함을, 다른 사람에게는 각종 방언 말함을, 어떤 사람에게는 방언들 통역함을 주시나니 이 모든 일은 같은 한 성령이 행하사 그의 뜻대로 각 사람에게 나누어 주시는 것이니라 (고전12:4~11)

1. 성령(Holy spirit) 충만을 구하는 기도

> 이와 같이 성령도 우리의 연약함을 도우시나니 우리는 마땅히
> 기도할 바를 알지 못하나 오직 성령이 말할 수 없는 탄식으로
> 우리를 위하여 친히 간구하시느니라 마음을 살피시는 이가 성
> 령의 생각을 아시나니 이는 성령이 하나님의 뜻대로 성도를 위
> 하여 간구하심이니라 (롬8:26~27)

필자는 12가지 은사를 구하면서 제일 먼저 성령의 충만함을 위하
여 기도한다. 성령은 바람같이, 불같이, 생수같이 역사하시므로 말
씀을 먼저 기억하며 기도한다.

> 오순절 날이 이미 이르매 그들이 다같이 한 곳에 모였더니 홀
> 연히 하늘로부터 급하고 강한 바람 같은 소리가 있어 그들이
> 앉은 온 집에 가득하며 마치 불의 혀처럼 갈라지는 것들이 그
> 들에게 보여 각 사람 위에 하나씩 임하여 있더니 그들이 다 성
> 령의 충만함을 받고 성령이 말하게 하심을 따라 다른 언어들로
> 말하기를 시작하니라 (행2:1~4)

성령은 바람같이, 불같이 임할 뿐 아니라 생수같이 임하며, 성령
께서 주시는 생수는 영원히 목마르지 않게 하신다.

예수께서 대답하여 이르시되 네가 만일 하나님의 선물과 또 네게 물 좀 달라 하는 이가 누구인 줄 알았더라면 네가 그에게 구하였을 것이요 그가 생수를 네게 주었으리라 (요4:10)

내가 주는 물을 마시는 자는 영원히 목마르지 아니하리니 내가 주는 물은 그 속에서 영생하도록 솟아나는 샘물이 되리라 (요4:14)

또 내게 말씀하시되 이루었도다 나는 알파와 오메가요 처음과 마지막이라 내가 생명수 샘물을 목마른 자에게 값없이 주리니 (계21:6)

또한 예수님께서는 제자들을 향해 숨을 내쉬면서 성령을 받으라고 하셨다.

예수께서 또 이르시되 너희에게 평강이 있을지어다 아버지께서 나를 보내신 것 같이 나도 너희를 보내노라 이 말씀을 하시고 그들을 향하사 숨을 내쉬며 이르시되 성령을 받으라(요 20:21~22)

성경은 우리가 기도와 간구를 하되 항상 성령 안에서 기도하라고 하시며 성령은 모든 것 곧 하나님의 깊은 것까지도 통달하신다고 말씀하고 있다.

모든 기도와 간구를 하되 항상 성령 안에서 기도하고 이를 위하여 깨어 구하기를 항상 힘쓰며 여러 성도를 위하여 구하라 (엡6:18)

오직 하나님이 성령으로 이것을 우리에게 보이셨으니 성령은 모든 것 곧 하나님의 깊은 것까지도 통달하시느니라 사람의 일을 사람의 속에 있는 영 외에 누가 알리요 이와 같이 하나님의 일도 하나님의 영 외에는 아무도 알지 못하느니라 우리가 세상의 영을 받지 아니하고 오직 하나님으로부터 온 영을 받았으니 이는 우리로 하여금 하나님께서 우리에게 은혜로 주신 것들을 알게 하려 하심이라 우리가 이것을 말하거니와 사람의 지혜가 가르친 말로 아니하고 오직 성령께서 가르치신 것으로 하니 영적인 일은 영적인 것으로 분별하느니라 육에 속한 사람은 하나님의 성령의 일들을 받지 아니하나니 이는 그것들이 그에게는 어리석게 보임이요, 또 그는 그것들을 알 수도 없나니 그러한 일은 영적으로 분별되기 때문이라(고전2:10~14)

필자는 성령님을 먼저 마음에 모신 후, 아브라함이 우상의 도시 갈대아 우르의 고향과 친척과 아버지의 집을 떠나 하나님께서 보여 줄 땅으로 가라고 했을 때 순종하여 가나안땅으로 간 것처럼, 필자도 우상의 도시 경주를 떠나 복음의 도시로 보내주신 것에 감

사드리며 유아기 때부터 지금까지 나를 지키시고 보호하시며 인도
해주신 하나님의 은혜 감사하며 기도드린다. 필자는 어린 시절에
산과 들 자연을 보며 자랐다. 큰 산과 강, 큰 돌과 나무들, 내 눈 앞
에 있는 모든 것들은 누군가가 만든 주인이 있다는 것을 자연스럽
게 깨닫게 되었다. 나중에 성경을 보면서 하나님께서 창조하신 것
을 알게 되었고 그전에는 아무도 성경을 가르쳐주지 않았기 때문
에 하나님에 대해 알 수가 없었다. 초등학교 2~3학년 시절부터 모
화교회에 다니게 되었는데 그때 하나님과 예수님에 대해 알게 된
것이 가장 큰 은혜였다. 어린 시절을 기도 속에 떠올리면서 그때
하나님께서 내가 어려움을 당할 때마다 천사를 보내서 구해주신
은혜를 일일이 생각하며 감사기도를 드린다.

첫 번째 천사 체험은 필자가 초등학교 3학년 쯤 되었을 때의 일이
다. 가족, 친척들과 함께 부산에 있는 해수욕장을 갔는데 파도타
기 하며 신나게 물놀이를 했는데 갑자기 물이 깊어지면서 땅에 발
이 닿지 않았고 나는 물을 많이 먹고 바다에 빠지게 되었다. 그때
외사촌 홍순옥 언니가 내 이름을 부르면서 얼른 와서 건져주어서
살게 되었다. 그때 홍순옥 언니가 바로 하나님께서 보내주신 천사
였다. 필자가 성령을 체험한 후부터 지금까지 그 언니를 잊지 않고
하나님께서 축복해 주시라고 기도한다.

두 번째 천사 체험은 필자가 초등학교 4학년쯤 되었을 때의 일이

다. 어머니께서 울산역에 근무하던 큰 형부에게 저녁식사로 준비한 도시락을 갖다드리고 오라고 하셔서 기차를 타고 울산역까지 갖다드리고 다시 경주로 가는 기차를 타고 집으로 오던 중이었다. 모화역에 내린다는 것이 잠깐 졸다 밖을 보니 이미 모화역이 지나가 버려서 내리지도 못하고 어쩔 수 없이 경주역까지 가게 되었다. 그때가 1970년이라 우리 집은 호롱불, 호야 등을 켜고 살았던 시절인데 경주역에 도착하니 전깃불이 얼마나 환한지, 선로도 1개가 아니고 여러 개가 놓여 있어서 어디가 어딘지 모르겠고 밤은 깊었고 어디 갈 곳도 없어서 기차에서부터 계속 울었다. 플랫폼에 내려서도 도시락 보따리를 들고 계속 울고 있으니까 어떤 언니가 내 옆으로 와서 왜 우냐고 물어서 자초지종을 모두 말하자 울지 말라고 하면서 나를 경주역 파출소로 데리고 가서 경찰 아저씨에게 내 모든 사정을 말한 후 내일 아침 모화로 가는 차를 태워주라고 했다. 그리고 나에게는 지폐 돈 50원을 주면서 이걸로 차비해서 가라고 했다. 다음 날 파출소 아저씨가 나를 깨워주시고 집으로 가는 기차를 태워주셔서 무사히 집으로 오게 되었다. 그 언니는 내가 이름도 모르고 얼굴도 모르지만 내가 위기에 처해있을 때 나를 살리기 위해 하나님께서 보내주신 천사였다. 지금도 매일 그때 그 순간을 기억하며 그 언니를 축복해 주시라고 기도한다.

세 번째 천사 체험은 필자가 초등학교 5학년 때의 일이었다. 여름이 되어 날씨가 더워지자 동네 아이들을 데리고 울산 태화강에 조개를 잡으러 갔다. 그때 울산은 공업화되지 않았기 때문에 물이 깨 끗하고 재첩, 고동 등 조개들이 많이 있었다. 필자의 친구들과 동 생의 친구들까지 거의 10명을 데리고 기차를 타고 갔다. 태화강에 가서 소쿠리로 발밑에 있는 모래를 뜨기만 하면 한 소쿠리씩 재첩 이 들어 있었다. 모두 신나게 조개를 잡은 지 얼마 지나지 않아 모 두 쌀 포대에 한 자루씩 잡게 되었다. 모두 신나서 좋아하고 있는 데 갑자기 후배 최경자가 풀적풀적 뛰면서 우리 홍식이 물에 빠졌 다고 큰소리로 울었다. 나는 너무 놀라서 어찌할 바를 모르고 있었 는데 갑자기 어디선가 남자 장년 3명이 나타나더니 최경자에게 어 떻게 된 일이냐고 물었다. 경자가 "홍식이가 물속에서 놀고 있었는 데 갑자기 아이가 없어지더니 물속에 3번 가라앉고 떠오르더니 이 제는 안 떠올라와요." 하고 말했다. 그 아저씨들이 서로 뭐라고 말 하면서 아이가 빠진 곳이 어디냐고 묻더니 두 사람은 그 주변에 가 서 아이를 찾고 있었고 한 아저씨는 어디서 감 따는 대나무 활대 긴 것을 가지고 오셔서 아이가 빠진 곳 주변 물속을 휘저었는데 홍 식이가 활대에 걸려서 찾게 되었다.

홍식이는 물을 얼마나 많이 먹었는지 얼굴은 새파랗게 되어 있었 고 배는 완전히 불러서 빵빵하게 터질 것 같았고 숨은 쉬지 않았 고 이미 아이가 죽은 상태였다. 그 모습을 본 순간 "나는 이제 죽었 다."는 생각밖에 안 들었고 동네 사람들이 모두 나에게 애 살려놓 으라고 할 것 같아 불안한 마음이 들었다. 그런데 한 아저씨가 홍식이를 눕히더니 인공호흡을 시켰고 애를 엎어서 배속에 물을 모두 토하게 하자 홍식이가 숨을 쉬고 얼굴에 핏기가 돌아오고 살아나게 되었다. 그 아저씨들이 우리보고 걱정하지 말고 집에 가라고 하시고 경자에게 집 전화번호를 물어서 집으로 전화를 해 주시면서 모든 상황을 설명하셨고 홍식이를 울산 병원에 데리고 갔다. 우리는 아저씨들 덕분에 한시름 놓고 집으로 왔다. 나는 동네 사람들에게 크게 혼이 날 것 같았는데 우리가 도착하자 동네 사람들이 모두 모여서 "홍식이가 살아나서 다행이다" 하며 우리를 위로해 주었다. 정말 꿈 같은 일이었다. 어떻게 그때, 그 시간에 하나님께서 그 아저씨들을 보내주셨을까? 지금 아무리 생각해도 그분들은 하나님께서 보내주신 천사였다고 고백할 수밖에 없다. 지금도 그 아저씨들의 고마움을 잊지 않고 축복해 주시라고 기도한다. 홍식이네는 그후에 하나님의 은혜로 모화교회 교인이 되었다. 하나님께서 그 가정을 구원해 주신 은혜 감사드린다.

네 번째 천사 체험은 필자가 경주를 떠나 서울로 왔을 때의 일이다. 아는 사람도 없었고 혼자였다. 친구네 집에 잠깐 있다가 자취를 하게 되었는데 이사를 가는 곳마다 주인집 아주머니들이 하나님을 잘 믿는 믿음 좋은 분들이어서 내가 음식을 잘 못 챙겨먹는다고 늘 밥상을 차려서 갖다주시곤 하셨는데 그 고마움을 지금도 잊을 수가 없다. 객지에서 이런 대접을 받기가 쉽지 않은 일이다. 필자는 어려서부터 부지런하고 성실한 부모님 덕분에 부유하게 살았기 때문에 배가 고파본 적이 없었고 늘 잘 먹어서 살이 포동포동했다. 서울에서 공부하고 직장생활하면서 살도 많이 빠지고 객지에서 생활하는 것이 쉽지는 않았지만 주변 사람들이 잘 챙겨주셔서 큰 어려움 없이 잘 지내게 되었는데 이 또한 하나님께서 보내주신 천사들 덕분이라 생각하고 그 아주머니들을 위해 매일 감사기도를 드린다. 그때 그 집사님들을 생각하면서 나도 크면 사람들을 잘 챙겨드리고 음식을 잘 대접해야겠다는 마음을 먹고 지금도 실천하고 있다.

 다섯 번째 천사 이야기. 필자가 부천에서 유치원 원장을 할 때 캠프장으로 유치원 아이들을 데리고 캠프를 갔는데 아이들이 사용하는 풀장과 성인이 사용하는 풀장의 경계가 명확하지 않아서 그 주변이 갑자기 깊이가 깊어지는 곳이 있었다. 날씨가 더워지자 사람들이 캠프장에 가득 찼고 교사들은 각자 맡은 아이들 물놀이를 시키고 있었는데 갑자기 내 주변에 우리 유치원 여자아이가 물에 떠 있었다. 너무 놀라서 아이를 안고 바깥으로 나가서 어떻게 할 줄을 몰라서 팔짝팔짝 뛰면서 안전요원을 불렀으나 사람들 소리에 안전요원은 나의 소리를 전혀 듣지 못했다. 그런데 갑자기 내 앞에 어떤 남자분이 나타나서 내가 안고 있는 아이를 데리고 가서 바닥에 눕힌 후 인공호흡을 시켰고 아이는 물을 모두 토하고 숨을 쉬며 혈색이 돌아와서 움직이게 되었다. 몇 분 사이에 얼마나 큰일이 일어났는지 상상할 수가 없었다. 그 남자분이 자신은 부천 모 중학교 체육교사라고 하시면서 자신을 소개했고 나는 "감사합니다."는 말 외에는 다른 말을 할 정신이 없었다. 지금 생각하니 그 분도 바로 하나님께서 보내주신 천사였다. 어떤 보답도 못했기 때문에 그때 그 선생님 연락처라도 알아 놓을 걸 하는 아쉬움이 있지만 하나님께서 보내주신 천사는 이상하게도 공통점이 연락처를 잘 모르는 사람이라는 점이다. 나와 전혀 상관없는 사람이 갑자기 나타나서 나를 돕고 내 눈에서 사라지는 것이 특징이다. 그 선생님을 만나지 못했더라면 나는 유치원 원장을 할 수도 없었을 것이고 거기서 교육자로서 내 생명이 끝났을 텐데 위기 때 나를 찾아와서 도와주신 그 선생님을 잊지 않고 하나님께서 축복해 주시라고 기도한다.

여섯 번째 천사는 성령님이셨다. 1995년 6월 29일 삼풍백화점이 붕괴되는 날이었다. 필자는 중앙대학교 일반대학원 유아교육학과에 합격하고 나를 가르쳐 주셨던 교수님들께 드릴 선물을 사기 위해 처음으로 삼풍백화점을 가게 되었다. 그날따라 주변이 어수선했고 공사를 하는 곳이 여러 군데 있었다. 상품권을 사려고 1층에 가면 9층으로 가라고 하고 9층을 가면 5층으로 가라고 해서 기분이 영 이상해서 필요한 것만 구매하고 빨리 여기를 떠나야겠다는 생각을 했다. 여름이어서 옥팔찌 몇 개랑, 상품권 몇 장만 사고 나왔는데 얼마 가지 않아서 교사가 휴대전화로 전화해서 "원장님! 백화점 무너졌어요!"라고 했다. "내가 거기서 좀 전에 나왔는데 무슨? 장난치지 마!" 하고 유치원에 와보니 TV에 온통 백화점 붕괴

된 뉴스만 가득했다. 순간 내가 물건 샀던 예쁜 아가씨들, "여기 가라", "저기 가라" 했던 사람들의 얼굴이 스쳐지나갔다. 필자는 매일 바쁘게 살기 때문에 시간이 없어서 쇼핑을 가면 한꺼번에 물건을 사오는 습관이 있는데 그날은 왠지 쇼핑을 하면 안 될 것 같아 빨리 그 곳을 빠져나왔는데 상상하지도 못할 일이 생긴 것이다. 성령님께서 나의 마음을 재촉하시고 어떤 일이 일어날 것을 미리 아셨기 때문에 나를 오래 그곳에 머물지 못하게 하셨던 것이다. 나의 여섯 번째 천사는 바로 성령님이셨다.

일곱 번째 천사는 유치원 학부형 소방서 소장님이었다. 필자가 매일 아침금식 하고 40일 철야예배 작정을 하고 열심히 공부해서 중앙대학교 대학원 유아교육학과에 합격을 했기 때문에 인간적으로 생각하면 더 이상 철야예배와 아침금식을 할 필요가 없었다. 그런데 합격자 발표 후 갑자기 3일 금식을 하라는 응답을 기도 중에 받아서 순종했다. 그런데 금식 2일째 되던 날 밤 10시~12시까지 교회에서 약식 철야예배를 드리고 집에 와서 잠깐 잠이 들었는데 이상하게 매캐한 냄새가 나는 것 같고 느낌이 이상해서 불을 켰더니 온 방에 연기가 자욱했다. 너무 놀라서 남편이랑 두 아들을 깨우고 옷을 입히고 바깥으로 나갔더니 유치원 복도에도 연기가 자욱했고 전기는 모두 나간 상태여서 움직일 수가 없었다. 1층 상가 세탁소에서 불이 나서 2층까지 연기가 올라온 상태였다. 이미 소방차가 와서 불을 끄고 있었고 함께 오신 소방서 소장님이 학부형이었던 터라 우리가 유치원에 살고 있다는 것을 아시고 우리가 있는 반대 쪽으로 오셔서 사다리를 준비해 두었던 것이다.

1층에는 유치원 화단이 길게 있었고 2층이 모두 유치원 교실이었는데 바깥에서 유치원 교실 창문을 깨고 사다리로 우리 가족을 내려주셔서 병원에 가서 응급조치를 받고 모두 무사했다. '왜 갑자기 나를 3일 금식시키시나?' 궁금했는데 하나님께서는 이런 일이 일어날 줄 아셨기 때문에 우리 가족을 대표해서 내게 금식 명령을 내리신 것이었다. 만약 필자가 금식하지 않고 밥 잘 먹고 일찍 잠 들었으면 매캐한 연기 냄새도 못 맡았을 것이고, 우리 가족은 연기에 질식해서 죽었을 것이다. 하나님의 은혜로 불은 1층에서 소멸되었고 유치원은 연기만 그을렸고 아무런 피해가 없었다. 지금도 그때 일을 생각하면서 천사로 보내주신 소방서 소장님을 잊지 않고 감사기도를 드린다.

여덟 번째 천사는 1997년 필자가 부천시청 어린이집 원장으로 근무하던 중 부천시 중동에서 가스폭발이 크게 났는데 그날 필자는 그 폭발장소 근처 도로를 가스가 폭발하기 5분 전에 지나갔었다. 시청어린이집에 와보니 뉴스에 가스폭발 속보가 나왔고 마침 그 길을 지나온 터라 얼마나 놀랐는지 모른다. 저녁에 퇴근하면서 그 도로를 지나가자 도로 주변에 있는 가로수들이 모두 불에 타 있었다. 하나님께서 나를 살리시려고 폭발 전에 그 길을 통과하게 하셨

던 것이다. 그날도 성령님께서 나의 천사가 되어주셔서 나의 걸음
을 재촉하셨다. 그날을 생각하며 잊지 않고 감사기도를 드린다.

아홉 번째 천사 체험은 2007년 5월 15일 수원여대 사회복지과에서
강의를 하고 강원도로 가던 길의 일이었다. 그날따라 비가 너무 많
이 와서 도로가 매우 미끄러웠고 저녁이 되면서 차들도 거의 없었
다. 조금이라도 빨리 도착지에 가려고 몇 시간을 쉬지 않고 달렸다.
삼척 근처에 왔을 때 차 브레이크를 밟는데 갑자기 차가 팽이 돌듯
이 뺑뺑 10바퀴 정도 돌면서 가드레일에 쾅! 하고 부딪혔다. 순간
나의 머리 정수리가 달팽이 모양으로 뱅뱅 돌려 올라가는 것 같더
니 잠깐 정신을 잃었다. 가만히 있으니까 감겼던 달팽이가 다시 정
수리에서 풀리면서 정신이 돌아왔다. 이미 차는 완전 폐차해야 될
정도로 망가져 있었고 앞 유리는 완전히 깨져서 하나도 없었고 신
발 한 짝은 앞 유리창이 깨지면서 바깥으로 튕겨나가 있었다. 119에
신고를 해야겠다고 하던 찰나에 어떤 아저씨가 반대편 차선에서 나
의 상황을 보고 119에 신고해 주셔서 바로 경찰과 구조대원들이 왔
었다. 그 때 그 아저씨가 비가 오는 날은 약수를 뜨러 안 가는데 이
상하게 약수를 뜨러가고 싶어서 집에서 나왔는데 나의 사고 장면을
목격했다고 하셨다. 날이 어둡고 비가 많이 왔기 때문에 주변에는
차들이 없었다. 하나님께서 나를 살리시기 위해 그 아저씨를 보내
주신 것이었다. 안전벨트를 했기 때문에 몸은 차 밖으로 튕겨나가
지 않았지만 허리, 골반뼈에 금이 가서 일어날 수가 없었다.

  오른쪽 다리를 들자 다리가 들려져서 크게 안 다쳤다고 생각하고 왼쪽 다리를 들자 다리가 아예 움직이지 않았다. 어두워서 피가 흐른 자국은 못 봤지만 차가 가드레일에 부딪히면서 차 문의 철판들이 칼날처럼 날카롭게 변해서 왼쪽 다리 몇 군데를 크게 잘랐고 거의 속뼈가 드러날 정도로 상해를 입었다. 왼쪽 다리뼈가 많이 부서져서 전혀 움직일 수가 없었다. 오른쪽 다리도 3~4곳이 잘려서 피가 많이 난 상태였다. 워낙 위급한 상태라 아픔을 느낄 수가 없었다. 전쟁이 나면 총을 맞아도 아픔을 못 느낀다는 말이 실감이 났다. 119 구급차가 도착해서 나를 꺼내려고 하는데 차문이 열리지 않아 구조원들이 응급처치를 하고 나를 구조하여 들것에 실어서 삼척병원으로 갔다. 몸은 많이 다쳤지만 정신은 온전했기 때문에 학생들 시험지랑 책, 가방 등은 모두 잘 챙겼다. 그 당시 석사과정 제자 논문 지도를 하고 있었기 때문에 논문자료도 잘 챙겨서 병원 응급실로 갔다. 담당의사 선생님께서 나의 상태를 보시더니 너무 크게 다쳐서 빨리 서울 큰 병원으로 가야 한다고 오늘 밤을 넘기면 못 걸을 수 있다고 했다. 출혈이 심해서 응급처치만 하고 허리부터 다리까지 붕대를 감아 119 구급차를 타고 서울대학교 병원으로 가는데 이종호 교수님과 연락이 되지 않아 나의 상태를 문자로 알려드리고 도움을 요청했다. 교수님께서는 그날 네덜란드 암스테르담에 학회가 있어서 가시는 중이라고 하시면서 비행기에서 내리면 병원에 연락해서 도와주시겠다고 하셨다.

서울대학교병원 응급실에 도착하자 남편이 내 모습을 보고 크게 놀라서 속으로 평생 업고 살아야겠다는 생각이 들었다고 한다. 응급실에서 다시 검진하고 병실이 없어서 병원 침대에 누워 복도에 있는데 지나가는 사람들 슬리퍼 끄는 소리가 마치 폭포물 내려가는 소리처럼 크게 들리고 감각이 얼마나 예민해지는지 이루 말을 할 수가 없었다. 잘라진 다리에 파상풍이 걸리지 않게 한다고 밤새 식염수 1800cc짜리 10통을 주사기로 상처에 주입시켜 불순물을 모두 씻어내고 응급조치를 했다. 골반과 갈비뼈가 많이 부서져서 움직이지도 못하고 기침을 할 수 없을 정도로 힘이 들었다. 그런데 그 상황에서도 통증을 별로 느낄 수가 없어서 참 신기했다. 이미 통증약을 많이 사용했겠지만 정신이 말짱하니까 몸을 움직일 수 없다는 것 외에는 참고 견딜 만했다. 아침이 되자 교수님께서 수간호사를 보내주셔서 병실에 입원을 할 수 있었다. 6개월 동안 여러 병원을 입원하면서 3번에 걸친 수술이 있었지만 하나님께서 도와주시고 정형외과 의사 선생님이 치료를 잘해 주셔서 걸을 수 있게 되었다. 담당의사 선생님께서 참 이상하다 이렇게 크게 다쳤는데 정말 위험한 곳은 모두 피해서 다쳤기 때문에 상식적으로는 이 정도인 것이 이해가 안 간다고 했다. 여기까지 도와주신 모든 분들이 나의 천사였다. 차가 가드레일에 부딪히는 순간 나는 아무 말도 안 나왔고 "주여!" 밖에 외칠 수가 없었다. 그 순간 하나님께서 위험한 곳은 모두 피할 수 있게 도와주신 것이다. 6개월간 긴 병원 생활 중에 나를 도와주신 모든 분들을 잊지 않고 기도하고 약수터로 가던 길에 나를 만나 구조해주신 그분을 축복해 주시라고 기도한다.

 2020년 1월 6일~10일 필리핀 마닐라에서 project workshop을 하기 위해 연구교수들과 일행 7명이 필리핀으로 갔다. 명성교회에서 파송한 필리핀 마닐라 한국아카데미 김홍태 선교사님과 홍은주 사모님께서 도와 주셔서 프로젝트 수업을 잘 마치고 관광지 몇 곳을 여행한 후 귀국하게 되었는데 우리 일행이 귀국한 2일 후인 12일 오후 필리핀 마닐라 근처 탈(Taal) 화산이 폭발해서 주민과 관광객 수 만 명이 대피하는 사건이 있었다. 필리핀 마닐라에서 남쪽으로 65km 정도 떨어진 곳이었는데 우리 일행들이 관광지를 가기 위해 그곳을 지나가면서 차를 마시면서 화산을 배경으로 사진을 찍었던 곳이었다. 이 화산폭발로 마닐라 국제공항이 12일 저녁부터 폐쇄되었고 인근 주민 20만 명이 피해를 입게 되었다. 만약 우리가 2일만 더 머물렀더라면 어떻게 되었을까? 생각만 해도 아찔하다. 성령님께서는 이런 일이 일어날 줄 아시고 우리에게 행사 날짜 잡는 것까지 인도하시고 도우셨다. 무슨 행사를 하든지 우리 앞서 일하시고 안전하게 보호하시는 성령님의 도우심에 감사드린다. 성령님은 때로는 어머니같이, 때로는 선생님과 같이, 때로는 가이드와 같이 매일 나의 삶 속에 나를 도와 주신다. 성령님의 도우심과 인도하심에 날마다 감사하며 성령 충만함을 입을 수 있게 기도한다.

그러나 진리의 성령이 오시면 그가 너희를 모든 진리 가운데로
인도하시리니 그가 스스로 말하지 않고 오직 들은 것을 말하며
장래 일을 너희에게 알리시리라 (요16:13)

필자는 1980년 여의도순복음교회에서 처음으로 성령님을 만날 수 있
었다. 시댁이 여의도순복음교회를 다니고 있었기 때문에 시어머니께
서 인도하셔서 가게 되었다. 조용기 목사님께서 설교를 하시는데 그
때 나는 성령이 무엇인지도 몰랐고 어떻게 내게 오시는 지도 몰랐는
데 예배를 드리던 중에 처음 성령을 받게 되었고 매 주일 예배가 너무
나도 기다려졌다. 목사님께서 경상도 분이라 경상도 말을 많이 사용
하시는데 무슨 말인지 잘 알아듣지는 못 했지만 그냥 가슴이 뛰고 성
전에 올라가는 발걸음이 날아가는 듯 가벼웠고 예배시간이 그렇게 좋
을 수가 없었다. 목사님께서는 늘 "성령님 바람같이! 불같이! 생수같
이! 우리에게 오시옵소서!" 하셨다. 그때 필자는 잠을 자다가 꿈에 방
언을 받고, 꿈에 성령도 받고, 꿈에 사탄도 쫓아내고 갖가지 좋은 은
사를 많이 받았다. 꿈에 받은 은사들은 예배드리는 시간에 다시 받게
되었는데 그때 우리에게 성령님을 잘 알게 해주신 조용기 목사님과
여의도순복음교회서 받은 은혜를 생각하며 매일 감사를 드린다. 그래
서 필자도 성령 충만을 구하는 기도를 할 때 조용기 목사님께서 말씀
하신 것처럼 "성령님 모셔드립니다. 환영합니다. 의지합니다. 오늘도
내 속에 오셔서 나와 함께 동행하시고 기도하는 시간 동안 성령으로
도와주시옵소서." 하며 간절히 성령을 사모하며 기도드린다.

2. 지혜(Wisdom)를 구하는 기도

지혜 있는 자에게 교훈을 더하라 그가 더욱 지혜로워질 것이요 의로운 사람을 가르치라 그의 학식이 더하리라 여호와를 경외하는 것이 지혜의 근본이요 거룩하신 자를 아는 것이 명철이니라 나 지혜로 말미암아 네 날이 많아질 것이요 네 생명의 해가 네게 더하리라 (잠9:9~11)

지혜를 얻으며 명철을 얻으라 내 입의 말을 잊지 말며 어기지 말라 지혜를 버리지 말라 그가 너를 보호하리라 그를 사랑하라 그가 너를 지키리라 지혜가 제일이니 지혜를 얻으라 네가 얻은 모든 것을 가지고 명철을 얻을지니라 그를 높이라 그리하면 그가 너를 높이 들리라 만일 그를 품으면 그가 너를 영화롭게 하리라 그가 아름다운 관을 네 머리에 두겠고 영화로운 면류관을 네게 주리라 하셨느니라 (잠4:5~9)

두 번째로 구하는 은사가 지혜(Wisdom)이다. 성경에서 말씀하고 있는 지혜에 대한 말씀을 떠올리며 지혜를 구한다.

지혜를 얻은 자와 명철을 얻은 자는 복이 있나니 이는 지혜를 얻는 것이 은을 얻는 것보다 낫고 그 이익이 정금보다 나음이니라 지혜는 진주보다 귀하니 네가 사모하는 모든 것으로도 이

에 비교할 수 없도다 그의 오른손에는 장수가 있고 그의 왼손
에는 부귀가 있나니 그 길은 즐거운 길이요 그의 지름길은 다
평강이니라 지혜는 그 얻은 자에게 생명 나무라 지혜를 가진
자는 복되도다 여호와께서는 지혜로 땅에 터를 놓으셨으며 명
철로 하늘을 견고히 세우셨고 그의 지식으로 깊은 바다를 갈라
지게 하셨으며 공중에서 이슬이 내리게 하셨느니라 내 아들아
완전한 지혜와 근신을 지키고 이것들이 네 눈 앞에서 떠나지
말게 하라 그리하면 그것이 네 영혼의 생명이 되며 네 목에 장
식이 되리니 네가 네 길을 평안히 행하겠고 네 발이 거치지 아
니하겠으며 네가 누울 때에 두려워하지 아니하겠고 네가 누운
즉 네 잠이 달리로다 (잠3:13~24)

필자는 지혜의 은사를 구하면서 성경 말씀에 지혜와 관련된 말씀
과 인물을 연상하며 기도한다. 성경 말씀 속에 지혜의 은사를 받은
대표적인 인물은 솔로몬, 다니엘, 아비가일을 들 수 있다. 지혜의
왕 솔로몬과 지혜와 함께 통찰력을 주신 다니엘, 다윗 왕이 "네 지
혜를 칭찬할지며 또 네게 복이 있으리라"한 아비가일에게 주신 지
혜를 저에게도 달라고 기도하면서 이들이 어떻게 지혜를 얻게 되
었는지 상상(imagination)하며 기도 속에서 내가 주인공이 되어
간절히 지혜를 구한다.

이에 왕이 제사하러 기브온으로 가니 거기는 산당이 큼이라 솔로몬이 그 제단에 일천 번제를 드렸더니 기브온에서 밤에 여호와께서 솔로몬의 꿈에 나타나시니라 하나님이 이르시되 내가 네게 무엇을 줄꼬 너는 구하라 솔로몬이 이르되 주의 종 내 아버지 다윗이 성실과 공의와 정직한 마음으로 주와 함께 주 앞에서 행하므로 주께서 그에게 큰 은혜를 베푸셨고 주께서 또 그를 위하여 이 큰 은혜를 항상 주사 오늘과 같이 그의 자리에 앉을 아들을 그에게 주셨나이다 나의 하나님 여호와여 주께서 종으로 종의 아버지 다윗을 대신하여 왕이 되게 하셨사오나 종은 작은 아이라 출입할 줄을 알지 못하고 주께서 택하신 백성 가운데 있나이다 그들은 큰 백성이라 수효가 많아서 셀 수도 없고 기록할 수도 없사오니 누가 주의 이 많은 백성을 재판할 수 있사오리이까 듣는 마음을 종에게 주사 주의 백성을 재판하여 선악을 분별하게 하옵소서 솔로몬이 이것을 구하매 그 말씀이 주의 마음에 든지라 이에 하나님이 그에게 이르시되 네가 이것을 구하도다 자기를 위하여 장수하기를 구하지 아니하며 부도 구하지 아니하며 자기 원수의 생명을 멸하기도 구하지 아니하고 오직 송사를 듣고 분별하는 지혜를 구하였으니 내가 네 말대로 하여 네게 지혜롭고 총명한 마음을 주노니 네 앞에도 너와 같은 자가 없었거니와 네 뒤에도 너와 같은 자가 일어남이 없으리라 내가 또 네가 구하지 아니한 부귀와 영광도 네게 주노니 네 평생에 왕들 중에 너와 같은 자가 없을 것이라 (왕상3:4~13)

솔로몬 왕은 일천 번제를 드리고 꿈에 하나님께서 나타나셔서 지혜의 은사를 부어 주셨다. 필자도 꿈에 방언을 받았고, 여러 가지 은사도 받았다. 하나님께서는 하나님을 사랑하는 자들에게 꿈을 통해서도 주시는 은사가 있음을 잊지 말아야 한다. 하나님께서 솔로몬에게 "네게 무엇을 줄까?" 했을 때 백성들을 잘 다스릴 수 있는 지혜와 지식을 달라고 했는데 이것이 하나님 마음에 들어서 하나님께서는 솔로몬이 구하지 않은 부와 귀와 영광도 주셨다. 우리도 하나님께서 마음에 들어하시는 은사를 구하여 하나님께 존귀하게 쓰임을 받아야 한다.

여호와 앞 곧 회막 앞에 있는 놋 제단에 솔로몬이 이르러 그 위에 천 마리 희생으로 번제를 드렸더라 그날 밤에 하나님이 솔로몬에게 나타나 그에게 이르시되 내가 네게 무엇을 주랴 너는 구하라 하시니 솔로몬이 하나님께 말하되 주께서 전에 큰 은혜를 내 아버지 다윗에게 베푸시고 내가 그를 대신하여 왕이 되게 하셨사오니 여호와 하나님이여 원하건대 주는 내 아버지 다윗에게 허락하신 것을 이제 굳게 하옵소서 주께서 나를 땅의 티끌 같이 많은 백성의 왕으로 삼으셨사오니 주는 이제 내게 지혜와 지식을 주사 이 백성 앞에서 출입하게 하옵소서 이렇게 많은 주의 백성을 누가 능히 재판하리이까 하니 하나님이 솔로몬에게 이르시되 이런 마음이 네게 있어서 부나 재물이나 영광이나 원수의 생명 멸하기를 구하지 아니하며 장수도 구하지 아

니하고 오직 내가 네게 다스리게 한 내 백성을 재판하기 위하
여 지혜와 지식을 구하였으니 그러므로 내가 네게 지혜와 지식
을 주고 부와 재물과 영광도 주리니 네 전의 왕들도 이런 일이
없었거니와 네 후에도 이런 일이 없으리라 하시니라

(대하1:6~12)

솔로몬은 하나님께로부터 지혜의 은사를 받고 서로 자신의 아들
이라 주장하는 창기 두 여자의 재판을 처음으로 하게 되었는데 이
때 솔로몬 왕이 지혜롭게 판결함을 보고 온 이스라엘 백성들이 솔
로몬 왕을 두려워하게 되었다. 세계 열왕들이 솔로몬의 지혜를 배
우러 오게 되었고 나라는 부강하게 되었다.

온 이스라엘이 왕이 심리하여 판결함을 듣고 왕을 두려워하였
으니 이는 하나님의 지혜가 그의 속에 있어 판결함을 봄이더라

(왕상3:28)

하나님이 솔로몬에게 지혜와 총명을 심히 많이 주시고 또 넓은
마음을 주시되 바닷가의 모래 같이 하시니 솔로몬의 지혜가 동
쪽 모든 사람의 지혜와 애굽의 모든 지혜보다 뛰어난지라 그는
모든 사람보다 지혜로워서 예스라 사람 에단과 마홀의 아들 헤
만과 갈골과 다르다보다 나으므로 그의 이름이 사방 모든 나라
에 들렸더라 그가 잠언 삼천 가지를 말하였고 그의 노래는 천

다섯 편이며 그가 또 초목에 대하여 말하되 레바논의 백향목으로부터 담에 나는 우슬초까지 하고 그가 또 짐승과 새와 기어다니는 것과 물고기에 대하여 말한지라 사람들이 솔로몬의 지혜를 들으러 왔으니 이는 그의 지혜의 소문을 들은 천하 모든 왕들이 보낸 자들이더라 (왕상4:29~34)

그럼 지혜는 어떻게 얻을 수 있을까? 성경에는 지혜를 얻으려면 지혜에 귀를 기울이고 감추어진 보배를 찾는 것 같이 찾으면 하나님을 알게 되고 하나님께서는 지혜를 주신다고 말씀하고 있다.

네 귀를 지혜에 기울이며 네 마음을 명철에 두며 지식을 불러 구하며 명철을 얻으려고 소리를 높이며 은을 구하는 것 같이 그것을 구하며 감추어진 보배를 찾는 것 같이 그것을 찾으면 여호와 경외하기를 깨달으며 하나님을 알게 되리니 대저 여호와는 지혜를 주시며 지식과 명철을 그 입에서 내심이며 그는 정직한 자를 위하여 완전한 지혜를 예비하시며 행실이 온전한 자에게 방패가 되시나니 (잠2:2~7)

욥기 28장에는 지혜의 값은 헤아리지 못하며 하나님께서 지혜가 오는 길을 아시고 계신다고 말씀하고 있다.

그러나 지혜는 어디서 얻으며 명철이 있는 곳은 어디인고 그 길을 사람이 알지 못하나니 사람 사는 땅에서는 찾을 수 없구나 깊은 물이 이르기를 내 속에 있지 아니하다 하며 바다가 이르기를 나와 함께 있지 아니하다 하느니라 순금으로도 바꿀 수 없고 은을 달아도 그 값을 당하지 못하리니 오빌의 금이나 귀한 청옥수나 남보석으로도 그 값을 당하지 못하겠고 황금이나 수정이라도 비교할 수 없고 정금 장식품으로도 바꿀 수 없으며 진주와 벽옥으로도 비길 수 없나니 지혜의 값은 산호보다 귀하구나 구스의 황옥으로도 비교할 수 없고 순금으로도 그 값을 헤아리지 못하리라 그런즉 지혜는 어디서 오며 명철이 머무는 곳은 어디인고 모든 생물의 눈에 숨겨졌고 공중의 새에게 가려졌으며 멸망과 사망도 이르기를 우리가 귀로 그 소문은 들었다 하느니라 하나님이 그 길을 아시며 있는 곳을 아시나니 이는 그가 땅 끝까지 감찰하시며 온 천하를 살피시며 바람의 무게를 정하시며 물의 분량을 정하시며 비 내리는 법칙을 정하시고 비구름의 길과 우레의 법칙을 만드셨음이라 그 때에 그가 보시고 선포하시며 굳게 세우시며 탐구하셨고 또 사람에게 말씀하셨도다 보라 주를 경외함이 지혜요 악을 떠남이 명철이니라

(욥28:12~28)

다니엘과 사드락, 메삭, 아벳느고는 바벨론의 포로로 잡혀갔지만 흠이 없고 용모가 아름답고 모든 지혜를 통찰하며 지식에 통달하

고 학문에 익숙하여 느부갓네살 왕 앞에 서기 위해 왕이 지정하여 준 음식을 먹고 3년간 특별 훈련을 받게 된 사람이다. 그러나 다니엘은 뜻을 정하여 왕의 음식과 포도주로 자기를 더럽히지 않겠다고 환관장에게 구하여 네 소년들이 열흘 동안 채식과 물을 마셨는데도 얼굴이 더욱 아름다웠고 살이 더 윤택하여 왕의 진미를 먹는 다른 소년들보다 더 좋아보였다. 그 후 하나님께서는 이 네 소년들에게 학문과 모든 서적을 깨닫게 하시고 지혜를 주셨다. 다니엘에게 지혜뿐만 아니라 모든 환상과 꿈을 깨달아 아는 은사도 부어 주셨다.

> 하나님이 이 네 소년에게 학문을 주시고 모든 서적을 깨닫게
> 하시고 지혜를 주셨으니 다니엘은 또 모든 환상과 꿈을 깨달아
> 알더라 (단1:17)

느부갓네살왕이 꿈을 꾸고 해석을 할 수 없어서 박수와 술객과 점쟁이와 갈대아 술사들을 불렀으나 아무도 그 꿈을 해석할 수 없었다. 왕의 마음이 번민하고 진노하며 통분하여 바벨론의 술사들과 함께 다니엘과 세 친구들도 왕의 명령에 따라 죽게 되었을 때 다니엘이 왕에게 구하여 시간을 주시면 그 해석을 알려드리겠다고 한 후 자기 집으로 돌아와서 세 친구들에게 바벨론의 다른 지혜자들과 함께 죽임을 당하지 않게 해달라고 간절히 기도하였다. 그때 하나님께서 밤에 환상으로 다니엘에게 나타나 보이셔서 다니엘이 하

나님의 지혜와 능력을 찬양하게 되었다. 다니엘이 느부갓네살왕의 꿈을 해석해 주자 왕이 다니엘 앞에 엎드려 절하고 하나님의 위대하심을 찬양하며 다니엘을 높여 바벨론 모든 지혜자들의 어른으로 삼았다.

> 이에 느부갓네살 왕이 엎드려 다니엘에게 절하고 명하여 예물과 향품을 그에게 주게 하니라 왕이 대답하여 다니엘에게 이르되 너희 하나님은 참으로 모든 신들의 신이시요 모든 왕의 주재시로다 네가 능히 이 은밀한 것을 나타내었으니 네 하나님은 또 은밀한 것을 나타내시는 이시로다 왕이 이에 다니엘을 높여 귀한 선물을 많이 주며 그를 세워 바벨론 온 지방을 다스리게 하며 또 바벨론 모든 지혜자의 어른을 삼았으며 왕이 또 다니엘의 요구대로 사드락과 메삭과 아벳느고를 세워 바벨론 지방의 일을 다스리게 하였고 다니엘은 왕궁에 있었더라
>
> (단2:46~49)

벨사살 왕이 귀족 천명을 위하여 큰 잔치를 베풀고 부친 느부갓네살왕이 예루살렘 성전에서 탈취하여 온 금, 은 그릇을 가져오게 해서 귀족들과 왕후들과 후궁들과 더불어 술을 마시고 금, 은, 구리, 쇠, 나무, 돌로 만든 신들을 찬양했을 때 사람의 손가락이 나타나 왕궁 촛대 맞은편 석회벽에 글자를 쓰는데 왕이 그 손가락을 보고 얼굴빛이 변하고 무릎이 서로 부딪칠 정도로 놀랐으나 아무도 해

석을 할 수 없었고 능히 그 글을 읽을 수도 없었을 때 왕비가 왕에게 이렇게 다니엘을 소개한다.

> 왕의 나라에 거룩한 신들의 영이 있는 사람이 있으니 곧 왕의
> 부친 때에 있던 자로서 명철과 총명과 지혜가 신들의 지혜와
> 같은 자니이다 왕의 부친 느부갓네살 왕이 그를 세워 박수와
> 술객과 갈대아 술사와 점쟁이의 어른을 삼으셨으니 왕이 벨드
> 사살이라 이름하는 이 다니엘은 마음이 민첩하고 지식과 총명
> 이 있어 능히 꿈을 해석하며 은밀한 말을 밝히며 의문을 풀 수
> 있었나이다 이제 다니엘을 부르소서 그리하시면 그가 그 해석
> 을 알려 드리리이다 하니라 (단5:11~12)

다니엘은 어떻게 이런 지혜를 얻었을까? 바로 기도했기 때문이다. 우리가 '다니엘 21일' 기도는 잘 하는데 어떻게 다니엘이 지혜를 얻었는지 그 말씀 안에 들어가서 말씀을 연상하며 기도를 하지는 않는다. 다니엘과 같은 지혜를 얻으려면 다니엘이 지혜를 얻기 위해 행한 일과 기도한 말씀을 연상하며 우리가 다니엘의 입장이 되어 간절히 집중하여 기도할 때 지혜의 은사를 받을 수 있으리라 믿는다.

> 지혜로운 자와 동행하면 지혜를 얻고 미련한 자와 사귀면 해를
> 받느니라 (잠13:20)

다윗왕이 아비가일에게 "네 지혜를 칭찬할지며" 하며 지혜를 크게 칭찬하고 있다. 사무엘이 죽고 다윗이 바란광야에 내려간 후 갈렙 족속인 나발에게 속한 양과 염소떼들을 갈멜에 있는 동안 다윗과 함께 한 사람들이 밤낮 나발의 하인들의 담이 되어 주어서 가축을 잃은 것이 하나도 없었다. 다윗이 나발이 양털을 깎는다는 소식을 듣고 소년 몇 명을 보내어 나발의 손에 있는 것으로 다윗과 그의 종들에게 주기를 간구하였을 때 나발이 다윗의 사환들에게 "다윗은 누구며 이새의 아들은 누구냐 요즈음 각기 주인에게서 떠나는 종이 많도다. 내가 어찌 내 떡과 물과 내 양털 깎은 자를 위하여 잡은 고기를 가져다가 어디서 왔는지도 알지 못하는 자들에게 주겠느냐" 하였다. 다윗이 이 소식을 듣고 부하 4백 명을 데리고 가서 나발과 그에 속한 모든 것을 멸하려고 했을 때 하인들 가운데 한 사람이 아비가일에게 있었던 모든 일을 알려주자 아비가일이 급히 떡 이백 덩이와 포도주 두 가죽 부대와 요리한 양 다섯 마리와 볶은 곡식 37리터, 건포도 백송이, 무화과 뭉치 이백 개를 나귀에 싣고 하인들과 함께 다윗을 만나러 간다.

다윗은 나발이 한 말을 전해듣고 마음이 상하여 "내가 이자의 소유물을 광야에서 지켜 그 모든 것을 하나도 손실이 없게 한 것이 진실로 헛사라. 그가 악으로 나의 선을 갚는도다. 내가 그에게 속한 모든 남자 가운데 한 사람이라도 아침까지 남겨두면 하나님이 벌을 내리시기를 원하노라" 하였다.

그 때 아비가일이 다윗을 보고 급히 나귀에서 내려 다윗 앞에 엎드려 그의 얼굴을 땅에 대고 "이 죄악을 내게로 돌리시고 여종의 말을 들으소서. 내 주는 불량한 사람 나발을 개의치 마옵소서. 그의 이름이 그에게 적당하니 그의 이름이 나발이라 그는 미련한 자이니라. 여종은 내 주께서 보내신 소년들을 보지 못하였나이다." 한다. 아비가일은 다윗이 피를 흘려 친히 보복하는 일을 여호와께서 막으셨다고 하며 자신이 가지고 온 예물을 다윗을 따르는 소년들에게 주시고 허물을 용서해 달라고 한다.

주의 여종의 허물을 용서하여 주옵소서 여호와께서 반드시 내 주를 위하여 든든한 집을 세우시리니 이는 내 주께서 여호와의 싸움을 싸우심이요 내 주의 일생에 내 주에게서 악한 일을 찾을 수 없음이니이다 사람이 일어나서 내 주를 쫓아 내 주의 생명을 찾을지라도 내 주의 생명은 내 주의 하나님 여호와와 함께 생명 싸개 속에 싸였을 것이요 내 주의 원수들의 생명은 물매로 던지듯 여호와께서 그것을 던지시리이다 여호와께서 내 주에 대하여 하신 말씀대로 모든 선을 내 주에게 행하사 내 주를 이스라엘의 지도자로 세우실 때에 내 주께서 무죄한 피를 흘리셨다든지 내 주께서 친히 보복하셨다든지 함으로 말미암아 슬퍼하실 것도 없고 내 주의 마음에 걸리는 것도 없으시리니 다만 여호와께서 내 주를 후대하실 때에 원하건대 내 주의 여종을 생각하소서 하니라 다윗이 아비가일에게 이르되 오늘 너

를 보내어 나를 영접하게 하신 이스라엘의 하나님 여호와를 찬
송할지로다 또 네 지혜를 칭찬할지며 또 네게 복이 있을지로다
오늘 내가 피를 흘릴 것과 친히 복수하는 것을 네가 막았느니
라 나를 막아 너를 해하지 않게 하신 이스라엘의 하나님 여호
와의 살아 계심을 두고 맹세하노니 네가 급히 와서 나를 영접
하지 아니하였더면 밝는 아침에는 과연 나발에게 한 남자도 남
겨 두지 아니하였으리라 하니라 다윗이 그가 가져온 것을 그의
손에서 받고 그에게 이르되 네 집으로 평안히 올라가라 내가
네 말을 듣고 네 청을 허락하노라 (삼상25:28~35)

아비가일은 지혜로운 여인이었기에 하나님께서 반드시 다윗을 위
하여 든든한 집을 세울 것이라는 예견을 했고 다윗 일생에 악한 일
을 한 것을 찾아 볼 수가 없다고 칭찬하며 사람들이 다윗을 쫓아
생명을 찾을지라도 하나님께서 다윗의 생명을 하나님 여호와와 함
께 생명 싸개 속에 싸였을 것이라고 말한다. 그리고 하나님께서 다
윗을 이스라엘의 지도자로 세우실 때에 자신을 생각해 달라고 한
다. 다윗은 이 말을 듣고 하나님을 찬송하며 아비가일의 지혜를 칭
찬한다. 아비가일의 지혜로운 말과 행동 때문에 나발의 가문은 죽
음을 면하게 되었고 하나님께서 나발을 치셔서 몸이 돌과 같이 되
어 열흘 후에 죽게 되고 나발이 죽은 후 아비가일은 다윗의 아내가
된다.

지혜로운 여인은 자기 집을 세우되 미련한 여인은 자기 손으로
그것을 허느니라 (잠14:1)

필자는 성경 말씀 속에 지혜를 주신 하나님의 사람들을 연상하며
이런 은사를 부어달라고 기도한 후 실제 필자의 삶 속에서 지혜를
주셔서 하나님의 은혜를 입게 된 일에 대해 감사기도를 드린다.

필자의 장남 박지형이 2002년 대학입시 수능고사 시험을 치르고
난 후에 자신이 목표한 점수가 나오지 않아서 실망하고 있을 때 필
자는 아들에게 "걱정하지 마라. 하나님께서 연세대학교에 한 명을
뽑아도 너는 합격시켜 주실 거다"하고 용기를 주었다. 그 당시는 3
개 대학에 원서를 접수할 수 있었기 때문에 중앙대학교 건축과, 홍
익대학교 건축과, 연세대학교 공과대학 3곳을 지원했다. 합격자
발표를 기다리고 있던 아들이 용기를 내어 이마트에 가서 아르바
이트를 하겠다고 하였다. 한 번도 아르바이트를 해 본 적이 없었던
터라 기특하기도 했지만 고생할 것 생각하니 마음이 아팠다. 그래
도 험한 세상을 살아가려면 다른 사람이 한 고생도 해봐야 된다는
생각이 들어서 허락을 하고 대신 평일에는 강남 이익훈어학원에
가서 토익 공부를 하라고 했다. 이미 하나님께서 연대 합격시켜 주
실 것을 믿고 믿음으로 대학가서 해야 할 공부를 미리 하게 한 것
이다.

아들은 약속대로 평일에는 이익훈어학원에 가서 토익 공부를 하고 주말에는 이마트에서 아르바이트를 했다. 주일에는 주일 1부 예배를 드리고 가서 일을 했는데 한 달이 되어 아르바이트비 11만 원을 받아왔다. 필자가 아들에게 "지형아 너가 일해서 번 돈이 이게 처음이지? 그럼 이건 첫 예물이네, 이거 하나님께 드리고 우리 11만 원에 연대를 사자."라고 제안을 했다. 아들은 순종하고 받아들였고 주일날 첫 예물 11만 원을 들고 순복음 부천교회를 찾아갔다. 그 당시 지형이는 명성교회 고등부를 다녔지만 필자는 새벽기도는 명성교회에서 드리고 주일예배는 순복음부천교회에서 드렸기 때문에 아들을 데리고 차군규 담임 목사님을 뵙고 상황을 설명드리고 11만 원을 첫 예물로 하나님께 드리고 연세대학교에 합격할 수 있도록 기도를 부탁드렸다. 목사님께서 간절히 기도해 주시면서 기도 후에 "지형아! 내가 오랫동안 목회를 했지만 너 같은 아이는 처음이다." 하시면서 지갑에서 6만 원을 꺼내서 지형이에게 주셨다. 목사님 사모님께서도 감동을 받으시고 말씀을 기록하는 노트 속에 넣어두신 5만 원을 지형이에게 주셨다. 목사님실에서 함께 기도 받던 우리는 모두 감격의 눈물을 흘렸다. 그날 아들은 첫 예물 11만 원을 하나님께 드리고 11만 원 모두 선물로 받게 되었다.

지형이는 합격자 발표를 초조하게 기다리다가 인터넷에 들어가서 원서를 낸 학교의 발표를 보다가 홍익대학교가 먼저 합격이 되어서 우리는 홍대에 먼저 등록을 했다. 그런데 며칠 후 중앙대학교에 합격이 되어 중대도 등록을 했고 혹시 연세대학교는 안되었나? 하고 들어가 보니 이미 합격을 해서 등록해야 되는 날짜가 지나가 버리게 되었다. 그때 필자는 설악산에 있었는데 아들이 전화를 해서 "엄마 연대 등록일자가 넘어가 버렸어 어떻게 해?" 했다. 알았으니까 엄마가 기도하고 방법을 알아보자 하고 필자는 그날 밤 눈이 허리까지 내린 설악산 콘도 산속에 혼자 들어가서 두 손을 들고 하나님께 도와달라고 간절히 부르짖어 기도했다. 캄캄한 밤이었지만 무섭지도 않았고 엄마이기 때문에 자식을 위해 할 수 있는 용기가 바로 그런 것이었다. 하나님께 우리가 등록을 할 수 있는 방법을 알려달라고 간절히 기도하고 잤는데 등록할 수 있는 방법을 하나님께서 꿈을 통해 알려 주셨다. 한 명이라도 등록을 하지 않은 학생이 있을 수 있으니까 학교 문을 열자마자 1순위로 등록을 하라는 응답이었다. 필자는 새벽에 남편에게 꿈에 알려주신 내용을 말하고 지형이를 데리고 학교 문 열기 전에 가서 등록하라고 했는데 마침 등록을 포기한 학생이 있어서 아들이 등록할 수 있었다. 지형이가 연대에서 공부를 할 수 있도록 도와주신 하나님께 감사드린다. 하나님께서는 우리가 기도하면 급할 때는 급한 대로, 위기 때는 그 상황에 맞춰서 세밀하게 응답해 주신다. 그 날 하나님께서 지혜를 주시지 않았다면 기도도 하지 못했을 것이고 합격도 못했을 것이다.

지형이는 하나님 은혜로 연대 공대에 입학하여 적성에 맞는지 공부를 잘하게 되었다. 물론 이익훈어학원에서 토익 공부한 것이 영어시간에 많은 도움이 되었고 혼자 영어 100점을 받아서 그 다음 학기에는 상급 코스 공부를 하게 되었다. 입학할 때는 끝에서 몇 번째로 들어갔을 텐데 입학 후에는 하나님께서 지혜를 주셔서 시험을 잘 보게 되어 공대에서 3등을 하게 되어 장학금을 받아 왔다. 지형이가 장학금을 받은 것도 일생 처음 있었던 일이었다. 필자는 "이것도 우리 하나님께 첫 예물로 드리자" 하고 제의를 했고 지형이는 순종했다. 그 당시 미국 플러신학대학원에서 유학을 하고 있었던 박근준 목사님께서 노트북이 필요하시다는 것을 알고 장학금 받은 것을 보내드렸다. 지형이는 학기가 거듭될수록 성적이 더 좋아져서 그 다음 학기에는 더 많은 금액을 받아왔는데 그 때도 박근준 목사님 대학원 등록금에 보태드렸고 어느 학기에는 국가 장학생이 되어 750만 원을 받아 왔다. 그때 명성교회에서는 새성전 건축을 위해 전교인이 건축헌금을 작정하고 있었을 때였는데 지형이가 새벽기도 후에 장학금으로 받은 750만 원을 그 당시 대학부를 담당하셨던 김활 목사님을 찾아 가서 건축헌금으로 하나님께 드렸다.

지형이는 명성교회 고등부, 대학부에서 큰 은혜를 받고 올바른 신앙관을 갖고 순종하며 믿음으로 성장하게 되었다. 원로 목사님, 담임 목사님 말씀에 은혜받고 대학부 목사님들로부터 올바른 신앙을 배워서 믿음에 흔들림이 없는 아들로 성장시켜 주신 하나님의 은혜 늘 감사드린다.

지형이가 대학 2학년을 마치고 2004년 군입대를 하게 되었는데 아들이 나라의 부름을 받고 사명을 감당하기 위해 가는데 군대에서 고생할 것 생각하니 엄마로서 마음이 아프고 함께 갈 수 없음에 참 안타까운 마음이 들었다. 이 마음은 필자뿐 아니라 아들을 키우는 모든 어머니들의 동일한 마음일 것이다.

지형이는 2004년 12월 23일까지 기말시험과 2학년 2학기를 다 마치고 12월 24일날 크리스마스 이브에 입대하게 되었다. 그날 새벽기도 가서 하나님께 아들을 맡겨드립니다 눈동자처럼 보호해 주옵소서! 간절히 기도드리고 차를 타고 집으로 오는데 극동방송에서 제주도 극동방송 안테나 교체를 위한 모금을 하였는데 1구좌에 10만 원이었다. 성부와 성자와 성령님께 아들을 맡겨드려야겠다고 생각하고 30만 원을 작성하려고 마음을 먹고 있었는데 지형이가 "이제 부대에 들어간다."고 전화가 왔다. 필자는 아들에게 오늘 있었던 일을 말하고 "엄마가 같이 못가니까 성부, 성자, 성령님께서 너를 맡긴다. 너가 군에 가서 쓰라고 용돈을 보낸 사람들의 돈이 있는데 30만 원을 박지형 이름으로 제주 극동방송 안테나 교체 헌금으로 드리자"고 했더니 아들이 좋다고 해서 헌금을 하게 되었다.

아들은 논산훈련소에서 훈련을 받고 부대 배치를 받는데 전체 580명 훈련생들 중 3명을 일으켜 세우더니 지형이와 다른 훈련생 1명을 태운 차가 점점 서울 쪽으로 오게 되었다고 한다. 지형이가 부대 번호를 알려주면서 어디로 배치를 받는지 좀 알아달라고 해서 확인해 봤더니 성남 분당에 있는 기무대였다. 아는 선생님이 그 곳은 빽이 좋아야 가는 곳인데 혹시 빽을 섰느냐고 물었다. 나는 사람 빽 안 쓰고 최고의 빽 하나님 빽 섰다고 했다. 그 당시 필자의 이종사촌 오빠가 육사를 졸업하고 스타가 되기 위해 준비하고 있었던 때였다. 이종사촌 오빠가 지형이 군에 배치받으면 알려달라고 했는데 전화도 하지 않았고 부탁도 하지 않았다. 하나님께서 필자에게 지혜를 주셔서 사람에게 부탁하지 말고 하나님께 부탁해야 된다는 생각이 들었기 때문에 세상에서 말하는 어떤 권력도 의지하지 않았고 오직 기도하며 하나님께 맡겨드렸더니 우리집과 가까운 분당으로 보내주신 것이다. 우리는 11만 원을 하나님께 드리고 연대에 합격했고, 30만 원을 극동방송모금에 헌금하면서 기무대를 가게 되었다. 지금도 그 때 일을 잊지 않고 하나님께 감사드린다.

 하나님께서 지혜를 주셔서 실천한 둘째 아들 지민이의 사례를 소개하고자 한다.

지민이는 1986년 3월 11일(음력 2월 2일) 출생했다. 지형이는 1984년 7월 7일 필자가 기도한 대로 양력 7월 7일날 태어났고 지민이는 음력 2월 2일날 태어났다. 둘 다 예정일보다 15일 정도 앞당겨서 출산했는데 자연분만을 했으니 하나님의 역사가 아니고는 필자가 원하는 날에 이렇게 정확히 출산하기는 힘들 것이다.

 지민이가 태어난 그 다음날 수유를 하면서 눈을 보니 한쪽 눈에 이상이 있었다. 검은 눈동자에 흰 점이 있어서 놀라서 어떻게 해야 하나? 생각을 하는데 성령님께서 '주의 종을 모시고 예배를 드리고 기도를 받으라'는 마음을 주셔서 예배를 드리기로 했다. 그 당시 우리는 여의도 순복음교회를 다니고 있었기 때문에 우리 교구담당 전도사님께 사정을 말씀드리고 우리 집에 오셔서 예배를 드려달라고 부탁을 드렸다. 그때 담당 전도사님의 이름은 김계원 전도사님이었고 신유의 은사를 받으셔서 전화로 기도를 해주셔도 치료가 되는 역사가 있었다. 아이가 태어난 지 이틀밖에 되지 않았지만 전도사님께서 우리 집에 심방 오셔서 예배를 드려주시고 지민이를 위해 간절히 기도해 주셨다. 다음날 지민이 눈을 보니 검은 눈동자에 있는 흰점이 없어졌고 깨끗하게 나은 모습을 보게 되었다. 그 당시 남편은 믿음이 별로 좋지 않아서 빨리 병원 가서 수술하라고 했는데 그 어린아이를 수술할 수도 없었고 기도 받으면 낫는다는 지혜를 주셔서 성령의 인도함에 따라 순종했는데 지금까지 지민이는 아무 이상 없이 시력 1.5의 건강한 눈을 갖고 있다. 하나님이 주신 지혜로 하는 일에는 후회함이 없다. 그때 일을 생각하면 하나님의 은혜 감사하지 않을 수 없다. 아들을 볼 때 마다 하나님께서 행하신 일들을 생각하며 감사드린다.

> 누가 지혜자와 같으며 누가 사물의 이치를 아는 자이냐 사람의 지혜는 그의 얼굴에 광채가 나게 하나니 그의 얼굴의 사나운 것이 변하느니라 (전8:1)

그 후 지민이는 건강하게 잘 자랐는데 그 당시 필자가 유치원을 부천에서 운영하게 되어 부천으로 이사를 하게 되었다. 그때는 어린이집이 없어서 아이를 맡길 데가 없어서 Day care 해 주시는 분을 고용해서 지민이를 돌보게 했다. 6개월 정도 되었을 때 유치원 일과 큰아들 양육 등 지민이를 돌보기가 힘들어서 경주 친정에 6개월을 맡겼는데 아이가 스트레스를 받았는지 변비가 심하게 되어 변만 보면 항문이 찢어져서 피를 흘리고 진땀을 흘리며 변을 보게 되었다. 돌이 되어 필자가 다시 양육을 하게 되었는데 그때도 변비가 심해서 변을 볼 때마다 면봉으로 변을 파내고 고생을 많이 했다. 엄마로서도 견디기 어려웠다. 지민이가 세 살이 되었을 때 경주 근화여고 동창이었던 한민자가 우리 유치원을 찾아왔다. 남편이 근로복지공단에 공무원으로 근무하게 되어 부천으로 이사를 왔다면서 우리 유치원 보조교사로 일을 하고 싶다고 해서 함께 근무를 하게 되었다. 여름이 되어 유치원 아이를 데리고 여름캠프를 가야 하는데 우리 유치원에 있었던 교사들은 모두 크리스천이라서 함께 기도하고 행사를 하는데 민자는 그 당시 불교를 믿고 있어서 마음이 편치 않아서 민자에게 "한번만 교회 나가자"하며 전도를 했다. 민자는 "그래 내가 한번만 나가 주는데 아무런 느낌이나 반응이 없으면 그 다음에는 안 나간다"라고 했다. 나는 좋다고 하고 주일날 부천에서 택시를 타고 지형이는 걸리고 지민이는 업고 민자와 함께 여의도 순복음교회를 갔다.

오직 내 마음은 민자가 하나님을 만나는 것이었다. 큰아이는 걸리고 작은아이는 업고 구역장 가방을 들고 가는데도 하나도 힘이 들지 않았고 성령께서 힘을 주셔서 성전 2층까지 단숨에 올라가서 예배를 드리게 되었다. 민자는 조용기 목사님의 설교 말씀을 듣고 큰 은혜를 받았다. 그 당시 조용기 목사님께서는 신유기도를 자주 해 주셨는데 그날은 설교 후 바로 "여기 있는 사람들 중에 어린아이 같은데 변만 보면 피를 흘리는 아이가 있습니다. 오늘 하나님께서 이 아이를 깨끗이 치료해 주셨습니다."라고 말씀하셨다. 나는 그 순간 지민이를 치료해 주셨다는 믿음이 와서 얼마나 눈물을 흘리며 감사했는지 모른다. 목사님과 우리가 앉아 있는 거리는 몇백 미터나 되는 것 같은데 어떻게 우리를 알고 이렇게 기도를 해주시나? 성령님의 역사하심이 너무나도 커서 감격하지 않을 수 없었다. 봉헌시간에 가져간 돈 모두 감사 헌금 드리고 기쁜 마음으로 집에 왔는데 그날 밤 지민이가 변을 보겠다고 해서 신문지를 깔고 변을 보게 했는데 피를 흘리지 않고 변비가 아닌 정상적인 변을 봐서 얼마나 감격했는지 모른다. 그날 하나님께서 치질을 깨끗하게 치료해 주셔서 33년이 지난 지금까지 아무런 부작용이 없다.

그렇다. 하나님께서 온전히 치료해 주신 것에는 부작용이 없다. 민자는 그날 큰 감동을 받고 하나님이 살아계심을 인정하게 되었고 크리스천이 되었다. 나는 그날 하나님께서 지민이 변비와 치질을 치료해 주실 것은 생각도 못하고 오직 민자가 구원받는 것에만 온 마음이 가 있었다. 하나님의 역사를 보고 믿자는 마음이 많이 녹아져서 교회에 대한 비판적인 마음이 부들부들하게 변하게 되었고 야훼 라파의 은혜를 인정하게 되었다. 그 후 믿자는 대구로 이사를 갔는데 어느 날 전화해서 "남련아! 나 집사됐다."라고 했다. 얼마나 감사한지... 한 생명을 구원해 주신 하나님의 은혜에 감사한다. 그의 나라와 의를 위하여 기도하고 구하는 것은 하나님께서 응답하시고 구하지 않은 것까지도 보너스로 주시는 것을 경험하게 되었다.

그런즉 너희는 먼저 그의 나라와 그의 의를 구하라 그리하면 이 모든 것을 너희에게 더하시리라 (마6:33)

지혜 있는 자는 궁창의 빛과 같이 빛날 것이요 많은 사람을 옳은 데로 돌아오게 한 자는 별과 같이 영원토록 빛나리라 (단12:3)

3. 지식(Knowledge)을 구하는 기도

네 시대에 평안함이 있으며 구원과 지혜와 지식이 풍성할 것이
니 여호와를 경외함이 네 보배니라 (사33:6)

여호와를 경외하는 것이 지식의 근본이거늘 미련한 자는 지혜
와 훈계를 멸시하느니라 (잠1:7)

너희가 은을 받지 말고 나의 훈계를 받으며 정금보다 지식을
얻으라 (잠8:10)

필자는 지식의 은사를 구하면서 성경 말씀 속에 지식과 관련된 말
씀과 인물을 연상하며 기도한다. 지혜와 지식을 같은 의미로 보기
도 하지만 지식의 은사는 말씀과 매우 밀접하게 연관되어 있음을
알 수 있다. '말씀의 지식'을 깨달아 알고 기도한 성경 속의 인물은
다니엘, 에스라, 느헤미야를 들 수 있다. 지식의 은사를 받은 다니
엘, 에스라, 느헤미야가 한 일을 상상하며 그들에게 주셨던 은사를
내게도 부어주시기를 간절히 기도한다.
　메데족속 아하수에로의 아들 다리오가 갈대아 나라 왕으로 세움
을 받던 해에, 다니엘이 책을 통해 여호와께서 말씀하신 선지자 예
레미야에게 알려주신 이스라엘 민족이 해방되는 햇수를 깨닫게 되
었는데 예루살렘의 황폐함이 칠십 년 만에 그친다는 예언의 말씀

이었다. 다니엘이 금식하며 베옷을 입고 재를 덮어쓰고 하나님께 기도하기를 결심하고 여호와 하나님께 "크시고 두려워할 주 하나님, 주를 사랑하고 주의 계명을 지키는 자를 위하여 언약을 지키시고 그에게 인자를 베푸시는 이시여" 하며 이스라엘이 하나님 앞에 율법을 지키지 않고 우상숭배의 죄를 지은 것을 자복한다.

우리는 범죄하여 패역하며 행악하며 반역하여 주의 법도와 규례를 떠났으며 선지자들이 주의 이름으로 말씀한 것들을 듣지 아니하며 주께서 쫓아내신 각국에서 수치를 당한 것은 바로 주께 죄를 범하였기 때문이라고 한다. 그러나 주의 공의를 따라 주의 분노를 주의 성 예루살렘, 주의 거룩한 산에서 떠나게 해달라고 기도한다.

> 그러하온즉 우리 하나님이여 지금 주의 종의 기도와 간구를 들으시고 주를 위하여 주의 얼굴 빛을 주의 황폐한 성소에 비추시옵소서 나의 하나님이여 귀를 기울여 들으시며 눈을 떠서 우리의 황폐한 상황과 주의 이름으로 일컫는 성을 보옵소서 우리가 주 앞에 간구하옵는 것은 우리의 공의를 의지하여 하는 것이 아니요 주의 큰 긍휼을 의지하여 함이니이다 주여 들으소서 주여 용서하소서 주여 귀를 기울이시고 행하소서 지체하지 마옵소서 나의 하나님이여 주 자신을 위하여 하시옵소서 이는 주의 성과 주의 백성이 주의 이름으로 일컫는 바 됨이니이다
>
> (단9:17~19)

다니엘이 이렇게 기도를 시작할 때 가브리엘 천사가 명령을 받고 날아와서 다니엘에게 지혜와 총명을 주려고 온다. 다니엘이 지혜와 총명을 받은 것은 하나님의 말씀을 깨달아 아는 지식이 있었기 때문이고 선지자 예레미야의 예언을 알게 된 것도 책을 통해 하나님께서 말씀으로 알려주신 연수를 알게 되었기 때문이다.

스가랴서에 보면 다리오 왕 제 이년 여덟째 달에 스가랴에게 임하여 "너희는 내게로 돌아오라 그리하면 내가 너희에게로 돌아가리라"고 말씀하신다. 너희 조상들을 본받지 말고 악한 길, 악한 행위를 떠나서 돌아오라고 하셨으나 그들이 듣지 아니하고 귀를 기울이지 않았다고 말씀하신다.

에스라서에 보면 우리 조상들이 하나님을 노엽게 하여 바벨론왕 느부갓네상의 손에 넘기셔서 느부갓네살이 예루살렘 성전을 헐고 백성을 사로잡아 바벨론으로 옮겨왔는데 바벨론왕 고레스 원년에 고레스왕이 조서를 내려서 하나님의 성전을 다시 건축하게 하고 느부갓네살이 예루살렘 성전 안에 두었던 금, 은 그릇을 옮겨다가 바벨론 신당에 두었던 것을 가지고 가서 예루살렘 성전에 두고 하나님의 전을 제자리에 건축하라고 한다.

이에 다리오 왕이 조서를 내려 문서창고 곧 바벨론의 보물을 쌓아둔 보물전각에서 조사하게 하여 메대도 악메다 궁성에서 한 두루마리를 찾았으니 거기에 기록하였으되 고레스 왕 원년에 조서를 내려 이르기를 예루살렘에 있는 하나님의 성전에 대하여 이르노니 이 성전 곧 제사 드리는 처소를 건축하되 지대를 견고히 쌓고 그 성전의 높이는 육십 규빗으로, 너비도 육십 규빗으로 하고 큰 돌 세 켜에 새 나무 한 켜를 놓으라 그 경비는 다 왕실에서 내리라 또 느부갓네살이 예루살렘 성전에서 탈취하여 바벨론으로 옮겼던 하나님의 성전 금, 은 그릇들을 돌려보내어 예루살렘 성전에 가져다가 하나님의 성전 안 각기 제자리에 둘지니라 하였더라 (스6:1~5)

다리오 왕은 하나님의 성전 공사를 방해하지 말고 성전을 건축할 때 왕의 재산 세금으로 경비를 쓰게 하고 하나님께 드릴 번제물을 매일 주게 하고 하나님께 향기로운 제물을 드려 왕과 왕자들의 생명을 위해 기도하게 하라고 한다.

하나님의 성전 공사를 막지 말고 유다 총독과 장로들이 하나님의 이 성전을 제자리에 건축하게 하라 내가 또 조서를 내려서 하나님의 이 성전을 건축함에 대하여 너희가 유다 사람의 장로들에게 행할 것을 알리노니 왕의 재산 곧 유브라데 강 건너편에서 거둔 세금 중에서 그 경비를 이 사람들에게 끊임없이 주어 그들로 멈추지 않게 하라 또 그들이 필요로 하는 것 곧 하늘의 하나님께 드릴 번제의 수송아지와 숫양과 어린 양과 또 밀과 소금과 포도주와 기름을 예루살렘 제사장의 요구대로 어김없이 날마다 주어 그들이 하늘의 하나님께 향기로운 제물을 드

려 왕과 왕자들의 생명을 위하여 기도하게 하라 내가 또 명령
을 내리노니 누구를 막론하고 이 명령을 변조하면 그의 집에서
들보를 빼내고 그를 그 위에 매어달게 하고 그의 집은 이로 말
미암아 거름더미가 되게 하라 만일 왕들이나 백성이 이 명령을
변조하고 손을 들어 예루살렘 하나님의 성전을 헐진대 그 곳에
이름을 두신 하나님이 그들을 멸하시기를 원하노라 나 다리오
가 조서를 내렸노니 신속히 행할지어다 하였더라 (스6:7~12)

성전과 성벽이 건축되고 이스라엘 자손들이 자기들의 성읍에 거
주한 지 일곱째 달에 모든 백성이 일제히 수문 앞 광장에 모여 에
스라에게 여호와께서 이스라엘에게 명령하신 모세의 율법책을 가
져오기를 청하여 일곱째 달 초하루에 제사장 에스라가 율법책을
가지고 백성 앞에서 읽게 된다.

이스라엘 자손이 자기들의 성읍에 거주하였더니 일곱째 달에
이르러 모든 백성이 일제히 수문 앞 광장에 모여 학사 에스라
에게 여호와께서 이스라엘에게 명령하신 모세의 율법책을 가져
오기를 청하매 일곱째 달 초하루에 제사장 에스라가 율법책을
가지고 회중 앞 곧 남자나 여자나 알아들을 만한 모든 사람 앞
에 이르러 수문 앞 광장에서 새벽부터 정오까지 남자나 여자나
알아들을 만한 모든 사람 앞에서 읽으매 뭇 백성이 그 율법책
에 귀를 기울였는데 그 때에 학사 에스라가 특별히 지은 나무

강단에 서고 그의 곁 오른쪽에 선 자는 맛디댜와 스마와 아나
야와 우리야와 힐기야와 마아세야요 그의 왼쪽에 선 자는 브다
야와 미사엘과 말기야와 하숨과 하스밧다나와 스가랴와 므술람
이라 에스라가 모든 백성 위에 서서 그들 목전에 책을 펴니 책
을 펼 때에 모든 백성이 일어서니라 에스라가 위대하신 하나님
여호와를 송축하매 모든 백성이 손을 들고 아멘 아멘 하고 응
답하고 몸을 굽혀 얼굴을 땅에 대고 여호와께 경배하니라
(느8:1~6)

에스라가 율법책을 가지고 회중 앞에서 서서 읽었을 때 뭇 백성들
이 율법책에 귀를 기울였고 백성들은 지도자들이 읽어 들려준 말
을 밝히 알아 '아멘아멘'으로 응답하고 여호와께 경배한다.

백성이 율법의 말씀을 듣고 다 우는지라 총독 느헤미야와 제사
장 겸 학사 에스라와 백성을 가르치는 레위 사람들이 모든 백
성에게 이르기를 오늘은 너희 하나님 여호와의 성일이니 슬퍼
하지 말며 울지 말라 하고 느헤미야가 또 그들에게 이르기를
너희는 가서 살진 것을 먹고 단 것을 마시되 준비하지 못한 자
에게는 나누어 주라 이 날은 우리 주의 성일이니 근심하지 말
라 여호와로 인하여 기뻐하는 것이 너희의 힘이니라 하고 레위
사람들도 모든 백성을 정숙하게 하여 이르기를 오늘은 성일이
니 마땅히 조용하고 근심하지 말라 하니 모든 백성이 곧 가서

먹고 마시며 나누어 주고 크게 즐거워하니 이는 그들이 그 읽
어 들려 준 말을 밝히 앎이라 (느8:9~12)

다니엘, 에스라, 느헤미야는 무엇보다 하나님의 말씀을 귀히 여기
고 말씀을 깨달아 알았기 때문에 지식의 은사를 받은 사람들이다.
하나님께서 말씀을 우리에게 선물로 주셨는데 말씀을 가까이하지
않으면 하나님의 뜻을 알 수가 없다.

필자는 다니엘, 에스라, 느헤미야처럼 지식의 은사를 달라고 매일
하나님께 구한다. 말씀을 붙잡고 기도하기 위해 매일 성경 60페이
지씩 읽고 1개월에 1독씩 통독한다. 하나님의 말씀은 읽을 때마다
새롭고 힘이 들 때는 늘 새 힘을 주신다.

필자는 명성교회 영어예배부 G셀을 섬기고 있는데 우리 셀은 영
어예배 후 목사님께서 설교하신 원고를 다시 한 번 읽고 해석하면
서 말씀을 가까이하려고 노력한다. 매주 주옥같은 말씀을 준비해
서 우리에게 영의 양식을 먹여 주시는 김준곤 목사님은 미국에서
태어나시고 공부하셨기 때문에 원어민처럼 영어로 설교를 하신다.
그래서 목사님의 설교를 듣고 싶어 하는 분들이 많고 우리는 영어
로 하나님 말씀을 듣게 되어 매우 감사하게 생각한다. 우리 셀원들
은 세계 선교에 비전을 가지고 있기 때문에 영어로 말씀 듣고 찬양
하고 기도하는 것을 매우 소중히 여긴다. 설교시간에 지나쳐 버린
것도 다시 한 번 복습하면서 말씀을 이해하게 되고 영어로 말씀을

읽으니까 한국어로 이해되지 않았던 뜻도 쉽게 이해하게 된다. 우리나라가 세계를 복음화하려면 영어로도 말씀을 배우고 언제든지 선교지에 부름을 받으면 봉사할 준비를 해야 한다.

필자는 우리 셀원들, 황선영, 강현옥, 이순명, 김기범, 김미재, 김선애, 김은옥, 김은실, 김정감, 난티칸, 류희숙, 배영희, 석희수, 송재영, 박현자, 노영희, 유영미, 유희정, 이강세, 이윤경, 이잠숙, 정은아, 홍지민, 최명희, 홍주성, 박유자, 박영수, 지혜란, 김명애, 황선진, 이선호 모두 하나님의 말씀을 깨닫는 지식의 은사를 받아 다니엘과 에스라, 느헤미야처럼 하나님께서 기뻐하는 자들이 되길 간절히 기도한다.

그는 때와 계절을 바꾸시며 왕들을 폐하시고 왕들을 세우시며 지혜자에게 지혜를 주시고 총명한 자에게 지식을 주시는도다

(단2:21)

4. 총명 • 통찰력(insight)을 구하는 기도

곧 내가 기도할 때에 이전에 환상 중에 본 그 사람 가브리엘이
빨리 날아서 저녁 제사를 드릴 때 즈음에 내게 이르더니 내게
가르치며 내게 말하여 이르되 다니엘아 내가 이제 네게 지혜와
총명을 주려고 왔느니라 곧 네가 기도를 시작할 즈음에 명령이
내렸으므로 이제 네게 알리러 왔느니라 너는 크게 은총을 입은
자라 그런즉 너는 이 일을 생각하고 그 환상을 깨달을지니라
(단9:21~23)

다니엘이 왕 앞에 대답하여 이르되 왕이 물으신 바 은밀한 것
은 지혜자나 술객이나 박수나 점쟁이가 능히 왕께 보일 수 없
으되 오직 은밀한 것을 나타내실 이는 하늘에 계신 하나님이
시라 그가 느부갓네살 왕에게 후일에 될 일을 알게 하셨나이다
왕의 꿈 곧 왕이 침상에서 머리 속으로 받은 환상은 이러하니
이다 (단2:27~28)

느부갓네살 왕이 꿈을 꾸고 해몽을 하지 못해 번민하여 잠을 이루
지 못하게 되어 박수와 술객과 점쟁이와 갈대아 술사를 불러 꿈을
해석하라고 한다. 이들은 왕께서 꿈을 말해주면 해석해드린다고
하자 왕은 만약 너희가 꿈을 해석하지 못하면 너희의 몸을 쪼개고
너희의 집을 거름더미로 만든다고 한다. 이들은 육체와 함께 살지

아니하는 신들 외에는 이 꿈을 해석할 자가 없다고 한다. 느부갓네살이 화가 나서 바벨론의 모든 지혜자들을 죽이라고 명령하여 이들은 모두 죽게 되었고 다니엘과 그의 친구들도 죽이려고 찾았다. 다니엘이 왕의 근위대장 아리옥에게 시간을 주시면 왕에게 해석을 해드린다고 한다. 다니엘은 세 친구에게 상황을 말하고 하나님께 기도하라고 한다. 그리고 다니엘의 꿈에 하나님께서 환상으로 왕의 꿈을 보여주셨다. 그리고 다니엘은 느부갓네살 왕 앞에서 꿈을 해석한다.

왕이여 왕이 한 큰 신상을 보셨나이다 그 신상이 왕의 앞에 섰는데 크고 광채가 매우 찬란하며 그 모양이 심히 두려우니 그 우상의 머리는 순금이요 가슴과 두 팔은 은이요 배와 넓적다리는 놋이요 그 종아리는 쇠요 그 발은 얼마는 쇠요 얼마는 진흙이었나이다 또 왕이 보신즉 손대지 아니한 돌이 나와서 신상의 쇠와 진흙의 발을 쳐서 부서뜨리매 그때에 쇠와 진흙과 놋과 은과 금이 다 부서져 여름 타작 마당의 겨같이 되어 바람에 불려 간 곳이 없었고 우상을 친 돌은 태산을 이루어 온 세계에 가득하였나이다 그 꿈이 이러한즉 내가 이제 그 해석을 왕 앞에 아뢰리이다 왕이여 왕은 여러 왕들 중의 왕이시라 하늘의 하나님이 나라와 권세와 능력과 영광을 왕에게 주셨고 사람들과 들짐승과 공중의 새들, 어느 곳에 있는 것을 막론하고 그것들을 왕의 손에 넘기사 다 다스리게 하셨으니 왕은 곧 그 금 머리니

이다 왕을 뒤이어 왕보다 못한 다른 나라가 일어날 것이요 셋째로 또 놋 같은 나라가 일어나서 온 세계를 다스릴 것이며 넷째 나라는 강하기가 쇠 같으리니 쇠는 모든 물건을 부서뜨리고 이기는 것이라 쇠가 모든 것을 부수는 것 같이 그 나라가 뭇 나라를 부서뜨리고 찧을 것이며 왕께서 그 발과 발가락이 얼마는 토기장이의 진흙이요 얼마는 쇠인 것을 보셨은즉 그 나라가 나누일 것이며 왕께서 쇠와 진흙이 섞인 것을 보셨은즉 그 나라가 쇠 같은 든든함이 있을 것이나 그 발가락이 얼마는 쇠요 얼마는 진흙인즉 그 나라가 얼마는 든든하고 얼마는 부서질 만할 것이며 왕께서 쇠와 진흙이 섞인 것을 보셨은즉 그들이 다른 민족과 서로 섞일 것이나 그들이 피차에 합하지 아니함이 쇠와 진흙이 합하지 않음과 같으리이다 이 여러 왕들의 시대에 하늘의 하나님이 한 나라를 세우시리니 이것은 영원히 망하지도 아니할 것이요 그 국권이 다른 백성에게로 돌아가지도 아니할 것이요 도리어 이 모든 나라를 쳐서 멸망시키고 영원히 설 것이라 손대지 아니한 돌이 산에서 나와서 쇠와 놋과 진흙과 은과 금을 부서뜨린 것을 왕께서 보신 것은 크신 하나님이 장래 일을 왕께 알게 하신 것이라 이 꿈은 참되고 이 해석은 확실하니이다 하니 (단2:31~45)

다니엘이 느부갓네살 왕의 꿈을 해석하자 느부갓네살 왕은 엎드려 다니엘에게 절하고 예물과 향품을 주고 다니엘의 하나님이 참신이라고 한다. "네가 능히 이 은밀한 것을 나타내었으니 네 하나님은 또 은밀한 것을 나타내시는 이시로다" 하며 다니엘을 높여 귀한 선물을 많이 주고 바벨론 온 지방을 다스리게 하고 바벨론 모든 지혜자의 어른으로 삼는다.

벨사살 왕이 귀족 천 명을 위하여 큰 잔치를 베풀고 느부갓네살 왕이 예루살렘 성전에서 탈취하여 온 금, 은 그릇을 가지고 귀족들과 왕후들과 후궁들과 함께 마시고 금, 은, 구리, 쇠, 나무, 돌로 만든 신들을 찬양할 때 사람의 손가락이 나타나서 석회벽에 글자를 쓰는 손가락을 보고 놀라서 누구를 막론하고 이 글자를 읽고 그 해석을 보이면 자주색 옷을 입히고 금사슬을 그의 목에 걸어주고 그를 나라의 셋째 통치자로 삼겠다고 하였다. 그때 지혜자들이 다 들어왔으나 그 글자를 읽지 못하고 해석을 하지 못하자 왕비가 다니엘을 거룩한 신들의 영이 있는 사람이라고 소개하며 그에게 명철과 총명과 지혜가 신들의 지혜와 같다고 한다. 그리고 지식과 총명이 있어 능히 꿈을 해석하고 은밀한 말을 밝히고 의문을 풀 수 있으니 다니엘을 부르라고 한다. 벨사살 왕이 다니엘에게 "네 안에는 신들의 영이 있으므로 네가 명철과 총명과 비상한 지혜가 있다 하도다." 하며 이 글을 읽고 그 해석을 알려주면 자주색 옷을 입히고 금사슬을 목에 걸어주고 나라의 셋째 통치자로 삼겠다고 한다. 다니엘은 벨사살 왕에게 글자를 읽고 해석을 해준다.

이에 다니엘이 부름을 받아 왕의 앞에 나오매 왕이 다니엘에게
말하되 네가 나의 부왕이 유다에서 사로잡아 온 유다 자손 중
의 그 다니엘이냐 내가 네게 대하여 들은즉 네 안에는 신들의
영이 있으므로 네가 명철과 총명과 비상한 지혜가 있다 하도다
(단5:13~14)

기록된 글자는 이것이니 곧 메네 메네 데겔 우바르신이라 그
글을 해석하건대 메네는 하나님이 이미 왕의 나라의 시대를 세
어서 그것을 끝나게 하셨다 함이요 데겔은 왕을 저울에 달아
보니 부족함이 보였다 함이요 베레스는 왕의 나라가 나뉘어서
메대와 바사 사람에게 준 바 되었다 함이니이다 하니 이에 벨
사살이 명하여 그들이 다니엘에게 자주색 옷을 입히게 하며 금
사슬을 그의 목에 걸어 주고 그를 위하여 조서를 내려 나라의
셋째 통치자로 삼으니라 (단5:25~29)

필자는 총명·통찰력을 구하는 기도를 할 때 다니엘이 한 일들과
다니엘서의 말씀들을 연상하며 필자가 다니엘이 되어 그 상황에
있는 것처럼 상상(imagination)하며 기도한다.

다니엘이 지혜와 총명을 얻게 된 것은 아무 음식이나 먹지 않고 하
나님 말씀에 귀를 기울이고 기도했기 때문이다. 다니엘은 구별된
음식을 먹었기 때문에 마음이 민첩하였고 말씀과 기도가 매일 생활
속에서 실천되어졌기 때문에 영적인 감각이 살아 있었던 것이다.

필자는 어린 시절에는 성경을 잘 몰랐기 때문에 다니엘이 음식을 구별하여 먹고 음식으로 자신을 더럽히지 않으려고 노력했던 것을 잘 몰랐다. 그럼에도 불구하고 나는 어렸을 때부터 제사상에 올라간 음식이나 초상집에서 제사 지낸 떡, 굿하면서 상에 놓은 떡은 절대로 먹지 않았다. 누가 시켜서 그렇게 한 것이 아니고 내 속에서 그런 음식들이 그냥 싫었다. 내가 어렸을 때는 많은 사람들이 가난하게 살았고 잘 못 먹고 배고프게 살았기 때문에 동네에서 마을 제사를 지내거나 초상을 치르면 많은 아이들이 그곳에 가서 줄을 서서 떡을 얻어먹었는데 나는 그 근처에도 가지 않았다. 지금 생각해보아도 참 잘한 것 같다. 그때 어떻게 그런 용기가 생겼는지 모르겠지만 성령께서 내 마음 속에 오셔서 가르쳐 주신 것 같다.

필자가 총명과 통찰력을 얻기 위해 간절히 기도하고 응답받은 일을 소개한다. 필자가 유아교육학과 학부를 졸업하고 대학원 진학을 위해 기도할 때 이왕이면 우리나라에서 제일 좋은 유아교육학과를 가고 싶은 마음이 들었다. 나중에 하나님 일을 하려면 좋은 학교에서 훌륭한 교수님들 밑에서 좋은 교육을 받고 많은 사람들을 유익하게 하는 데 쓰임을 받아야겠다고 생각하고 중앙대학교대학원 유아교육학과를 목표로 정해놓고 기도하였다. 1995년 후반기 시험을 준비하기 위해 영어와 전공과목을 공부하는데 전공과목이 수십 과목이 되니까 그중에 어디를 공부해야 되는지도 잘 몰랐고 무슨 시험이 나올지도 몰랐다. 그래서 5월 1일부터 6월 9일까지

40일 밤 10시~12시까지 드리는 약식 철야를 작정하고 아침금식하며 시험준비를 했다. 그 당시 필자는 유치원 원장으로 근무하고 있었기 때문에 오전에는 유치원을 돌보고 오후 1시부터 오후 8시까지 7시간을 매일 학교 도서실에 가서 영어독해와 전공과목을 공부했다. 집에 와서 간단히 저녁을 먹고 밤 10시부터 12시까지 약식 철야예배를 드리고 그렇게 40일을 보냈다. 그때 중앙대학교대학원 유아교육학과 입시 시험은 교양영어 1시간, 전문영어, 전공과목 두 과목에 2시간, 모두 3시간의 시험을 치러야 했다.

영어는 독해 중심이어서 독해책을 공부하면 되었는데 전공과목은 범위가 넓어서 어느 부분을 공부해야 될지 전혀 감이 잡히지 않아서 금요철야 기도시간에 "하나님! 시험 문제 보여주세요. 너무 방대해서 시간은 없고 공부하기 힘듭니다. 도와주세요!" 하고 간절히 기도했는데 갑자기 환상처럼 눈 앞에 The Project Approach 라는 글자가 보였다. 그때 우리는 프로젝트가 뭔지도 잘 몰랐을 때였다. 그 당시 필자는 원종수 권사님의 간증테이프를 수십 번 듣고 은혜를 받아서 나도 원종수 권사님처럼 환상을 보고 두 번 공부하면 모두 기억하는 은혜를 달라고 사모하며 기도했는데 정말 신기하게도 환상을 보게 되었다. 하나님께서 시험문제를 보여주셨다고 생각하고 그 문제가 시험에 나올 것으로 가정하고 project에 대해 공부하기 시작했다. 다행히 우리 유치원 원감선생님이 중앙대학교대학원 유아교육학과 박사과정 중에 있었기 때문에 기도 응답받은 것을 말하고 project에 대한 영어원서를 사달라고 부탁했다. Chard 교수가 쓴 「The Project Approach」였다. 내가 기도 중에 환상으로 본 글자와 똑같았다. 나는 project에 관한 내용이 시험에 나올 것으로 믿고 내가 만약 교수라면 어떻게 시험문제를 낼 것인가? 생각하며 4문제 정도를 내고 답을 쓰고 철저히 준비를 했다. 모든 내용이 영어 원서로 되어 있었기 때문에 일일이 번역하면서 공부를 하다보니 시간이 많이 걸렸다.

그 당시는 중대 유아교육과 교수님이 네 분 계셔서 한 교수님이 한 문제를 출제해서 네 문제 중 두 교수님의 문제를 주관식을 서술해야 하는 시험이었다. 한 문제는 보여주셨는데 "다른 문제도 보여주세요."하고 매일 기도했는데 두 문제를 더 보여주셔서 보여주신 문제 중심으로 시험공부를 했다. 그때 필자는 순복음부천교회를 다니고 있었는데 기도 열심히 하시는 최금애 전도사님께서 삼각산에 가서 기도하자고 해서 삼각산에 두 번이나 가서 온밤을 지새우며 기도를 했다. 분명한 목표와 간절한 소망을 가지고 기도하니 기도가 더 잘되었고 시간이 없으니까 집중해서 공부하다보니 40일이 금방 지나가게 되었다. 6월 10일 토요일이 시험 날짜인데 6월 9일 금요일 금요철야 예배로 드리러 갔다. 그날따라 담임목사님께서 설교를 하지 않으시고 성지순례로 필자가 상처를 입었던 목사님께서 설교를 하시는데 그 순간 미워했던 마음을 회개하고 마음에 있는 상처를 다 내려놓고 목사님을 용서하고 나니 마음이 맑아졌다.

다음날 시험 보러 학교에 갔는데 6~7명 선발하는데 지원자들이
많아서 40명 정도가 교실에 가득 차 있었다.

첫째 시간에 교양영어 시험을 보고 합격할 것 같은 느낌이 들었
다. 당시 중앙대학교대학원 유아교육학과는 모든 과목을 영어원서
로 공부하기 때문에 교양 영어시험 점수가 80점 이하면 선발을 하
지 않았다고 한다.

첫째 시간이 지나고 둘째 시간에 전공과목 두 과목을 두 시간에
걸쳐 시험을 보는데 시험문제를 받아보니 두 문제가 모두 환상으
로 보여주셨던 문제였다. 시험지를 받자마자 수험생들이 모두 답
을 써내려 간다고 정신이 없었고 연필심이 책상 위에 탁탁탁 부딪
치며 글자를 써 내려가는 소리가 들려왔다. 나는 시험지를 받아놓
고 3분 정도 감사기도를 드렸다. "하나님! 합격입니다. 문제를 보
여주셔서 감사합니다." 하고 플러스펜으로 답을 쓰는데 신기하게
도 한 글자도 잘 못 쓰지 않고 화이트로 한 번도 지우지 않고 두 과
목을 깨끗하게 적어서 제출했다. 일주일 후 발표를 했는데 하나님
의 은혜로 합격하게 되었고 2년 만에 논문을 쓰고 석사학위를 받고
졸업을 했다. 그때 나를 가르쳐주신 교수님들과 2년간 지도를 잘
해주셔서 학문의 세계를 넓혀주시고 졸업할 수 있게 도와주신 이
선인 교수님께 감사드리며 지금도 잊지 않고 기도한다.

필자가 기도에도 집중하고 공부할 때도 집중할 수 있는 것은 먹는

음식과 상관관계가 크다고 생각한다. 시험공부 할 때도 야채, 과일 등 두뇌를 좋게 하는 음식을 자주 먹었고 기름기가 많거나 인스턴트, 패스트 푸드 등 이상한 음식은 먹지 않았고 집밥을 선호했다. 머리가 맑아야 말씀 읽을 때도 기억이 잘되고 기도할 때도 몰입할 수 있고 공부할 때도 통찰력을 얻을 수 있기 때문에 크리스천은 다니엘처럼 구별된 음식을 먹고 말씀과 기도에 집중하며 다른 사람들과 구별된 생활을 해야 한다. 네 번째, 총명·통찰력(insight)을 구하는 기도를 드린 후 비전을 구하는 기도를 한다.

5. 비전(Vision)을 구하는 기도

> 야곱이 버드나무와 살구나무와 신풍나무의 푸른 가지를 가져다
> 가 그것들의 껍질을 벗겨 흰 무늬를 내고 그 껍질 벗긴 가지를
> 양 떼가 와서 먹는 개천의 물 구유에 세워 양 떼를 향하게 하매
> 그 떼가 물을 먹으러 올 때에 새끼를 배니 가지 앞에서 새끼를
> 배므로 얼룩얼룩한 것과 점이 있고 아롱진 것을 낳은지라 야곱
> 이 새끼 양을 구분하고 그 얼룩무늬와 검은 빛 있는 것을 라반
> 의 양과 서로 마주보게 하며 자기 양을 따로 두어 라반의 양과
> 섞이지 않게 하며 튼튼한 양이 새끼 밸 때에는 야곱이 개천에
> 다가 양 떼의 눈 앞에 그 가지를 두어 양이 그 가지 곁에서 새
> 끼를 배게 하고 약한 양이면 그 가지를 두지 아니하니 그렇게
> 함으로 약한 것은 라반의 것이 되고 튼튼한 것은 야곱의 것이
> 된지라 이에 그 사람이 매우 번창하여 양 떼와 노비와 낙타와
> 나귀가 많았더라 (창30:37~43)

필자는 비전을 볼 수 있는 은사를 구하면서 성경 속 인물 중 큰 비
전을 갖고 4차원의 세계에서 비전을 구하여 거부가 된 야곱을 상상
(imagination)하면서 기도한다.

야곱이 외삼촌 라반 집에서 레아와 라헬을 위하여 14년, 외삼촌
의 양떼를 위하여 6년 무려 20년을 칠년을 하루같이 여기며 라반
을 섬겼다. 라헬이 요셉을 낳았을 때 야곱이 라반에게 고향으로 가

게 해 달라고 한다. 그러나 라반은 여호와께서 너 때문에 복을 주신 줄 아니 그대로 있으라고 한다. 그리고 품삯을 정하면 주겠다고 한다. 그러나 야곱은 "내가 오기 전에는 외삼촌의 소유가 적었는데 지금은 번성하여 떼를 이루었으니 하나님께서 나의 발이 이르는 곳마다 외삼촌에게 복을 주셨기 때문"이라고 한다.

야곱도 가정을 세워야 하니까 품삯을 정하는데 야곱이 먹이는 양 중에 무늬 있는 것은 모두 야곱의 소유가 되기를 원한다. 야곱은 외삼촌의 양 중에 점 있는 것과 아롱진 것을 가려내고 염소 중에도 점 있는 것과 아롱진 것을 가려내서 라반의 아들들에게 맡기고 얼룩무늬가 없는 염소와 양을 먹이게 된다. 이때 야곱은 4차원의 세계에서 믿음으로 환상을 바라보고 건강한 양떼가 와서 물을 먹을 때 버드나무, 살구나무, 신풍나무의 푸른 가지의 껍질을 벗겨 흰 무늬를 내어 물구유에 세워 둔다. 양들이 물을 먹으러 올 때 새끼를 배었기 때문에 얼룩얼룩한 것과 점이 있는 것과 아롱진 것을 낳게 되어 약한 것은 라반의 것이 되었고 튼튼한 것은 야곱의 것이 되었다. 야곱은 매우 번창하여 노비와 양떼와 낙타와 나귀가 많았다.

그 양 떼가 새끼 밸 때에 내가 꿈에 눈을 들어 보니 양 떼를 탄 숫양은 다 얼룩무늬 있는 것과 점 있는 것과 아롱진 것이었더라 꿈에 하나님의 사자가 내게 말씀하시기를 야곱아 하기로 내가 대답하기를 여기 있나이다 하매 이르시되 네 눈을 들어 보라 양 떼를 탄 숫양은 다 얼룩무늬 있는 것, 점 있는 것과 아롱진 것이니라 라반이 네게 행한 모든 것을 내가 보았노라 나는 벧엘의 하나님이라 네가 거기서 기둥에 기름을 붓고 거기서 내게 서원하였으니 지금 일어나 이곳을 떠나서 네 출생지로 돌아가라 하셨느니라 (창31:10~13)

하나님께서 인간에게는 상상하면 그대로 이루어지는 축복을 주셨다. 인간의 뇌는 상상하면 그것을 현실로 착각을 하여 우리가 상상한 산물을 실재 우리의 눈으로 볼 수 있게 한다.

야곱은 그 원리를 알았기 때문에 상상하는 것을 실생활에 적용하여 거부가 되었다. 우리도 우리가 원하는 것을 얻기 위해서는 야곱처럼 비전을 갖고 상상(imagination)하는 '바라봄의 법칙'을 사용할 수 있어야 한다.

필자는 비전을 갖고 간절히 기도한 것들이 현실로 이루어진 이야기를 소개하고자 한다.

필자는 1983년 10월 15일에 결혼하고 바로 임신이 되었다. 하나님께서 꿈으로 배 속에 있는 아이가 훌륭한 사람이 될 것이라고 여러 번 알려주셨다. 나는 친정에 딸이 많아서 간절히 아들을 주시라고 기도했고 성별 검사를 한 적도 없었지만 하나님께서 아들을 주실 것이라고 믿고 이미 내 속에 아들이 잉태되었음을 믿음으로 받아들였다. 임신 5개월경에 태동을 느끼는데 아이가 배 속에서 내 배를 힘차게 차는 것을 보고 아들임을 확신했다. 그때 쯤 아이 이름을 박(朴) 지(智)까지는 지어놓고 마지막 글자를 찾기 위해 명동 거리를 다니면서 간판들을 보고 이름에 대입시켜 보았으나 전혀 이름이 지어지지 않았다. 그런데 몇 개월 지나서 꿈에 조용기 목사 님께서 흰 양복을 입고 나타나셔서 아이 머리에 안수해 주시면서 "훌륭한 정치가가 될 거니까 잘 키우라"고 하셨다.

필자는 당시 아이 이름을 직접 짓기 위해서 잠을 잘 때 머리 위에 는 성경책과 옥편을 두고 잤는데 산월이 다가오는 임신 9개월 정 도 됐을 때 꿈에 아이가 태어났는데 금빛 찬란한 crown을 친정엄 마가 씌어 주시면서 절을 하셨다. 너무 놀라서 정말로 이 꿈이 현 실로 이루어 질 것이라면 하나님 오늘 저에게 아이 이름을 주세요, 하고 간절히 기도하고 성경 말씀을 읽고 옥편을 폈다. 옥편에 여러 글자가 있었지만 빛날 형(炯)자가 클로즈업되어 내 눈에 들어왔다. 그래서 지혜롭게 빛을 발하라는 뜻으로 박지형(朴智炯)으로 이름 을 짓게 되었다.

그 당시 필자는 기도하는 것은 모두 이루어진다고 믿고 있었기 때 문에 아이가 출생할 날짜도 내가 원하는 날짜로 달라고 기도했다. 출산 예정일이 양력으로 7월 26일 정도 되었는데 7월 7일이 아이 생일이 되게 해달라고 기도하고 그렇게 될 줄 믿고 있었다. 그 후 에도 여러 차례 좋은 꿈을 주셔서 하나님께 귀한 아들을 주실 줄 믿었다. 출산일이 다가오자 7월 7일날 아이가 출산할 것으로 믿고 7월 5일날 서울에서 친정이 있는 경주로 갔다. 7월 6일날 개울가에서 빨래를 하는데 이슬이 비치고 이상한 느낌이 들어서 7월 7일 출산할 것을 믿고 7월 6일날 오후에 출산을 위해 병원에 입원을 했다. 둘째언니가 함께 있었지만 깊은 잠을 자고 있어서 밤새 혼자 진통을 하다가 새벽이 다가오자 진통 간격이 줄어들어 참을 수가 없어 언니에게 말하고 간호사를 불렀다. 간호사가 아이를 금방 출산할 것 같다고 하며 급히 출산 준비를 해서 7월 7일 오전 6시 27분에 지형이는 건강하게 태어났다. 신기하게도 믿음으로 기도한 대로 지형이는 포동포동하고 피부색도 좋았고 영양상태가 좋아서 배속에서부터 머리가 제법 많이 자란 상태로 태어났다. 믿음을 갖고 상상하고 기도하면 자연분만을 해도 원하는 날짜에 출산할 수 있도록 도와주시는 하나님의 은혜를 경험하게 되었다.

첫아들을 이렇게 기도한 대로 얻게 되자 둘째 아이를 임신했을 때도 믿음으로 기도하면서 같은 방법을 적용했다. 작은아들은 출산 예정일이 양력 3월 26일 정도 되었는데 나는 음력으로 2월 2일이 되게 해 달라고 기도를 했다. 큰아이 때 응답받은 것이 있었기 때문에 작은 아이 때는 더 확신있는 믿음이 생겼다. 아이 이름을 지으려고 머리맡에 성경책과 옥편을 두고 큰아이 때처럼 같은 방법으로 기도했다. 임신 7개월 경이 되었을 때 꿈에 조용기 목사님께서 흰 양복을 입고 나타나셔서 아이에게 안수기도를 해 주시면서 "세계적인 주의 종이 될 거니까 잘 키워라"고 하셨다.

나는 꿈을 깨고 나서 성경 말씀을 읽고 "하나님 아이 이름을 지으려고 합니다. 합당한 이름을 주세요."하며 간절히 기도한 후 옥편을 폈다. 그런데 그 많은 글자 중 '어진 하늘 민', '가을 하늘 민(旻)' 자가 눈에 클로즈업되어 들어왔다. 뜻을 보니까 '가을 하늘이 높고 청명해서 다른 사람들에게 사랑을 많이 베푼다'고 쓰여 있었다. 순간 나는 주의 종이 되려면 남에게 사랑을 많이 베풀어야 한다고 생각하고 하나님께서 주신 이름이라 생각하고 이름을 박지민(朴智旻)으로 지었다. 아이가 태어나기 전에 이미 하나님께서 이름을 주셨다.

지민이도 기도한 대로 출산일이 음력 2월 2일이 될 것으로 믿고 음력 2월 1일날 친정 엄마와 언니를 서울로 올라오시게 하였다. 그때 우리는 서울시 금천구 시흥동의, 약수터가 있고 자연이 아름다운 산꼭대기에 살고 있었는데 위층에 천주교를 다니는 아주머니께서 내가 2월 2일날 작은 아들을 출산할 것을 믿고 신 오이소백이를 한 통 담아서 보내주었다.

지형이가 세 살이 되었을 때 우리집 아파트를 유치원처럼 꾸며서 개방하고 동네 아이들이 와서 지형이랑 잘 놀 수 있도록 하였다. 윗층집 아이들이 유난히 지형이를 좋아해서 우리집은 놀이터가 되었다. 윗층 아주머니께서 그 일이 고마웠는지 오이가 비싼 2월에 오이소백이를 보내 주시면서 신 것을 먹어야 몸이 유연해서 고생 안하고 애기를 잘 낳는다고 먹으라고 하였다.

그날따라 신 오이소백이가 잘 먹혀서 한 통을 혼자서 다 먹었는데 밤 10시경에 진통이 오기 시작하더니 새벽쯤 되자 진통 간격이 짧아져서 병원에 가야 될 상태가 되었다. 밤새 혼자 진통을 겪고 새벽 6시경 119에 전화를 해서 구급차를 보내 달라고 했더니 구급차가 새벽에 APT단지 내로 들어오면서 '애앵애앵'소리를 내자 APT 주민들이 불이 난 줄 알고 모두 창문을 열고 내다보았다. 1986년 음력 2월 2일 서울 금천구 시흥동에 있는 성베드로 병원에 입원해서 오전 10시경에 지민이가 태어났다.

지형이도 지민이도 모두 필자가 기도하고 바라던 날짜에 태어나게 하셨고 이름도 지을 수 있도록 꿈을 주셨다. 아이들이 자라면서 하나님께서 하신 큰 일을 잊지 않게 하려고 가끔씩 이 이야기를 들려주면서 생일날에 대한 감사를 잊지 않게 한다.

필자는 40세 때 박사과정을 공부하면서 그 당시 평택대학교 사회교육원에서 유치원·어린이집 원장들을 대상으로 한 유아교육 최고경영자 과정을 지도하였다. 그때 나는 만 60세가 되면 세계선교를 할 것이고 그 전에 책 100권을 쓰고, 유아교육프로그램을 개발해서 그 프로그램으로 세계 어린이들의 지성과 영성을 깨우는 사명을 감당하겠다고 했다. 올해가 바로 만60세가 되는 해인데 하나님의 은혜로 이미 교재는 100권 이상 집필하였고 유아교육 통합프로그램과 우리나라 교육과정에 맞는 프로젝트 접근법을 개발하여 유아교육 현장에 workshop을 하고 있다. 지금 쓰고 있는 이 책

「기도가 이끄는 삶」으로 세계 선교의 비전을 갖고 1천만 명 영혼 구원을 위해 사명을 감당하고자 한다. 하나님은 우리가 믿음과 비전을 갖고 기도한 것은 열매가 되어 거두어들일 수 있게 하심을 믿는다.

6. 세밀한 기술(Craft)을 구하는 기도

> 여호와께서 모세에게 말씀하여 이르시되 내가 유다 지파 훌의
> 손자요 우리의 아들인 브살렐을 지명하여 부르고 하나님의 영
> 을 그에게 충만하게 하여 지혜와 총명과 지식과 여러 가지 재
> 주로 정교한 일을 연구하여 금과 은과 놋으로 만들게 하며 보
> 석을 깎아 물리며 여러 가지 기술로 나무를 새겨 만들게 하리
> 라 내가 또 단 지파 아히사막의 아들 오홀리압을 세워 그와 함
> 께하게 하며 지혜로운 마음이 있는 모든 자에게 내가 지혜를
> 주어 그들이 내가 네게 명령한 것을 다 만들게 할지니 곧 회막
> 과 증거궤와 그 위의 속죄소와 회막의 모든 기구와 상과 그 기
> 구와 순금 등잔대와 그 모든 기구와 분향단과 번제단과 그 모
> 든 기구와 물두멍과 그 받침과 제사직을 행할 때에 입는 정교
> 하게 짠 의복 곧 제사장 아론의 성의와 그의 아들들의 옷과 관
> 유와 성소의 향기로운 향이라 무릇 내가 네게 명령한 대로 그
> 들이 만들지니라 (출31:1~11)

하나님께서 이스라엘 백성을 출애굽시키신 후에 회막의 모든 기
구를 만들 것을 명령하시며 브살렐을 지명하여 부르시고 오홀리압
을 세워서 브살렐과 함께 하나님께서 모세에게 명령하신 모든 것
을 다 만들게 하신다.

하나님께서는 하나님의 일을 위해 사람을 사용하실 때 하나님의

영을 충만하게 부어주시고 지혜와 총명과 자식과 여러 가지 재주 (all kinds of crafts)를 주셔서 사용하신다. 성막을 짓는 데 필요한 모든 것은 브살렐과 오홀리압에게 특별한 craft를 주셔서 정교하게 꾸미는 모든 일을 맡기셨다.

브살렐과 오홀리압은 성막의 일꾼으로 쓰임받게 된다.

> 모세가 이스라엘 자손에게 이르되 볼지어다 여호와께서 유다 지파 훌의 손자요 우리의 아들인 브살렐을 지명하여 부르시고 하나님의 영을 그에게 충만하게 하여 지혜와 총명과 지식으로 여러 가지 일을 하게 하시되 금과 은과 놋으로 제작하는 기술을 고안하게 하시며 보석을 깎아 물리며 나무를 새기는 여러 가지 정교한 일을 하게 하셨고 또 그와 단 지파 아히사막의 아들 오홀리압을 감동시키사 가르치게 하시며 지혜로운 마음을 그들에게 충만하게 하사 여러 가지 일을 하게 하시되 조각하는 일과 세공하는 일과 청색 자색 홍색 실과 가는 베 실로 수 놓는 일과 짜는 일과 그 외에 여러 가지 일을 하게 하시고 정교한 일을 고안하게 하셨느니라 (출35:30~35)

성막을 짓는 데 쓰임 받은 사람은 브살렐과 오홀리압이었으나 솔로몬 왕이 솔로몬의 궁을 지을 때는 두로왕에게 부탁하여 놋 (bronze) 일에 지혜와 총명과 재능(highly skilled)을 구비한 히람에게 놋 두 기둥을 꾸미는 일을 맡겼다. 히람의 아버지는 두로 사람이었고 놋으로 하는 일에 솜씨가 뛰어난 사람(craftsman in bronze)이었다.

> 솔로몬 왕이 사람을 보내어 히람을 두로에서 데려오니 그는 납달리 지파 과부의 아들이요 그의 아버지는 두로 사람이니 놋쇠 대장장이라 이 히람은 모든 놋 일에 지혜와 총명과 재능을 구비한 자이더니 솔로몬 왕에게 와서 그 모든 공사를 하니라 (왕상7:13~14)

두로왕 후람이 솔로몬에게 히람을 보내서 하나님의 성전과 솔로몬 왕궁을 건축하게 한다.

> 후람이 또 이르되 천지를 지으신 이스라엘의 하나님 여호와는 송축을 받으실지로다 다윗 왕에게 지혜로운 아들을 주시고 명철과 총명을 주시사 능히 여호와를 위하여 성전을 건축하고 자기 왕위를 위하여 궁궐을 건축하게 하시도다 내가 이제 재주 있고 총명한 사람을 보내오니 전에 내 아버지 후람에게 속하였던 자라 이 사람은 단의 여자들 중 한 여인의 아들이요 그의 아버지는 두로 사람이라 능히 금, 은, 동, 철과 돌과 나무와 자색 청색 홍색 실과 가는 베로 일을 잘하며 또 모든 아로새기는 일에 익숙하고 모든 기묘한 양식에 능한 자이니 그에게 당신의 재주 있는 사람들과 당신의 아버지 내 주 다윗의 재주 있는 사람들과 함께 일하게 하소서 (대하2:12~14)

브살렐과 오홀리압, 히람 이 세 사람의 공통적인 점은 세밀한 기술(craft)을 가진 것이다.

필자는 책을 집필할 때 브살렐과 같은 성령 충만하고 지혜와 총명, 지식과 정교한 재주가 있는 사람들을 붙여주시고 오홀리압과 히람과 같이 정교한 일을 할 수 있는 연구원들을 보내달라고 기도한다.

필자는 하나님의 은혜로 1999년 「유아관찰평가」 책을 처음으로 집필한 후 연구소를 운영하면서 많은 연구원들을 멘토링하면서 함께 전집을 집필하게 되었다. 2016년 3월 남서울대학교 아동복지융합학과 박사과정에서 세계적인 유아교육 프로그램인 Project Based Learning을 지도하게 되었다. project 이론뿐 아니라 실제 북유럽 우수학교에서 프로젝트 수업하는 것도 견학하고 박사과정에서 제자들과 함께 유아들이 원에서 프로젝트를 수행하여 만 2세, 만 3세, 만 4세, 만 5세로 나누어 총 40권의 프로젝트 교재를 개발하여 유아교육 현장에서 사용할 수 있도록 만2년에 걸쳐 유아활동 자료와 교사지침서를 개발하였다. 매월 연령별로 1권의 교사지침서와 유아활동자료를 개발하는 것이 쉽지 않았고 원장과 교사, 유아가 함께 협력하여야 가능한 방대한 작업이었다.

필자는 매일 기도하면서 하나님께서 주신 아이디어를 받았고 함께 협력하는 사람들에게 브살렐과 오홀리압과 히람에게 주신 정교한 기술(craft)를 주시라고 간절히 기도했다. 기도하면 하나님께서는 내가 알 수도 없었던 새로운 아이디어를 주시고 주제를 수행하는 원장, 교사들이 최선을 다해 자료를 만들어 주었다. 그중 박사과정에서 공부하는 제자들에게 특별히 craft를 주셔서 project에 대해 최고의 실력자들이 될 수 있도록 간절히 기도했다. 우리가 개발하는 것은 프로젝트 접근법에서 국가수준의 교육과정을 통합하여 하나의 주제(Topic)를 갖고 전개해나가는 매우 전문적인 작업이었다. 기도 덕분에 하나님께서는 교사지침서를 개발하는 박사과정 제자들과 주제를 수행하는 원장님과 교사들 그리고 Topic을 직접 전개해 내는 유아들까지 자신이 맡은 일을 잘 해주어서 2018년 3월부터 유아교육기관 교재로 쓰임받게 하셨다.

필자는 이 부분을 기도할 때 제일 먼저 내가 craft를 얻을 수 있도록 기도하고 그 다음은 박사과정 연구자들, 원에서 프로젝트를 수행하는 원장, 교사, 유아들까지 일일이 craft를 주시라고 기도한 후 출판사에서 우리 일을 맡아서 작업하는 직원들과 원고정리를 하는 조교까지 일일이 기도를 한다. 그리고 악한 사탄이 연구소에 틈타지 못하도록 모세가 유월절 제사를 지내기 위해 잡은 양의 피를 문 인방과 좌우 설주에 뿌린 것처럼 연구소 문마다 상상으로 양의 피를 바른다. 우리 연구소는 삼면에 문이 많아 열고 닫을 수 있는 창문만 14개가 되는데 모든 문에 양의 피를 뿌리는 것처럼 뿌려서 애굽에 내린 재앙이 올 때 천사가 피를 보고 넘어가서 재앙이 내리지 않도록 기도한다.

7. 모략(Counsel)을 구하는 기도

필자는 모략(Counsel)을 구하는 기도를 드릴 때, 모세의 장인 이드로가 백성들이 아침부터 저녁까지 모세 곁에서 재판을 받기 위해 서 있는 것을 보며 모세에게 충고를 하는 것을 생각하며, 그 상황 속에 필자가 모세처럼 서 있다고 가정하고 기도한다. 이드로는 모세가 하루 종일 백성들을 재판하면 그 일이 너무 힘들어서 기력이 쇠하게 될 것이므로 백성 가운데 능력 있는 사람 즉 하나님을 두려워하며 진실하고 불의한 이익을 미워하는 자를 찾아서 일의 중함에 따라 천부장과 백부장과 오십부장과 십부장을 삼아 백성을 재판하게 하고 가장 어려운 일은 모세에게 가져오게 한다. 모세는 장인 이드로의 제안을 받아들여서 광야에서 천부장, 백부장, 오십부장, 십부장을 세워 재판하게 하고 자신은 어려운 일을 재판하게 된다.

이튿날 모세가 백성을 재판하느라고 앉아 있고 백성은 아침부터 저녁까지 모세 곁에 서 있는지라 모세의 장인이 모세가 백성에게 행하는 모든 일을 보고 이르되 네가 이 백성에게 행하는 이 일이 어찌 됨이냐 어찌하여 네가 홀로 앉아 있고 백성은 아침부터 저녁까지 네 곁에 서 있느냐 모세가 그의 장인에게 대답하되 백성이 하나님께 물으려고 내게로 옴이라 그들이 일이 있으면 내게로 오나니 내가 그 양쪽을 재판하여 하나님의 율례와 법도를 알게 하나이다 모세의 장인이 그에게 이르되 네가 하는 것이 옳지 못하도다 너와 또 너와 함께 한 이 백성이 필경 기력이 쇠하리니 이 일이 네게 너무 중함이라 네가 혼자 할 수 없으리라 이제 내 말을 들으라 내가 네게 방침을 가르치리니 하나님이 너와 함께 계실지로다 너는 하나님 앞에서 그 백성을 위하여 그 사건들을 하나님께 가져오며 그들에게 율례와 법도를 가르쳐서 마땅히 갈 길과 할 일을 그들에게 보이고 너는 또 온 백성 가운데서 능력있는 사람들 곧 하나님을 두려워하며 진실하며 불의한 이익을 미워하는 자를 살펴서 백성 위에 세워 천부장과 백부장과 오십부장과 십부장을 삼아 그들이 때를 따라 백성을 재판하게 하라 큰일은 모두 네게 가져갈 것이요 작은 일은 모두 그들이 스스로 재판할 것이니 그리하면 그들이 너와 함께 담당할 것인즉 일이 네게 쉬우리라 네가 만일 이 일을 하고 하나님께서도 네게 허락하시면 네가 이 일을 감당하고 이 모든 백성도 자기 곳으로 평안히 가리라 이에 모세가 자기 장인의 말을 듣고 그 모든 말대로 하여 모세가 이스라엘 무리 중에서 능력있는 사람들을 택하여 그들을 백성의 우두머리 곧 천부장과 백부장과 오십부장과 십부장을 삼으매 그들이 때를 따라 백성을 재판하되 어려운 일은 모세에게 가져오고 모든 작은 일은 스스로 재판하더라 (출18:13~26)

필자는 우리의 가장 위대한 모략가는 예수님이라 생각한다. 이사야서 11장에는 이렇게 말씀하고 있다.

> 이새의 줄기에서 한 싹이 나며 그 뿌리에서 한 가지가 나서 결실할 것이요 그의 위에 여호와의 영 곧 지혜와 총명의 영이요 모략과 재능의 영이요 지식과 여호와를 경외하는 영이 강림하시리니 (사11:1~2)

우리 인생의 가장 위대한 모략가이신 예수님으로부터 모략의 영을 받으려면 하나님의 말씀을 가까이하는 습관과 기도가 실천되어야 한다.

필자는 앞에서 모든 연구진들과 협력자들에게 하나님께서 주시는 craft를 받을 수 있도록 기도한 후 모략을 구하는 기도를 드릴 때 일의 경중에 따라 가장 중요한 교육과정을 분석하고 적용하는 파트에는 연구교수들이 천부장이 되어 함께 조력하며 일할 수 있도록 기도한다. 그 다음은 원에서 이 프로그램을 직접 개발하고 project를 수행하는 원장님들이 백부장이 되어 교사와 함께 교재 개발에 협력할 수 있도록 기도하고, 그 다음은 교사들이 오십부장의 역할을 맡아 유아들과 직접 project를 수행하며 지침서의 활동자료를 만드는 데 협력할 수 있도록 기도하며 그 다음은 유아들이 십부장이 되어 학급의 친구들과 협력하여 창의적인 아이디어를 내고 project를 수행할 수 있도록 기도한다. 물론 우리가 개발하는 교재를 제작하는 출판사 사장님들과 관련 직원들에게도 craft와 모략의 재능을 주셔서 유아들이 사용하기에 가장 적합한 교재를 제작할 수 있도록 기도한다.

2020년이 되면서 2015년의 누리교육과정이 개정되어 새누리교육과정에 맞게 프로젝트 교재를 전면 수정하게 되었다. 2020년에 개정된 교육과정의 가장 핵심은 바로 창의성 발현을 위한 '유아중심·놀이중심 활동'이었다. 필자는 연구진들과 함께 개정된 교육과정에 맞게 많은 활동들을 놀이중심으로 수정하고 프로젝트 주제를 수행하면서 유아들이 놀이를 창의적으로 만들어내고 교육과정을 통합하여 프로젝트를 전개할 수 있는 '유아중심·놀이중심 프로젝트'를 개발하게 되었다.

이때 필자가 전체적인 감수를 하고 천부장의 역할은 이렇게 배분했다. 신체운동·건강 영역은 박현자 연구원, 의사소통 영역은 남궁기순 교수, 사회관계 영역은 윤오식 원장, 예술경험 영역은 서영순 원장, 자연탐구 영역은 이재영 교수가 맡았다. 우리는 매월 1~2회 연구소에 모여서 project 주제를 수행한 자료를 모두 교육과정에 맞게 통합하고 교사지침서와 유아들의 활동자료를 개발하게 되었는데 1년 이상 긴 연구과정을 통해 올해 3월부터 유아교육 현장에서 유아들이 활동자료를 사용할 수 있게 되었다. 이 모든 것이 하나님께서 천부장의 역할을 맞은 연구원들을 도우셨고 필자가 매일 하나님께 지혜와 지식과 모략과 재능을 이들에게 주셔서 마지막까지 승리할 수 있도록 도와주시기를 간구한 기도 덕분이다.

그 외 프로젝트 주제를 수행한 원장님들께서 백부장의 역할을, 유아들에게 직접 프로젝트 주제를 가르치고 수행하며 직·간접적인 활동을 도운 교사들이 오십부장의 역할을, 교사와 함께 프로젝트를 수행하며 놀잇감을 이용하여 창의적인 놀이를 함께 만들어내고 놀이중심의 활동이 될 수 있도록 협력한 유아들이 십부장의 역할을 잘 맡아주었기 때문에 만 5세 유아를 위한 전집 10권과 만3~4세 유아를 위한 전집 20권이 탄생하게 된 것이다. 이 일을 만약에 필자 혼자 했더라면 몇 년이 걸려도 할 수 없는 일이고 개발하다가 지쳐서 burn out되었을 것이다. 역할을 분담하여 결실을 맺게 해주신 수고한 모든 손길 위에 감사하며 모세에게 모략(counsel)의 재능을 갖춘 천부장, 백부장, 오십부장, 십부장을 보내주신 것처럼 필자에게도 모략의 재능을 갖춘 P&P 공저자 김춘자, 문정희, 손미경, 윤오식, 장순옥, 고유경, 김금단, 신정애, 김인자, 김선영 원장과 박종일, 박현자, 남궁기순, 이순명, 이재영 연구원들을 보내주심에 감사하며 기도한다.

8. 명철(Understanding)을 구하는 기도

하나님이 노아에게 이르시되 모든 혈육 있는 자의 포악함이 땅에 가득하므로 그 끝 날이 내 앞에 이르렀으니 내가 그들을 땅과 함께 멸하리라 너는 고페르 나무로 너를 위하여 방주를 만들되 그 안에 칸들을 막고 역청을 그 안팎에 칠하라 네가 만들 방주는 이러하니 그 길이는 삼백 규빗, 너비는 오십 규빗, 높이는 삼십 규빗이라 거기에 창을 내되 위에서부터 한 규빗에 내고 그 문은 옆으로 내고 상 중 하 삼층으로 할지니라 내가 홍수를 땅에 일으켜 무릇 생명의 기운이 있는 모든 육체를 천하에서 멸절하리니 땅에 있는 것들이 다 죽으리라 그러나 너와는 내가 내 언약을 세우리니 너는 네 아들들과 네 아내와 네 며느리들과 함께 그 방주로 들어가고 혈육 있는 모든 생물을 너는 각기 암수 한 쌍씩 방주로 이끌어들여 너와 함께 생명을 보존하게 하되 새가 그 종류대로, 가축이 그 종류대로, 땅에 기는 모든 것이 그 종류대로 각기 둘씩 네게로 나아오리니 그 생명을 보존하게 하라 너는 먹을 모든 양식을 네게로 가져다가 저축하라 이것이 너와 그들의 먹을 것이 되리라 노아가 그와 같이 하여 하나님이 자기에게 명하신 대로 다 준행하였더라

(창6:13~22)

하나님께서 사람들의 죄악이 세상에 가득함과 생각하는 것이 악한 것을 보시고 땅 위에 사람 지은 것을 한탄하시고 마음에 근심하시며 하나님께서 창조하신 것 중 사람과 가축과 짐승과 공중의 새까지 모두 지면에서 쓸어버리시기로 작정하신다. 그러나 노아는 의인이요 당대에 완전한 자이었으며 하나님과 동행한 자였기에 노아에게 땅을 멸하실 것을 알려주시며 길이 140m, 넓이 23m, 높이 13.5m 방주를 만들 것을 명하신다. 그리고 노아의 여덟 식구와 혈육 있는 모든 생물 즉, 새를 종류대로, 가축을 종류대로, 땅에 기는 것들을 종류대로 각기 둘씩 방주에 싣게 하신다. 이때 노아는 불평하지 않고 순종하며 하나님의 명령을 준행한다.

필자는 노아가 행한 것이 믿음을 바탕으로 한 명철함이라 생각하고 명철(understanding)을 구하는 기도를 드릴 때 노아처럼 하나님의 말씀에 순종하며 하나님께서 명령한 것을 모두 이해하고 총명을 얻어 세상 멸망 가운데서도 건지심을 입을 수 있도록 기도한다.
노아는 세상적인 상식으로 이해가 되지 않는 일을 했기 때문에 모든 사람들이 조롱하고 비웃었다. 맑은 날에 홍수가 올 거라고 하며 산꼭대기에서 무려 120년간을 배를 짓는다. 다른 사람들의 조롱과 비판에 흔들리지 않고 하나님의 말씀에 순종하여 혈육 있는 모든 생물을 살린다. 그 당시 아무도 이해할 수 없었던 것을 하나님께서는 노아에게 믿음을 바탕으로 한 총명한 마음을 부어주셨기 때문이라 생각하고 필자도 그 상황 속에서 노아와 같은 입장에 있다고 생각하며 노아와 같은 은사를 입을 수 있도록 기도한다.

여기서는 하나님께서 필자에게 강한 믿음을 주셔서 성장정지 상태에 있었던 조카 이화복을 위해 기도하게 하시고 친히 치료해주신 은혜를 나누고자 한다.

필자가 유치원 원장을 하고 있을 당시 제부가 울산 현대자동차에 근무했기 때문에 모화 친정에서 여동생이 친정어머니와 함께 살고 있던 중 아들을 출산하게 되었다. 아이가 100일이 지나고 6개월이 거의 됐는데도 밤낮이 바뀌어서 낮에는 자고 밤에는 밤새 울어서 주변 사람들도 힘들었다. 발육도 되지 않아 키와 몸무게가 필자의 큰아들 지형이 2개월 때보다 더 성장과 발육이 늦어진 상태였다. 너무 힘이 들었던 동생이 필자에게 전화를 해서 아이를 위해서 기도해 달라고 하였다. 나는 '이건 분명 사탄의 짓이다.'는 생각이 들어 며칠 후 우리 가족이 모두 경주로 갔다. 그 당시 친정어머니는 교회를 다니지 않으셨고 불교에 심취해 있었던 터라 안방에 신주단지도 모셔놓고 매일 정화수를 떠놓고 빌고 우상숭배를 하셨다. 작은 언니가 그 당시 교회에 열심히 다니고 있어서 작은언니네 식구 4명과 우리 식구 4명, 친정어머니와 동생네 식구 3명 모두 12명이 모여서 예배를 드리게 되었는데 필자가 예배를 인도하였다.

필자는 그 당시 여의도순복음교회서 구역장을 임명받아 섬기던 중이었기에 담대함과 믿음의 용기가 있었다. 나는 그날 화복이를 무릎 위에 눕히고 팔로 안고 12명이 정성을 다해 찬양을 부르고 말

씀 읽고, 기도를 하게 되었다. 그렇게 울던 화복이가 예배가 시작
될 때 필자의 팔에 안기면서 울지 않았고 우리는 아이를 살리기 위
해 합심해서 통성으로 기도하던 중, 친정집이 우상숭배하는 것으
로 인해 아이가 이 지경이 된 것을 알려주셨다. 하나님을 잘 모르
셨던 친정어머니도 너무 답답하니까 함께 기도를 하셨는데 우리가
기도를 하던 중 필자의 환상 중에 뭔가 시커먼 것이 집 마당을 '획'
하고 나가는 것을 보게 되었다. 그렇게 우리는 1시간 이상 울고 애
통하는 마음으로 예배를 드리고 기도했는데 예배 후에 화복이는
곤히 잠들었고 그날부터 밤에 잠을 깊이 자면서 온전하게 치유가
되어 지금까지 건강하게 잘 자라서 현재는 대학을 졸업하고 직장
생활을 하고 있다. 그때 시커먼 것이 '획'하고 나가는 것을 필자가
환상으로 분명히 보았는데 그것은 바로 친정엄마가 신주단지와 우
상을 안방에 섬겨놓고 있으니까 사탄이 그 집을 점령하고 있다가
우리가 뜨겁게 기도하고 찬송하니까 나간 것이었다. 그 이후로 친
정어머니는 섬겼던 신주단지, 우상에게 제사 지냈던 모든 기물을
소각하고 교회에 나오시게 되었고 92세로 소천하실 때까지 진심으
로 신앙생활을 하셨다.

우리가 기도하지 않으면 영적인 일을 분별할 수가 없다. 만약 필
자에게 영적으로 understanding할 수 있는 은혜를 주시지 않았으
면 화복이는 계속 병원만 다녔을 것이고 사탄은 계속 친정집에 머
물고 있었을 것이고 친정어머니도 하나님을 모르고 세상 사람들

이 가는 길로 가셨을 것이다. 하나님을 믿고 기도하는 자에게는 영적인 감각을 주신다. 영적인 분별력이 있으면 이 일이 사탄이 하는 짓인지, 사탄을 내쫓아야 하는 것인지 아니면 병원에서 치료를 받아야 하는 것인지 알게 하신다.

세상적으로 얻는 총명함도 중요하지만 세상지식으로 알 수 없는 영적인 총명함을 얻는 것은 무엇보다 중요하다고 생각하고 매일 영적인 understanding의 은사를 받기 위해 기도한다.

> 자랑하는 자는 이것으로 자랑할지니 곧 명철하여 나를 아는 것과 나 여호와는 사랑과 정의와 공의를 땅에 행하는 자인 줄 깨닫는 것이라 나는 이 일을 기뻐하노라 여호와의 말씀이니라
> (렘9:24)

9. 영감(Inspiration)을 구하는 기도

> 만일 너희 속에 하나님의 영이 거하시면 너희가 육신에 있지 아니하고 영에 있나니 누구든지 그리스도의 영이 없으면 그리스도의 사람이 아니라 (롬8:9)

> 무릇 하나님의 영으로 인도함을 받는 사람은 곧 하나님의 아들이라 (롬8:14)

다윗이 이스라엘의 모든 고관들을 소집하고 하나님의 언약궤를 둘 성전을 건축할 마음이 있어서 건축할 재료를 준비하였으나 하나님이 다윗에게 너는 전쟁을 많이 한 사람이라 피를 많이 흘렸으니 내 이름을 위하여 성전을 건축하지 못하리라 하시고 솔로몬이 내 성전을 건축하고 여러 뜰을 만들 것이라고 말씀하신다. 그리고 다윗은 솔로몬에게 여호와께서 너를 택하여 성전의 건물을 건축하게 하셨으니 힘써 행할 것을 말하고 성전의 복도와 곳간, 다락과 골방, 속죄소의 설계도를 솔로몬에게 준다. 다윗은 영감으로 받은 성전의 뜰과 사면의 모든 방과 하나님의 성전 곳간과 성물 곳간의 설계도를 솔로몬에게 주고 여호와의 성전을 섬기는 데 쓸 것 모든 그릇의 양식을 설명하고 이 모든 것은 하나님의 손이 임하여 설계를 그려 알려준 것이라고 한다.

다윗이 성전의 복도와 그 집들과 그 곳간과 다락과 골방과 속
죄소의 설계도를 그의 아들 솔로몬에게 주고 또 그가 영감으로
받은 모든 것 곧 여호와의 성전의 뜰과 사면의 모든 방과 하나
님의 성전 곳간과 성물 곳간의 설계도를 주고 (대상28:11~12)

다윗이 이르되 여호와의 손이 내게 임하여 이 모든 일의 설계
를 그려 나에게 알려 주셨느니라 (대상28:19)

솔로몬은 성전 건축을 준비하고 예루살렘 모리아 산에 여호와의 전
을 건축하기 시작한다. 솔로몬은 두로왕 후람에게 성전건축에 재주
있는 사람들을 보내 주기를 요청하고 능히 금, 은, 동, 철과 돌과 나
무와 자색, 청색, 홍색실과 가는 베로 일을 잘하며 아로새기는 일에
익숙한 자를 보내어 설계도에 있는 대로 성전을 건축하고 성전 안에
있는 물건들을 만들고 언약궤를 성전으로 옮긴다. 성전 낙성식을 하
고 하나님께서 솔로몬에게 다시 나타나셔서 이렇게 말씀하신다.

솔로몬이 여호와의 전과 왕궁 건축을 마치고 솔로몬의 심중
에 여호와의 전과 자기의 궁궐에 그가 이루고자 한 것을 다 형
통하게 이루니라 밤에 여호와께서 솔로몬에게 나타나사 그에
게 이르시되 내가 이미 네 기도를 듣고 이곳을 택하여 내게 제
사하는 성전을 삼았으니 혹 내가 하늘을 닫고 비를 내리지 아
니하거나 혹 메뚜기들에게 토산을 먹게 하거나 혹 전염병이 내

백성 가운데에 유행하게 할 때에 내 이름으로 일컫는 내 백성이 그들의 악한 길에서 떠나 스스로 낮추고 기도하여 내 얼굴을 찾으면 내가 하늘에서 듣고 그들의 죄를 사하고 그들의 땅을 고칠지라 이제 이곳에서 하는 기도에 내가 눈을 들고 귀를 기울이리니 이는 내가 이미 이 성전을 택하고 거룩하게 하여 내 이름을 여기에 영원히 있게 하였음이라 내 눈과 내 마음이 항상 여기에 있으리라 (대하7:11~16)

하나님의 눈과 마음이 항상 성전에 있기 때문에 우리는 성전에서 기도해야 한다. 필자는 영감을 얻는 은사를 위해 매일 기도하면서 다윗이 성전건축 설계도를 영감으로 받은 것처럼 필자도 무슨 일을 하든지 주님께서 주신 영감으로 할 수 있도록 기도한다. 여기서는 하나님께서 필자에게 기도하면 승리할 수 있다는 믿음을 주셔서 원요한이 서울대학교 음악대학에 합격한 사례를 소개하고자 한다.

2012년 11월 2일 필자는 강의가 있어서 제주도에 갔다가 제주시내 순옥이네 해산물 식당에서 원요한 어머니 김춘자 원장님과 함께 식사를 하게 되었다. 식사 도중에 원장님께서 전화를 받고 나서 불안해하길래 왜 그러냐고 물었더니 요한이에게 피아노 레슨하시는 교수님이 전화를 하셨는데 아무래도 이번에 서울대학교 피아노과에 합격하지 못할 것 같다고 하시면서 기대를 하지 않는 게 좋겠다고 하셨다고 했다. 나는 그 말을 듣고 "원장님! 걱정하지 마세요. 기도할 수 있는데 왜 그러세요? 기도하면 돼요." 하고 함께 기도하자고 했다. 그날이 마침 금요일인데 금요철야가 없어서 교회가 비어 있으니 원장님께서 다니시는 교회로 가서 기도하자고 제안을 했다. 제주시내에서 서귀포까지 가니까 저녁 9시가 되었다. 요한이를 위해, 서울대학교 음악대학 피아노과의 합격을 위해 이 문제만 놓고 간절히 기도하기로 하고 밤을 새워 철야기도할 것을 권유했다.

　필자는 2012년 3월에 요한이가 서울대학교 피아노과에 우수한 성적으로 입학하는 꿈을 꾸었기 때문에 우리가 기도하면 하나님께서 반드시 합격시켜 주실 거니까 믿음을 갖고 기도하자고 했다. 이 날 7시간을 기도했던 형식이 바로 필자가 지금 쓰고 있는 이 책의 형식처럼 한 편의 오페라를 공연하는 형식과 같았다. 저녁 9시 30분부터 11시까지 1시간 30분 동안 기도한 것은 서막(프롤로그)에 해당하는 부분이었다.

　역대상 29:11~12, 시편 18:27~36 말씀을 주시면서 이 말씀을 오른쪽, 왼쪽 주머니에 넣고 시험장에 가라는 응답을 받았다. 그리고 메마른 피아노를 치지 말고 영감으로 치면 승리한다고 하셨다. 요한이 손가락과 온몸에 영감을 주셔서 하나님과 아담이 손잡는 역사가 나타나서 하나님의 에너지가 아담에게 전달되듯이 요한이에게도 전달될 수 있기를 간절히 기도했다. 하나님께서 응답 주신 것을 원장님께 잠깐 설명드리고 다시 제 1막을 향해 기도에 들어갔다.

　밤 11시~12시 30분까지 기도하던 중, 여호수아 1:3~9 말씀을 주셨고 '이 산지를 내게 주소서' 찬양을 주셨다. 서울대학교의 산지를 요한이에게 주소서, 하며 요한이의 전두엽에는 곡의 내용이 새겨지고, 두정엽에는 곡의 음표가 새겨지고, 측두엽에는 곡의 소리·음이 새겨지고 후두엽에는 악보 전체가 그림 보듯이 새겨져서 악보를 보지 않고도 영감으로 피아노를 칠 수 있도록 간절히 기도했다. 하나님께서 주신 말씀과 찬양, 응답하신 내용을 원장님께 말씀드리고 이제 제 2막을 향해 기도에 들어갔다.

밤 12시 30분~2시 30분까지 기도하던 중, 시편 116:12~14 말씀을 주셨고 찬송가 64장 '기뻐하며 경배하세'를 주셨다. 하나님의 천지창조를 마음에 새기며 하나님의 전능하심을 기도하게 하셨는데 갑자기 찬송가 64장의 가사 2절의 내용을 떠오르게 하시면서 요한이가 제주도 서귀포에서 아름다운 자연을 보며 물과 숲과 산과, 골짜기, 들판, 바다 등을 모두 보며 자랐기 때문에 요한이에게 자연의 아름다움이 심상에 새겨져 있다고 하시면서 자연 속에 하나님의 영이 살아 있기 때문에 영감이 이미 그에게 주어졌다고 알려주셨다.

♪ 땅과 하늘 만물들이 주의 솜씨 빛내고 별과 천사 노랫소리 끊임없이 드높아
물과 숲과 산과 골짝 들판이나 바다나 모든 만물 주의 사랑 기뻐 찬양하여라.

베토벤이 이 찬양을 영감으로 작곡한 것처럼 요한이에게도 그런 영감을 받을 수 있도록 간절히 기도했다. 요한이가 "엄마! 나 피아노 할래요." 할 때부터 소질을 주셨으니 서울대학교부터 유학의 길까지 하나님께서 인도하신다는 응답을 주셨다. 필자의 장남 박지형과 함께 하나님께 영광 돌려드리는 일에 쓰임받을 수 있도록 온 힘을 다해 기도했다. 기도 중에 원장님께 주신 말씀과 찬양을 알려드리고 함께 화장실을 가는데 밤하늘의 헤아릴 수 없는 많은 별이 정말 아름답게 빛났고 달도 환하게 떠 있었다. 원장님과 함께 하나님의 위대하심과 자연을 창조하신 경이로움을 함께 찬양하고 마지막 에필로그를 향해 기도에 들어갔다.

새벽 2시 35분부터 4시까지 기도하던 중, 시편 106:1, 시 107:1, 18, 15, 21, 31, 시 136:1~9 말씀을 주셨고 찬송가 79장 '주 하나님 지으신 모든 세계'와 '모든 영광 하나님께'를 주셨다.

환상으로 요한이가 승리의 면류관을 쓰고 앉은 것이 보였고 주변에 천사들이 둘러 서 있었고 나를 비롯한 많은 사람들이 기도로 모은 포인트를 요한이에게 주었다. 새벽 4시가 넘어서 원장님과 기도 내용과 응답하신 내용을 전체적으로 나누고 정리한 후 찬송하며 기도를 마무리하였다. 그날 우리는 교회 본당에서 7시간을 쉬지도 않고 기도했다. 원장님은 앉아서 기도하였고 나는 평소 기도하던 대로 서서 손을 들고 기도했다. 그런데 다리가 아프지도 않았고 피곤하지도 않았다. 하나님께서 나에게 기도하면 된다는 마음을 주셨고 필자의 장남 박지형이 기도로 연세대학교를 합격한 경험이 있었기 때문에 우리가 기도하면 승리한다는 확신이 있었다.

 김춘자 원장님은 용기를 얻고 서울로 올라가서 요한이에게 있었던 일들을 모두 이야기하고 말씀을 써서 주머니에 넣고 시험을 보러 갔다. 시험을 치른 후 1주일이 되면 발표를 한다고 했는데 11월 중순경에 필자가 송파 예은유치원에서 교사들 프로젝트 workshop을 하는데 저녁에 김춘자 원장님이 전화하셔서 "교수님! 우리 요한이 서울대 합격했어요. 기도해 주셔서 감사합니다." 하며 크게 기뻐하였다. 함께 project 수업 들던 교사와 김혜자 원장님, 연구교수 모두 기뻐하며 하나님께 영광을 올려드렸다.

 그 후 필자의 꿈에 요한이가 금메달을 받는 꿈을 꾸어서 "원장님 분명히 좋은 일이 있을 거예요. 요한이가 금메달을 받은 꿈을 꿨어요." 했더니 김춘자 원장님께서 우리 좋은 일 없는데… 하셔서 "믿음으로 받아들이세요. 반드시 좋은 일이 있어요." 하자 원장님께서 "아멘, 아멘" 했는데 약 1주일이 지나서 원장님께서 요한이가 서울대학교 음악대학 피아노과에서 1등을 해서 전액 장학금을 받게 되었다고 기뻐하셨다. 그 후 계속 요한이는 장학금을 받고 공부하였고 현재는 한국예술종합학교 대학원에서 지휘를 전공하고 있다. 어느 날 원장님이 전화하셔서 "교수님 우리 그때 교회서 기도할 때 오페라 형식으로 응답을 주셨잖아요. 요한이가 서울대에서 작곡은 부전공으로 하고 뮤지컬도 공부하고 있는데 왜 그때 그렇게 응답하셨는지 알겠어요." 했다.

2년 후 우리 연구소에서 조교로 일했던 고샘나 선생의 동생이 서울대학교를 목표로 입시 준비를 하고 있다고 기도를 부탁해서 1년간 매일 기도를 드렸는데 하나님께서 우리의 기도를 들어주셔서 종윤이는 학원 한 번 다니지 않고 서울대학교 심리학과에 합격해서 지금까지 수학중에 있다.

하나님께서는 우리를 하나님의 형상대로 창조하시고 각자에게 다른 소질과 재능을 주셨다. 그런데 인간의 힘으로만 성공을 하려면 너무나도 어렵고 힘이 든다. 영감(inspiration)은 하나님께서 부어주시는 것이기 때문에 사람의 노력도 중요하지만 그 위에 하나님의 영이 부어져야 크게 쓰임을 받을 수 있다.

필자도 연구하는 일이나 교재개발, 책을 쓰는 일들이 하나님의 영이 없으면 도저히 감당할 수 없는 일이기 때문에 기도하면서 영으로 목차를 구성하고 책의 전체적인 흐름을 잡게 되는데 「기도가 이끄는 삶」 이 책도 하나님께서 주신 영감으로 정리하게 되었다. 기도할 때마다 새로운 영감을 부어 주시라고 간절히 기도한다.

> 그러나 사람의 속에는 영이 있고 전능자의 숨결이 사람에게 깨
> 달음을 주시나니 (욥32:8)

10. 아이디어(Idea)를 구하는 기도

하나님께서 천지를 창조하시고 흙으로 들짐승들과 새를 지으시고 아담에게 이끌고 가서 아담이 무엇이라 부르는지 보셨는데 그때 아담이 각 생물을 부른 이름이 그 이름이 되었다. 그러니까 아담이 들짐승과 가축과 공중의 새의 이름까지도 짓게 된 것이고 그 이름을 오늘까지 우리가 사용하고 있는 것이다.

> 여호와 하나님이 흙으로 각종 들짐승과 공중의 각종 새를 지으시고 아담이 무엇이라고 부르나 보시려고 그것들을 그에게로 이끌어 가시니 아담이 각 생물을 부르는 것이 곧 그 이름이 되었더라 아담이 모든 가축과 공중의 새와 들의 모든 짐승에게 이름을 주니라 아담이 돕는 배필이 없으므로 여호와 하나님이 아담을 깊이 잠들게 하시니 잠들매 그가 그 갈빗대 하나를 취하고 살로 대신 채우시고 여호와 하나님이 아담에게서 취하신 그 갈빗대로 여자를 만드시고 그를 아담에게로 이끌어 오시니 아담이 이르되 이는 내 뼈 중의 뼈요 살 중의 살이라 이것을 남자에게서 취하였은즉 여자라 부르리라 하니라 (창2:19~23)

솔로몬에게 하나님께서 지혜와 총명을 주셔서 잠언 3천 가지를 말하였고 1005편의 노래와 초목과 레바논의 백향목과 우슬초와 짐승과 새와 기어 다니는 곤충과 물고기에 대해 말하였다고 성경은 말씀하고 있다.

하나님이 솔로몬에게 지혜와 총명을 심히 많이 주시고 또 넓은
마음을 주시되 바닷가의 모래 같이 하시니 솔로몬의 지혜가 동
쪽 모든 사람의 지혜와 애굽의 모든 지혜보다 뛰어난지라 그는
모든 사람보다 지혜로워서 예스라 사람 에단과 마홀의 아들 헤
만과 갈골과 다르다보다 나으므로 그의 이름이 사방 모든 나라
에 들렸더라 그가 잠언 삼천 가지를 말하였고 그의 노래는 천
다섯 편이며 그가 또 초목에 대하여 말하되 레바논의 백향목으
로부터 담에 나는 우슬초까지 하고 그가 또 짐승과 새와 기어
다니는 것과 물고기에 대하여 말한지라 (왕상4:29~33)

필자는 아이디어(idea)를 구하는 기도를 드릴 때 아담처럼 이름
을 짓는 은사, 솔로몬처럼 지혜와 총명을 주셔서 잠언과 시편을 말
하고 하나님께서 창조하신 창조물에 대해 말할 수 있는 은사를 달
라고 기도한다. 여기서는 필자가 기도함으로 얻은 아이디어로 지
금까지 연구소를 어떻게 발전시켜 주셨는지 일을 행하신 하나님의
능력을 소개하고자 한다.

필자는 2008년 수원여자대학교에서 초등학교 교사 보수교육을
하던 중 Gardner의 다중지능 이론을 유아교육프로그램에 적용할
수 있는 방법 강의를 했는데 그때 평택에서 초등학교 교사로 근무
하고 있었던 박순철 선생님이 필자의 강의를 듣고 교수님의 멘티
가 되어 함께 연구하고 싶다고 하여 연구소를 설립할 수 있는 동기

부여를 했다. 2008년 「멘토는 길을 알고 있다」 책을 쓰고 함께 연구할 교수와 멘토링할 회원들과 함께 서울 송파구에 연구소를 개원하였다. 하나님께서 많은 사람들을 멘토링할 수 있는 마음도 주셨고 비전과 꿈을 주셔서 오직 하나님의 은혜로 연구소를 설립할 수 있었다.

연구소의 설립에 합당한 말씀을 주시라고 기도했는데 느헤미야 8장 10절 "너희는 가서 살진 것을 먹고 단것을 마시되 준비하지 못한 자에게는 나누어 주라. 이 날은 우리 주의 성일이니 근심하지 말라. 여호와로 인하여 기뻐하는 것이 너희의 힘이니라" 말씀과 고린도전서 10장 33절 "나와 같이 모든 일에 모든 사람을 기쁘게 하여 자신의 유익을 구하지 아니하고 많은 사람의 유익을 구하여 그들로 구원을 받게 하라" 두 말씀을 주셔서 이 말씀을 모토로 연구소를 개원하게 되었다.

그 당시 필자는 대학교재를 집필하고 있었는데 함께 연구할 교수들과 유아교육 프로그램을 개발할 연구원들이 필요한 때였다. 하나님의 은혜로 필자가 집필한 「유아관찰평가의 실제」, 「프로젝트 접근법」의 유아교육학 관련 교재와 「인간행동과 사회환경」, 「사회복지 실천론」, 「사회복지 실천기술론」 등이 대학교재로 널리 판매되면서 여러 출판사에서 원고를 부탁하였고 온라인 강의 녹화와 프로그램 개발 등이 잘 되어서 혼자 힘으로는 감당하기 힘든 상태에 이르게 되었다.

온라인교육 쪽으로 녹화할 수 있는 교수와 운영교수를 연계하면서 온라인 시장이 활성화될 수 있도록 많은 교수님들을 연계하고 강의할 수 있는 지경을 넓혀 주었다. 2008년 ~ 2010년까지 수 백 명의 연구원들을 연계하였고 방송 녹화도 여러 차례 하게 되어 연구소가 크게 확장되었다. 2010년 잠실 롯데캐슬골드로 연구소를 이전하면서 유아교육프로그램 7감각 통합교육을 개발하고 유치원, 어린이집에서 우리가 개발한 프로그램을 사용할 수 있도록 유아교육 프로그램 프랜차이즈를 하고 전국에 있는 유치원·어린이집 원장, 교사들에게 유아교육 전문인으로서 꼭 필요한 교육과정과 관찰평가, 프로젝트를 중심으로 교육을 실시하였다.

2011년~2013년 수많은 원들이 7감각 통합프로그램에 가맹하고 전문성 향상을 위해 필자에게 교육을 받았다. 2013년 표준보육과정이 발표되면서 어린이집이 독자적인 교육과정을 갖게 되었고 그동안 유치원 교육과정 중심으로 유아교육 현장에 적용하던 교사들이 힘들어 하는 면이 있어서 프로젝트 접근법 수업을 표준보육과정에 맞추어 커리큘럼 중심의 프로젝트를 유아교육 현장에 전파하였다. 서울에서 제주까지 전국에 있는 수천 명의 교사들이 이 교육을 받게 되었고 프로젝트를 정확히 몰랐던 교사들이 교육과정을 통합하여 전개하는 프로젝트를 배우면서 원은 전문성을 확보하게 되었고 다른 원들과 차별성이 크게 대두되면서 학부모님들로부터 인정받는 좋은 원들이 되었다.

2014년에는 유아관찰평가를 유아교육 현장에 교육시키고 사례를 모아 「아동관찰 및 행동연구」책을 집필하라는 응답을 받고 전국에 있는 유치원·어린이집 원장·교사교육을 실시하였다. 유아교육을 전공한 교사들도 어려워하는 과목인데, 필자가 중앙대학교 대학원에서 석사논문을 쓸 때 극화놀이에 관해 쓰면서 보스턴대학교 대학원에서 놀이로 박사 학위를 취득하신 지성애 교수님으로부터 지도를 잘 받아서 유아관찰평가에 대한 전문성을 갖고 있었기에 쉽게 유아교육현장 교사들을 위한 교육을 할 수 있었다. 유아관찰평가 수업을 할 때마다 수강생들에게 지성애 교수님에 대한 감사한 마음을 잊지 않고 표현한다.

2015년에는 학교폭력 등 학교문제가 크게 대두되면서 인성교육이 강조되었고 인성교육진흥법 시행령이 2015년 발표되어 모든 유아교육기관에서 인성교육을 하지 않으면 안 되는 상황이었다. 필자는 이미 2015년에 전국 원장·교사 인성교육을 하라는 응답을 받고 인성교육 책을 쓰고 인성프로그램을 개발하고 있었기 때문에 전국적으로 교사교육을 실시하였다. 하나님께서 해마다 정책을 바꾸시면서 필자가 해야 될 일을 기도할 때 알려주셨고 지금까지 그 은혜를 입고 있다.

2016년에는 어린이집 평가인증 3차 지표가 발표되어 3차 지표의 내용을 전국적으로 강의하였고 수업을 받은 원과 교사들이 좋은 평가를 받게 되었다. 2017년에는 유보통합 정책이 발표되어 전국 유아교육기관 원장·교사들에게 유보통합 평가지표를 강의하였고 Project Based Learning(PBL) 활동교재를 만 2세~5세까지 40권 전집 개발하였고 2018년에는 초등교육이 유아교육과 연계되면서 프로젝트 활동을 초등교육과정과 연계하여 workshop을 하게 되었다.

2019년에는 2020년부터 놀이중심으로 개정될 새누리교육과정에 맞춰 project and play를 개발했는데, 현재 유아교육 현장에서 사용되어지고 있다. 필자가 기도할 때 해마다 정책변화에 맞게 할 일을 주셨고 연구소가 12년간 운영되어질 수 있도록 도와주셨다.

2008년 연구소 개원 때부터 현재까지 거의 매월 세미나를 개최하면서 느헤미야에게 주신 말씀처럼 회원들에게 정성껏 음식을 마련하여 살진 것을 먹고 단것을 마시게 하였고 회원들 간의 협력과 하나님께서 주신 힘으로 지금까지 주신 사명을 감당하고 있다. 무엇보다 감사한 것은 우리 연구소에 와서 처음으로 하나님을 믿게 된 연구원도 있으며 하나님을 알아가기 위해 힘쓰는 회원들도 있다. 기도로 얻은 회원들과 하나님의 사역을 위해 보내 주신 회원들과 함께 협력하며 맡겨주신 사명을 감당할 수 있도록 도와주신 하나님의 은혜를 감사드리며 매일 지금까지 이루어 주신 것에 대한 감사와 앞으로 해야 할 일들에 대한 아이디어를 구하며 기도한다.

11. 사려 깊은 생각(Consideration)을 구하는 기도

 필자는 사려 깊은 생각(Consideration)을 구하는 기도를 드릴 때 에스더가 죽으면 죽으리라는 믿음으로 규례를 어기고 왕에게 나아 가는 마음으로 에스더의 입장에 서서 기도한다.

 하만이 유다 사람들을 멸하고자 계획을 세우고 아하수에로 왕에 게 은 일만 달란트를 드리고 왕은 반지를 빼어 하만에게 주면서 은 과 백성을 모두 하만의 소견대로 하게 한다. 모르드개가 이 일을 알고 자기 옷을 찢고 굵은 베옷을 입고 재를 뒤집어쓰고 성중에 나 가서 대성통곡하였고 유다인들도 애통하여 금식하며 울며 부르짖 고 굵은 베옷을 입고 재 위에 누운 자가 무수하였다. 모르드개가 자기가 당한 모든 일과 하만이 유다인을 멸하려고 왕의 금고에 바 치기로 한 은의 정확한 액수를 내시 하닥에게 말하고 유다인을 진 멸하라는 수산 궁에서 내린 조서 초본을 주며 에스더에게 이것을 보여주고 왕에게 나아가서 자기 민족을 위하여 간절히 구하라고 부탁한다. 에스더가 모르드개에게 수산에 있는 유다인들을 모두 모으고 3일 밤낮 먹지도 말고 마시지도 말고 금식을 해달라고 부탁 하며 자기도 시녀들과 함께 금식을 한 후에 규례를 어기고 죽으면 죽으리라는 믿음으로 왕에게 나아간다.

 온 유대 민족이 멸망당할 수 있는 위기의 때에 에스더는 믿음을 바탕으로 한 사려 깊은 생각을 하고 죽음을 각오하고 왕 앞에 나아 간다. 이 시대에는 남녀를 막론하고 왕의 부름을 받지 않고 안뜰에 들어가서 왕 앞에 나가면 죽게 되고 왕이 금규를 내밀어야 살 수 있었다. 에스더는 이미 삼십 일을 왕에게 나가지 못했기 때문에 죽 음을 두려워하고 주저할 수도 있었을 것이다. 그러나 에스더는 온 유대인에게 3일 금식을 선포하고 자기도 금식 후 왕 앞에 나아간 다. 이것이 바로 사려 깊은 생각(consideration)이다. 이 상황에서 대부분의 사람들은 이제 나는 죽었다, 망했다고 생각했을 것이다. 그러나 에스더는 위기를 기회로 만든다. 왜 하필이면 금식을 선택 했을까?

내가 기뻐하는 금식은 흉악의 결박을 풀어 주며 멍에의 줄을 끌러 주며 압제당하는 자를 자유하게 하며 모든 멍에를 꺾는 것이 아니겠느냐 또 주린 자에게 네 양식을 나누어 주며 유리 하는 빈민을 집에 들이며 헐벗은 자를 보면 입히며 또 네 골육 을 피하여 스스로 숨지 아니하는 것이 아니겠느냐 그리하면 네 빛이 새벽 같이 비칠 것이며 네 치유가 급속할 것이며 네 공의 가 네 앞에 행하고 여호와의 영광이 네 뒤에 호위하리니 네가 부를 때에는 나 여호와가 응답하겠고 네가 부르짖을 때에는 내 가 여기 있다 하리라 만일 네가 너희 중에서 멍에와 손가락질 과 허망한 말을 제하여 버리고 (사58:6~9)

금식하고 기도하면 얼굴이 빛나고 예뻐 보인다. 30일간 왕 앞에 부름받지 못했던 에스더가 3일간 금식하면 왕의 부름을 받지도 않은 채 죽을 각오를 하고 왕후의 예복은 입고 왕궁 안 뜰에 서 있었을 때 왕후 에스더가 매우 사랑스러워 보여서 왕은 손에 잡았던 금규를 에스더에게 내밀며 "그대의 소원이 무엇이며 요구가 무엇이냐? 나라의 절반이라도 주겠다"고 한다.

에스더가 왕과 하만을 잔치에 초청하였고, 하만은 대궐 문에서 일어나지도 않는 모르드개로 인하여 마음이 불쾌하여 그를 죽이기 위해 오십 규빗(약23m)되는 나무를 세운다. 그날 밤에 왕이 잠이 오지 않아 역대일기를 가져오라 명령하여 읽게 하였더니 빅다나와 테레스 두 내시가 아하수에로 왕을 암살하려는 음모를 모르드개가 고발한 것을 알고 그에게 무슨 존귀와 관직을 베풀었느냐고 묻자 베풀지 아니하였다고 하자 왕이 누가 뜰에 있느냐? 한다. 마침 하만이 자기가 세운 나무에 모르드개를 달기 위해 왕께 구하려고 왕궁 바깥뜰에 있었다.

왕은 하만에게 "왕이 존귀하게 하기를 원하는 사람에게 어떻게 하여야 하겠느냐?" 묻자 하만은 왕이 존귀하게 하기를 원하는 자는 하만 자기밖에 없는 줄 알고 이렇게 말한다.

왕께 아뢰되 왕께서 사람을 존귀하게 하시려면 왕께서 입으시는 왕복과 왕께서 타시는 말과 머리에 쓰시는 왕관을 가져다가 그 왕복과 말을 왕의 신하 중 가장 존귀한 자의 손에 맡겨서 왕

이 존귀하게 하시기를 원하시는 사람에게 옷을 입히고 말을 태
워서 성 중 거리로 다니며 그 앞에서 반포하여 이르기를 왕이
존귀하게 하기를 원하시는 사람에게는 이같이 할 것이라 하게
하소서 하니라 (에6:7~9)

왕은 하만에게 네 말대로 속히 왕복과 말을 가져다가 대궐 문에
앉은 유다사람 모르드개에게 행하되 네가 말한 것에서 조금도 빠
짐없이 하라고 명령한다. 하만은 왕의 명령대로 행한 후 집으로 돌
아가서 자기가 당한 모든 일을 아내와 친구들에게 말하였고 하만
의 아내와 지혜로운 친구가 만약 모르드개가 유다인의 후손이면
능히 그를 이기지 못하고 분명히 그 앞에 엎드러질 것이라고 한다.
이렇게 해서 하만의 가문은 몰락하고 유다 사람들에게는 살길이
열리고 유다 사람들은 미워하는 대적을 진멸하고 유다인들이 대적
에서 벗어나서 평안함을 얻어 슬픔이 변하여 기쁨이 되고 애통이
변하여 기쁜 날이 되었으므로 해마다 아달월 십사일과 십오일에
부림절을 지키며 잔치를 베풀고 즐기며 서로 예물을 주며 가난한
자를 구제한다.

만약 에스더가 사려 깊은 생각 없이 마구 왕 앞에 나가서 우리가
억울한 일을 당했으니 민족을 살려달라고 했으면 어떤 일이 일어
났을까? 유다민족은 하만의 계획대로 모두 멸망당할 수밖에 없었
을 것이다. 에스더가 유다 민족을 사랑하는 마음으로 하나님 앞에

금식하며 간절히 기도했기 때문에 온 유다 민족이 멸망할 위기에서 살아나게 된 것이다. 우리나라도 정치, 경제, 사회, 문화 등 여러 가지로 힘들고 어려운 이 시기에 에스더처럼 이 상황을 사려 깊게 생각하고 믿음으로 기도하는 사람이 절실히 필요하다고 본다.

필자는 친정어머니께서 건강이 많이 나빠지면서 스스로 거동하기가 불편했을 때 '내가 할 수 있는 일이 무엇인가?' 깊이 있게 생각해봤더니 우상숭배를 한 것을 회개해야 한다는 마음이 들었다. 천국 가시는 날이 많이 남지 않은 것 같아서 경주에 내려가서 엄마에게 옛날에 우상숭배했던 것 모두 회개해야 한다고 말씀드리고 함께 회개의 기도를 드렸다. 기도는 우리가 의식이 살아있을 때 기도를 해야 한다. 치매가 걸리고 정신이 온전하지 않을 때는 무슨 기도를 했는지도 모르고 로봇처럼 단순히 따라하는 기도가 되기 때문에 기도가 하나님 앞에 상달되지 않는다. 그러므로 온전한 정신으로 의식을 갖고, 인격적으로 하나님과 대화하는 기도를 해야 한다. 그때 엄마가 회개하지 않았으면 어떻게 되었을까? 모든 것은 하나님의 때가 있다. 하나님께서 우리에게 마음을 주실 때 기회를 놓치지 않고 기도해야 한다. 인격적으로 하나님과 대화하는 사려 깊은 기도를 해야 한다.

12. 집중(Concentration)하여 구하는 기도

필자는 집중(Concentration)하여 구하는 기도를 드릴 때 예수님과 한나, 히스기야의 기도를 생각하며 그분들의 입장에 필자가 서 있다고 가정하고 간절히 기도한다. 기도는 집중하여 전심을 다해서 해야 한다. 성경 속에서 집중적으로 기도한 사람들은 많이 있지만 대표적인 사람은 예수님과 한나, 히스기야 왕을 들 수 있다.

예수님께서는 십자가를 지시기 전에 겟세마네동산에서 땀방울이 핏방울이 되도록 기도하셨고,

> 예수께서 힘쓰고 애써 더욱 간절히 기도하시니 땀이 땅에 떨어지는 핏방울 같이 되더라 (눅22:44)

한나는 마음이 괴로워서 통곡하고 서원하여 오랫동안 기도하였는데 엘리 제사장은 입술만 움직이고 음성은 들리지 않아서 한나가 술에 취한 것으로 생각할 정도로 집중하며 깊이있게 기도하였다.

> 그가 여호와 앞에 오래 기도하는 동안에 엘리가 그의 입을 주목한즉 한나가 속으로 말하매 입술만 움직이고 음성은 들리지 아니하므로 엘리는 그가 취한 줄로 생각한지라 엘리가 그에게 이르되 네가 언제까지 취하여 있겠느냐 포도주를 끊으라 하

니 한나가 대답하여 이르되 내 주여 그렇지 아니하니이다 나는
마음이 슬픈 여자라 포도주나 독주를 마신 것이 아니요 여호와
앞에 내 심정을 통한 것뿐이오니 (삼상1:12~15)

히스기야가 병이 들어 죽게 되었을 때 얼굴은 벽으로 향하고 심히
통곡하며 기도하였고. 하나님께서는 그의 기도를 들으시고 십오
년을 생명을 연장시켜 주시고 히스기야와 예루살렘성을 앗수르 왕
의 손에서 건져내어 보호하시겠다고 약속하셨다.

히스기야가 얼굴을 벽으로 향하고 여호와께 기도하여 이르되
여호와여 구하오니 내가 주 앞에서 진실과 전심으로 행하며 주
의 목전에서 선하게 행한 것을 기억하옵소서 하고 히스기야가
심히 통곡하니 이에 여호와의 말씀이 이사야에게 임하여 이르
시되 너는 가서 히스기야에게 이르기를 네 조상 다윗의 하나님
여호와께서 이같이 말씀하시기를 내가 네 기도를 들었고 네 눈
물을 보았노라 내가 네 수한에 십오 년을 더하고 너와 이 성을
앗수르 왕의 손에서 건져내겠고 내가 또 이 성을 보호하리라
(사38:2~6)

필자는 집중하여 구하는 기도는 세계와 나라를 위한 기도, 교회를
위한 기도, 자신을 위한 기도로 세 부분으로 나누어 기도한다.

• 세계와 나라를 위한 기도

여호와를 자기 하나님으로 삼은 나라 곧 하나님의 기업으로 선
택된 백성은 복이 있도다 (시33:12)

그러므로 내가 첫째로 권하노니 모든 사람을 위하여 간구와 기
도와 도고와 감사를 하되 임금들과 높은 지위에 있는 모든 사
람을 위하여 하라 이는 우리가 모든 경건과 단정함으로 고요하
고 평안한 생활을 하려 함이라 (딤전2:1~2)

심중에라도 왕을 저주하지 말며 침실에서라도 부자를 저주하지
말라 공중의 새가 그 소리를 전하고 날짐승이 그 일을 전파할
것임이니라 (전10:20)

세계는 지금 영적으로 매우 혼탁한 시대이다. SPIKA STUDIO
Creator SUE에 의하면 루시퍼를 숭배하는 프리메이슨 단체와 이
를 장악한 일루미나티 그리고 세계를 하나의 정부로 단일화시키려
는 New World Order(신세계 질서)에 자신도 모르는 사이에 흡수
되어 가고 있다고 한다.

루시퍼는 라틴어 Lux, lucis 빛 그리고 Ferre 가져오다 이 두 단
어가 합성된 말이다. 빛을 가져오는 자, 빛의 전달자라는 뜻으로
오만을 상징하는 악마, 타락 천사 등을 상징한다.

너 아침의 아들 계명성이여 어찌 그리 하늘에서 떨어졌으며 너 열국을 엎은 자여 어찌 그리 땅에 찍혔는고 네가 네 마음에 이르기를 내가 하늘에 올라 하나님의 뭇 별 위에 내 자리를 높이리라 내가 북극 집회의 산 위에 앉으리라 가장 높은 구름에 올라가 지극히 높은 이와 같아지리라 하는도다 그러나 이제 네가 스올 곧 구덩이 맨 밑에 떨어짐을 당하리로다 너를 보는 이가 주목하여 너를 자세히 살펴 보며 말하기를 이 사람이 땅을 진동시키며 열국을 놀라게 하며 세계를 황무하게 하며 성읍을 파괴하며 그에게 사로잡힌 자들을 집으로 놓아 보내지 아니하던 자가 아니냐 하리로다 (사14:12~17)

　프리메이슨은 최초에 솔로몬 성전을 건축할 때 히람과 같은 지혜와 총명과 재능을 구비한 사람("솔로몬 왕이 사람을 보내어 히람을 두로에서 데려오니 그는 납달리 지파 과부의 아들이요 그의 아버지는 두로 사람이니 놋쇠 대장장이라 이 히람은 모든 놋 일에 지혜와 총명과 재능을 구비한 자이더니 솔로몬 왕에게 와서 그 모든 공사를 하니라"(왕상7:13~14))들이 만든 단체였으나, 특정 카톨릭 단체가 프리메이슨에 관심을 갖게 된 이후 그들은 실제의 석공 기사가 아닌 이론석공가의 자격으로 프리메이슨에 입단하여 로마카톨릭 내의 사탄숭배 조직과 결합하여 사탄에 의해 조종되는 사탄교의 전조로 변모해갔다고 한다. 그리고 일루미나티는 프리메이슨을 장악한다. 이들이 숭배하는 신이 바로 루시퍼이다. 일루미나티는 루시퍼가 인류에게 빛, 지성, 계몽 등을 가져다 준다고 믿고 있다. 일루미나티의 어젠다는 "세계 정복을 위해 인간을 병들고 어리석게 만들며 죽일 수 있는 모든 방법, 예를 들면 전쟁, 테러, 기근, 동성애, 페미니즘, 악마숭배, 인신공양, 환경오염, 마약, 세뇌 등을 통하여 미디어를 장악하고 언론을 통제하여 혼란을 가져와 결국은 무정부 상태를 만들고 New World Order라는 자신들의 가치로 세계를 하나의 정부로 단일화시킨다."는 것이다.

신세계 질서의 대표적인 상징물이 전시안(the all seeing eye, 모든 것을 보는 눈 세상을 자신들이 지켜보고 있다는 의미), 피라미드(꼭지점에 있는 소수의 일루미나티 일원이 무능한 대중들을 지배할 권리를 상징), 오망성(악한 영들을 불러내는 의식을 치를 때 사용됐던 다섯 가지 원소 물, 불, 공기, 땅, 정신), 피스 심볼(peace symbol네로의 십자가라고도 하며 일루미나티는 이 문양을 종교 박해의 뜻으로 사용한다), 보헤미안 클럽(Bohemian club은 세계를 움직이는 미국의 정치, 경제 최고위층, 최고 엘리트들의 비공식적 사교모임이다), 가이드 스톤(Guide stone일루미나티의 인구감축 목표는 미국 조지아주에 있는 프리메이슨 가이드 스톤에 명확하게 새겨져 있다. 현 인류의 인구수를 5억 명까지 감소시키는 데 목적이 있다. "자연과 지속적인 공존을 하기 위해 전 세계 인구를 5억 이하로 유지한다"), 666(이 시대 우리 사회에 급속하게 확산되고 있는 베리 칩을 666 짐승들의 예표로 본다는 것이다.)이다.

이제 우리는 세계적으로 불고 있는 영적인 혼탁의 바람을 잠재우고 하나님의 영이 우리 가운데 역사할 수 있도록 영적 각성을 위한 기도를 해야 한다.

> 그가 모든 자 곧 작은 자나 큰 자나 부자나 가난한 자나 자유인이나 종들에게 그 오른손에나 이마에 표를 받게 하고 누구든지 이 표를 가진 자 외에는 매매를 못하게 하니 이 표는 곧 짐승의 이름이나 그 이름의 수라 지혜가 여기 있으니 총명한 자는 그 짐승의 수를 세어 보라 그것은 사람의 수니 그의 수는 육백육십육이니라 (계13:16~18)

David 차 선교사는 우리가 아무리 우리가 관심 있는 것을 부르짖어도 하나님께서는 안 들으시고 주님께서 관심갖고 계시는 것을 부르짖어야 하나님의 눈에 뜨인다고 하면서 주님의 관심 키워드 세 가지를 말하였다. 첫 번째는 이스라엘이다. 유대인에게 복음이 전파되어야 예수님께서 다시 오시니까 유대인들을 위해 기도해야 하며 두 번째는 예수님의 재림이다. AI, 5G, 제4차 산업혁명의 끝은 바로 적그리스도 시대에 완벽한 통제사회를 만드는 것이다. 적그리스도의 통치시대에 믿음으로 살아남을 하나님의 사람들이 지금 길러져야 우리의 시대를 향한 하나님의 미션이 완성되어진다고 하였다. 세 번째는 남·북간의 복음통일이다. 우리가 기도로 회개하고 용서하고 매듭짓고 연합시킬 자가 일어나야 하고 복음적인 교회,

깨어있는 교회들의 거룩한 정렬(Holy array)이 일어나야 한다고 하였다. 우리 한국교회가 연합되어 남의 탓을 하지 않고 이 시대의 정신을 깨우는 기도하는 청년들이 일어나야 한다고 하였다.

> 너희는 내가 사로잡혀 가게 한 그 성읍의 평안을 구하고 그를 위하여 여호와께 기도하라 이는 그 성읍이 평안함으로 너희도 평안할 것임이라 (렘29:7)

필자는 세계 정세와 우리나라의 현 정부의 상태를 생각하며 세계와 나라를 위해 눈물로 기도한다. 하나님을 믿는 자들이 많이 일어나서 정신을 차리고 이 어려운 난국을 넘어설 수 있도록 기도해야 한다. 코로나19가 세계를 강타한 이유는 무엇일까? 세계가 하나님 기뻐하시는 일에 모이는 것보다 하나님께서 싫어하시는 일에 더 많이 모이고, 동성애 축제 등 하나님을 반역하는 일에 힘을 모으고 하나님을 대적하는 일에 모이기를 힘쓰는 일 때문이 아닐까?

• 교회를 위한 기도

> 또 내가 네게 이르노니 너는 베드로라 내가 이 반석 위에 내 교
> 회를 세우리니 음부의 권세가 이기지 못하리라 (마16:18)

> 그러므로 형제들아 우리가 예수의 피를 힘입어 성소에 들어갈
> 담력을 얻었나니 그 길은 우리를 위하여 휘장 가운데로 열어
> 놓으신 새로운 살 길이요 휘장은 곧 그의 육체니라 또 하나님
> 의 집 다스리는 큰 제사장이 계시매 우리가 마음에 뿌림을 받
> 아 악한 양심으로부터 벗어나고 몸은 맑은 물로 씻음을 받았으
> 니 참 마음과 온전한 믿음으로 하나님께 나아가자 또 약속하신
> 이는 미쁘시니 우리가 믿는 도리의 소망을 움직이지 말며 굳게
> 잡고 서로 돌아보아 사랑과 선행을 격려하며 모이기를 폐하는
> 어떤 사람들의 습관과 같이 하지 말고 오직 권하여 그 날이 가
> 까움을 볼수록 더욱 그리하자 (히10:19~25)

교회는 예수님의 몸이다. 그러므로 우리는 교회를 내 몸 같이 아
끼고 사랑해야 한다.

> 교회는 그의 몸이니 만물 안에서 만물을 충만하게 하시는 이의
> 충만함이니라 (엡1:23)

그러므로 우리는 긍휼하심을 받고 때를 따라 돕는 은혜를 얻기 위하여 은혜의 보좌 앞에 담대히 나아갈 것이니라 (히4:16)

솔로몬왕이 하나님의 전과 왕궁건축을 마치고 난 후 밤에 여호와께서 솔로몬에게 나타나셔서 이렇게 말씀하셨다.

밤에 여호와께서 솔로몬에게 나타나사 그에게 이르시되 내가 이미 네 기도를 듣고 이곳을 택하여 내게 제사하는 성전을 삼았으니 혹 내가 하늘을 닫고 비를 내리지 아니하거나 혹 메뚜기들에게 토산을 먹게 하거나 혹 전염병이 내 백성 가운데에 유행하게 할 때에 내 이름으로 일컫는 내 백성이 그들의 악한 길에서 떠나 스스로 낮추고 기도하여 내 얼굴을 찾으면 내가 하늘에서 듣고 그들의 죄를 사하고 그들의 땅을 고칠지라 이제 이곳에서 하는 기도에 내가 눈을 들고 귀를 기울이리니 이는 내가 이미 이 성전을 택하고 거룩하게 하여 내 이름을 여기에 영원히 있게 하였음이라 내 눈과 내 마음이 항상 여기에 있으리라 (대하7:12~16)

현재 우리나라 모든 교회는 코로나 19로 인하여 자유롭게 예배드리기도 힘들고 신천지와 같은 이단으로 인하여 너무나도 큰 영적인 손해를 입고 있다. 다시 성령의 바람이 불어와 교회가 회복되고 교인들의 영성이 회복되어야 한다. 교회는 하나님 집이고, 예수님의 몸이며, 성령님께서 항상 우리와 함께 계시는 곳이다.

> 여호와께서는 그의 성전에 계시고 여호와의 보좌는 하늘에 있
> 음이여 그의 눈이 인생을 통촉하시고 그의 안목이 그들을 감찰
> 하시도다 (시11:4)

♪ 찬송가 210장에는 교회를 이렇게 표현하고 있다.
> 1절: 시온성과 같은 교회 그의 영광 한없다 허락하신 말씀대로
> 주가 친히 세웠다. 반석 위에 세운 교회 흔들 자가 누구랴.
> 모든 원수 에워싸도 아무 근심 없도다.
> 2절: 생명샘이 솟아 나와 모든 성도 마시니 언제든지 흘러넘쳐
> 부족함이 없도다. 이런 물이 흘러가니 목마를 자 누구랴.
> 주의 은혜 풍족하여 넘치고도 넘친다.
> 3절: 주의 은혜 내가 받아 시온백성 되는 때 세상사람 비방해도
> 주를 찬송하리라. 세상 헛된 모든 영광 아침 안개 같으나
> 주의 자녀 받을 복은 영원무궁하도다.

교회가 어려운 시기에 기도하고 믿음으로 끝까지 이기는 자들에
게는 하나님께서 반드시 은혜를 베푸신다.

사도요한은 밧모섬에서 소아시아에 있는 일곱 교회에게 편지하여
교회가 성령이 하시는 말씀을 듣고 지키고 이기는 자들에게 주시

는 은혜를 말씀으로 기록하였다.

1) 에베소 교회에게 하신 말씀

귀 있는 자는 성령이 교회들에게 하시는 말씀을 들을지어다 이
기는 그에게는 내가 하나님의 낙원에 있는 생명나무의 열매를
주어 먹게 하리라 (계2:7)

2) 서머나 교회에 하신 말씀

귀 있는 자는 성령이 교회들에게 하시는 말씀을 들을지어다 이
기는 자는 둘째 사망의 해를 받지 아니하리라 (계2:11)

3) 버가모 교회에 하신 말씀

귀 있는 자는 성령이 교회들에게 하시는 말씀을 들을지어다 이
기는 그에게는 내가 감추었던 만나를 주고 또 흰 돌을 줄 터인
데 그 돌 위에 새 이름을 기록한 것이 있나니 받는 자 밖에는
그 이름을 알 사람이 없느니라 (계2:17)

4) 두아디라 교회에 하신 말씀

이기는 자와 끝까지 내 일을 지키는 그에게 만국을 다스리는
권세를 주리니 그가 철장을 가지고 그들을 다스려 질그릇 깨뜨
리는 것과 같이 하리라 나도 내 아버지께 받은 것이 그러하니
라 내가 또 그에게 새벽 별을 주리라 (계2:26~28)

5) 사데 교회에 하신 말씀

이기는 자는 이와 같이 흰 옷을 입을 것이요 내가 그 이름을 생명책에서 결코 지우지 아니하고 그 이름을 내 아버지 앞과 그의 천사들 앞에서 시인하리라 (계3:5)

6) 비라델비아 교회에 하신 말씀

이기는 자는 내 하나님 성전에 기둥이 되게 하리니 그가 결코 다시 나가지 아니하리라 내가 하나님의 이름과 하나님의 성 곧 하늘에서 내 하나님께로부터 내려오는 새 예루살렘의 이름과 나의 새 이름을 그이 위에 기록하리라 (계3:12)

7) 라오디게아 교회에 하신 말씀

이기는 그에게는 내가 내 보좌에 함께 앉게 하여 주기를 내가 이기고 아버지 보좌에 함께 앉은 것과 같이 하리라 (계3:21)

• 자신을 위한 기도

필자는 자신을 위한 기도를 드릴 때 그날 필자가 해야 할 일을 놓고 집중적으로 기도하고 이미 기도한 것은 응답받은 줄로 믿는다.

> 그러므로 내가 너희에게 말하노니 무엇이든지 기도하고 구하는 것은 받은 줄로 믿으라 그리하면 너희에게 그대로 되리라 서서 기도할 때에 아무에게나 혐의가 있거든 용서하라 그리하여야 하늘에 계신 너희 아버지께서도 너희 허물을 사하여 주시리라 하시니라 (막11:24~25)

> 너희가 기도할 때에 무엇이든지 믿고 구하는 것은 다 받으리라 하시니라 (마21:22)

하루를 시작하기 전 새벽기도를 드리며 하루를 온전히 주님께 맡기며 기도한다.

> 여호와여 오직 내가 주께 부르짖었사오니 아침에 나의 기도가 주의 앞에 이르리이다 (시88:13)

> 여호와여 나의 말에 귀를 기울이사 나의 심정을 헤아려 주소서 나의 왕, 나의 하나님이여 내가 부르짖는 소리를 들으소서 내가

주께 기도하나이다 여호와여 아침에 주께서 나의 소리를 들으시리니 아침에 내가 주께 기도하고 바라리이다 (시5:1~3)

나의 기도가 주 앞에 이르게 하시며 나의 부르짖음에 주의 귀를 기울여 주소서 (시88:2)

오늘 드린 기도가 향연이 되어 금향로에 담겨 하나님의 금보좌에 상달될 것을 믿고 감사한다.

하나님이 실로 들으셨음이여 내 기도 소리에 귀를 기울이셨도다 하나님을 찬송하리로다 그가 내 기도를 물리치지 아니하시고 그의 인자하심을 내게서 거두지도 아니하셨도다
(시66:19~20)

제 **3** 장
달마다 12가지 열매를 맺는
삶을 위한 기도

필자는 달마다 12가지 열매를 맺는 삶을 위해 매일 기도한다. 이 중 무화과, 포도, 석류, 감람나무 열매는 이스라엘의 4대 축복의 과일이고 피스타치오와 아몬드는 야곱이 애굽땅에 있는 요셉을 형제들이 만나러 갈 때 가지고 간 열매이다.

창세기 43장 11절 말씀에 나오는 유향나무 열매가 바로 pistachio nuts이고 감복숭아는 almond이다.

이스라엘 땅에서 나오는 과일 6가지와 열대과일 5종류 그리고 두뇌에 좋은 열매 호두를 포함하여 달마다 12가지 열매를 풍성히 맺어 나도 먹고 다른 사람을 나눠 줄 수 있는 복된 삶이 되기를 기도한다. 이스라엘 땅에서 나오는 과일 6가지는 성경말씀 속에 소개된 내용이 있어서 말씀을 기록 하였으나 그 외 6가지 과일은 성경말씀 속에 나오지 않기 때문에 말씀을 소개하지 못하고 과일의 효능 중심으로 소개하였다.

강 좌우 가에는 각종 먹을 과실나무가 자라서 그 잎이 시들지 아니하며 열매가 끊이지 아니하고 달마다 새 열매를 맺으리니 그 물이 성소를 통하여 나옴이라 그 열매는 먹을 만하고 그 잎 사귀는 약 재료가 되리라 (겔47:12)

또 그가 수정 같이 맑은 생명수의 강을 내게 보이니 하나님과 및 어린 양의 보좌로부터 나와서 길 가운데로 흐르더라 강 좌 우에 생명나무가 있어 열두 가지 열매를 맺되 달마다 그 열매 를 맺고 그 나무 잎사귀들은 만국을 치료하기 위하여 있더라 (계22:1~2)

에스겔 47장 12절 말씀과 요한계시록 22:1~2절 말씀은 구약과 신 약의 말씀의 짝이 된다. 에스겔 47장은 열매 맺는 물이 성전에서 나온다고 말씀하고 있으며 요한계시록 22장에서는 하나님의 보좌 로부터 수정 같은 맑은 물이 나와서 열두 가지 열매를 맺는다고 말 씀하고 있다. 성전은 우리가 달마다 열매를 맺을 수 있도록 물이 흘러나오는 곳이다.

그 날에 산들이 단 포도주를 떨어뜨릴 것이며 작은 산들이 젖 을 흘릴 것이며 유다 모든 시내가 물을 흘릴 것이며 여호와의 성전에서 샘이 흘러 나와서 싯딤 골짜기에 대리라 (욜3:18)

필자는 우리가 기도하는 성전에서 물이 흘러나와 12가지 열매를 맺고 그 열매를 수확할 때 제일 먼저 예수님, 원로 목사님, 담임 목사님, 선교사님들, 교구 목사님, 영어예배부 목사님과 우리 셀원들, 필자가 봉사하는 봉사부서의 목사님과 회원들도 함께 열매를 수확하고 잎사귀로는 치료함을 받을 수 있도록 기도한다.

1. 무화과(Fig)

예수님께서 좋아하셨던 과일은 무화과 같다. 마태복음 21장과 마가복음 11장에 보면 이른 아침에 예수님께서 성으로 들어오실 때 시장하셨는데 길가에 있는 한 무화과나무에 열매가 없음을 보시고 "이제부터 영원토록 네가 열매를 맺지 못하리라" 하신 말씀이 나온다.

이튿날 그들이 베다니에서 나왔을 때에 예수께서 시장하신지라 멀리서 잎사귀 있는 한 무화과나무를 보시고 혹 그 나무에 무엇이 있을까 하여 가셨더니 가서 보신즉 잎사귀 외에 아무 것도 없더라 이는 무화과의 때가 아님이라 예수께서 나무에게 말씀하여 이르시되 이제부터 영원토록 사람이 네게서 열매를 따먹지 못하리라 하시니 제자들이 이를 듣더라 (막11:12~14)

이스라엘에는 무화과가 가장 흔한 과일이다. 무화과는 버릴 것이 없을 정도로 좋은 과일이다.

열매는 우리가 과일로 즐겨 먹고, 잎사귀는 차로 만들어 마시기도 하며 구충제로도 쓰이고 상처를 치료하는 치료제로 쓰인다. 무화과 잎은 탁월한 치료제로 쓰일 뿐 아니라 재래식 화장실의 구더기를 박멸하는 데도 쓰인다. 재래식 화장실에 무화과 잎을 몇 장 넣어두면 벌레가 전혀 생기지 않는다.

열왕기하 20장에 보면 히스기야가 병들어 죽게 되었을 때 낯을 벽으로 향하고 하나님께 간절히 기도하여 15년간 생명을 연장시켜 주신다. 그때 이사야가 무화과 반죽을 가져오라 하여 히스기야의 상처에 놓았더니 낫게 되었다. 영어 성경에 보면 이 내용을 이렇게 적고 있다. "Prepare a poultice of figs." They did so and applied it to the boil, and he recovered.(2King 20:7)

즉 무화과 잎을 삶아서 찜질약을 만들어서 상처에 놓아서 낫게 된 것이다.

필자는 이 성경 말씀을 읽다가 무화과 잎에 특별한 치료의 효능이 있음을 알고 잎을 삶아서 그 물에 발을 담그고 1시간 정도 찜질을 했더니 무좀과 발가려움 증상이 깨끗하게 치료되었다. 만약 독자 여러분 중에 무좀이 있거나 발에 습진, 가려움증이 있으신 분은 무화과 잎을 푹 삶아서 그 물을 대야에 담아 1시간 정도 족욕을 하면 치료의 효과를 볼 수 있을 것이다.

그 때에 히스기야가 병들어 죽게 되매 아모스의 아들 선지자 이
사야가 그에게 나아와서 그에게 이르되 여호와의 말씀이 너는 집
을 정리하라 네가 죽고 살지 못하리라 하셨나이다 히스기야가 낯
을 벽으로 향하고 여호와께 기도하여 이르되 여호와여 구하오니
내가 진실과 전심으로 주 앞에 행하며 주께서 보시기에 선하게
행한 것을 기억하옵소서 하고 히스기야가 심히 통곡하더라 이사
야가 성읍 가운데까지도 이르기 전에 여호와의 말씀이 그에게 임
하여 이르시되 너는 돌아가서 내 백성의 주권자 히스기야에게 이
르기를 왕의 조상 다윗의 하나님 여호와의 말씀이 내가 네 기도
를 들었고 네 눈물을 보았노라 내가 너를 낫게 하리니 네가 삼 일
만에 여호와의 성전에 올라가겠고 내가 네 날에 십오 년을 더할
것이며 내가 너와 이 성을 앗수르 왕의 손에서 구원하고 내가 나
를 위하고 또 내 종 다윗을 위하므로 이 성을 보호하리라 하셨다
하라 하셨더라 이사야가 이르되 무화과 반죽을 가져오라 하매 무
리가 가져다가 그 상처에 놓으니 나으니라 (왕하20:1~7)

무화과는 고혈압 개선과 기억력 증진, 황반병성(망막중심부에 위
치한 신경조직 황반부에 변화가 생겨 시력장애가 일어나는 것) 예
방, 기관지염 예방에 효과가 있고 무화과잎 차는 기관지염, 호흡기
질환, 천식 증상 예방 및 완화에 도움이 된다. 코로나 19로 모두 힘
들어 하는 이때 무화과 잎으로 차를 만들어 복용하면 건강에 도움
이 될 것이다.

2. 포도(grape)

필자가 두 번째 열매 맺기 위해 기도
하는 것은 포도이다. 포도나무는 성
경 여러 곳에 비유를 들어 말씀하고
있지만 요한복음 15장을 보면 예수님이 포도나무이고 우리는 가지
라고 말씀하고 있다. 그러므로 우리가 예수님 안에 거하지 않으면
포도 열매를 맺을 수 없다.

> 나는 참포도나무요 내 아버지는 농부라 무릇 내게 붙어 있어 열
> 매를 맺지 아니하는 가지는 아버지께서 그것을 제거해 버리시
> 고 무릇 열매를 맺는 가지는 더 열매를 맺게 하려 하여 그것을
> 깨끗하게 하시느니라 너희는 내가 일러준 말로 이미 깨끗하여
> 졌으니 내 안에 거하라 나도 너희 안에 거하리라 가지가 포도나
> 무에 붙어 있지 아니하면 스스로 열매를 맺을 수 없음 같이 너
> 희도 내 안에 있지 아니하면 그러하리라 나는 포도나무요 너
> 희는 가지라 그가 내 안에, 내가 그 안에 거하면 사람이 열매를
> 많이 맺나니 나를 떠나서는 너희가 아무 것도 할 수 없음이라
> (요15:1~5)

민수기 13장에 보면 가나안 땅을 정탐하고 온 12지파의 수령들은
에스골 골짜기에서 포도송이가 달린 가지를 베어 두 사람이 막대
기에 꿰어 매고 온 말씀이 있다.

또 에스골 골짜기에 이르러 거기서 포도송이가 달린 가지를 베
어 둘이 막대기에 꿰어 메고 또 석류와 무화과를 따니라
(민13:23)

신명기 8장에는 이스라엘이 차지할 아름다운 땅에 대해 말씀하면서 아
름다운 땅은 포도를 거둘 수 있는 포도의 소산지임을 말씀하고 있다.

네 하나님 여호와께서 너를 아름다운 땅에 이르게 하시나니 그
곳은 골짜기든지 산지든지 시내와 분천과 샘이 흐르고 밀과 보
리의 소산지요 포도와 무화과와 석류와 감람나무와 꿀의 소산
지라 네가 먹을 것에 모자람이 없고 네게 아무 부족함이 없는
땅이며 그 땅의 돌은 철이요 산에서는 동을 캘 것이라 네가 먹
어서 배부르고 네 하나님 여호와께서 옥토를 네게 주셨음으로
말미암아 그를 찬송하리라 (신8:7~10)

포도는 항암 효과가 탁월하고 철분이 풍부하게 함유되어 있어 혈
액 생성을 촉진하여 빈혈에 도움이 되고 비타민과 무기질이 많아
피를 맑게 해 주어 혈관 건강에 좋다. 또한 피로 회복에 좋고 두뇌
건강에도 도움이 된다. 혈중 콜레스테롤을 제거하는 데 도움을 주
기 때문에 고지혈증, 뇌졸중 예방에도 좋고 눈 건강에도 좋다. 포
도에 포함되어 있는 안토시아닌(anthocyanin) 성분은 시력을 보
호하고 눈의 피로를 풀어주고 안구건조증이나 백내장 예방에 도움

이 된다. 그 외 위장 건강에도 도움이 되고 충치 예방에도 도움이 되며 노화 예방에도 도움이 된다.

3. 석류(Pomegranate)

성경에서 성전과 관련하여 석류에 대해 말씀하고 있는 곳은 출애굽기 28장과 역대하 3장, 예레미야 52장이다. 출애굽기 28장은 제사장의 옷을 만들 때 청색, 자색, 홍색실로 석류를 수놓고 금방울을 간격을 두어 달게 하라는 말씀이 있다.

> 그 옷 가장자리로 돌아가며 청색 자색 홍색 실로 석류를 수 놓고 금 방울을 간격을 두어 달되 그 옷 가장자리로 돌아가며 한 금 방울, 한 석류, 한 금 방울, 한 석류가 있게 하라 아론이 입고 여호와를 섬기러 성소에 들어갈 때와 성소에서 나올 때에 그 소리가 들릴 것이라 그리하면 그가 죽지 아니하리라 (출28:33~35)

역대하 3장에 솔로몬이 성전을 건축할 때 성전 앞에 높이가 16m되는 두 기둥을 만드는데 각 기둥 꼭대기에 석류 백 개를 만들어 사슬에 다는 말씀이 나온다.

성전 앞에 기둥 둘을 만들었으니 높이가 삼십오 규빗이요 각 기둥
꼭대기의 머리가 다섯 규빗이라 성소 같이 사슬을 만들어 그 기둥
머리에 두르고 석류 백 개를 만들어 사슬에 달았으며 그 두 기둥
을 성전 앞에 세웠으니 왼쪽에 하나요 오른쪽에 하나라 오른쪽 것
은 야긴이라 부르고 왼쪽 것은 보아스라 불렀더라 (대하3:15~17)

예레미야 52장에도 솔로몬 왕이 여호와의 성전을 위해 만든 두 기
둥에 대한 말씀이 나온다.

솔로몬 왕이 여호와의 성전을 위하여 만든 두 기둥과 한 바다
와 그 받침 아래에 있는 열두 놋 소 곧 이 모든 기구의 놋 무게
는 헤아릴 수 없었더라 그 기둥은 한 기둥의 높이가 십팔 규빗
이요 그 둘레는 십이 규빗이며 그 속이 비었고 그 두께는 네 손
가락 두께이며 기둥 위에 놋머리가 있어 그 높이가 다섯 규빗
이요 머리 사면으로 돌아가며 꾸민 망사와 석류가 다 놋이며
또 다른 기둥에도 이런 모든 것과 석류가 있었더라 그 사면에
있는 석류는 아흔여섯 개요 그 기둥에 둘린 그물 위에 있는 석
류는 도합이 백 개이었더라 (렘52:20~23)

석류는 감기 예방, 갱년기장애 예방, 탈모 예방, 피부미용에 좋으며
혈관 건강에 도움을 주고 면역력 강화와 관절염에도 효과적이며 피
로 회복에도 좋고 다이어트에도 좋다. 석류는 열매와 껍질 모두 고혈

압, 동맥경화 예방에 도움이 되며 이질에 걸렸을 때 약효가 뛰어나고 휘발성 알칼로이드가 있어 기생충, 특히 촌충 구제약으로 사용한다. 필자는 석류 열매를 맺기 위한 기도를 할 때 성전의 야긴(저가 세우리라는 뜻)과 보아스(그에게 능력이 있다는 뜻)처럼 쓰임받게 해달라고 기도한다.

4. 감람나무 열매(olive)

성경에는 성전과 관련하여 감람나무 열매에 관한 말씀이, 출애굽기 27장의 성소의 등불 관리 내용, 레위기 24장의 '계속해서 켜둘 등잔불'에 대한 내용 속에 나온다.

> 너는 또 이스라엘 자손에게 명령하여 감람으로 짠 순수한 기름을 등불을 위하여 네게로 가져오게 하고 끊이지 않게 등불을 켜되 아론과 그의 아들들로 회막 안 증거궤 앞 휘장 밖에서 저녁부터 아침까지 항상 여호와 앞에 그 등불을 보살피게 하라 이는 이스라엘 자손이 대대로 지킬 규례이니라 (출27:20~21)

등불은 감람나무 열매로 짠 순수한 기름으로 켜야 한다.

여호와께서 모세에게 말씀하여 이르시되 이스라엘 자손에게 명령하여 불을 켜기 위하여 감람을 찧어낸 순결한 기름을 네게로 가져오게 하여 계속해서 등잔불을 켜 둘지며 아론은 회막 안 증거궤 휘장 밖에서 저녁부터 아침까지 여호와 앞에 항상 등잔불을 정리할지니 이는 너희 대대로 지킬 영원한 규례라 그는 여호와 앞에서 순결한 등잔대 위의 등잔들을 항상 정리할지니라 (레24:1~4)

올리브는 지중해식 식사를 대표하는 식재료이며 올리브가 갖고 있는 강력한 항산화 작용(몸속 유해 산소를 차단하는 기능) 때문에 건강에 매우 좋다. 올리브는 항암 효과가 뛰어나고 위장 질환 개선에 도움이 되며 혈관 건강에도 도움이 된다. 뿐만 아니라 노화예방, 피부미용, 눈 건강, 유방암 예방에도 효과가 있다.

올리브는 전체 열량의 80~85%가 지방이지만 대부분이 몸에 좋은 불포화지방산이다. 필자는 기도를 드릴 때, 올리브기름처럼, 성전의 등잔불을 켤 때 기도로 성전의 불을 밝히는 데 쓰임받기 원하며, 시므온이 그리스도를 보기 전에는 죽지 아니 하리라는 성경의 지시를 받고 성전에서 예수님을 안고 하나님께 찬송하는 모습을 상상하며 시므온처럼 성전에서 예수님을 기다릴 수 있는 믿음을 달라고 기도한다.

예루살렘에 시므온이라 하는 사람이 있으니 이 사람은 의롭고 경건하여 이스라엘의 위로를 기다리는 자라 성령이 그 위에 계시더라 그가 주의 그리스도를 보기 전에는 죽지 아니하리라 하는 성령의 지시를 받았더니 성령의 감동으로 성전에 들어가매 마침 부모가 율법의 관례대로 행하고자 하여 그 아기 예수를 데리고 오는지라 시므온이 아기를 안고 하나님을 찬송하여 이르되 주재여 이제는 말씀하신 대로 종을 평안히 놓아 주시는도다 내 눈이 주의 구원을 보았사오니 이는 만민 앞에 예비하신 것이요 이방을 비추는 빛이요 주의 백성 이스라엘의 영광이니이다 하니 그의 부모가 그에 대한 말들을 놀랍게 여기더라 시므온이 그들에게 축복하고 그의 어머니 마리아에게 말하여 이르되 보라 이는 이스라엘 중 많은 사람을 패하거나 흥하게 하며 비방을 받는 표적이 되기 위하여 세움을 받았고 또 칼이 네 마음을 찌르듯 하리니 이는 여러 사람의 마음의 생각을 드러내려 함이니라 하더라 (눅2:25~35)

또한 아셀지파의 안나처럼 성전을 떠나지 않고 주야로 금식하며 기도함으로 섬길 수 있는 믿음을 달라고 기도하며 시므온과 안나처럼 성전에서 예수님을 만날 수 있는 은혜를 달라고 기도한다.

또 아셀 지파 바누엘의 딸 안나라 하는 선지자가 있어 나이가
매우 많았더라 그가 결혼한 후 일곱 해 동안 남편과 함께 살다
가 과부가 되고 팔십사 세가 되었더라 이 사람이 성전을 떠나
지 아니하고 주야로 금식하며 기도함으로 섬기더니 마침 이때
에 나아와서 하나님께 감사하고 예루살렘의 속량을 바라는 모
든 사람에게 그에 대하여 말하니라 (눅2:36~38)

5. 피스타치오(Pistachio)

피스타치오는 유향나무 열매(pistachio
nut)로 알려져 있으며 야곱의 아들들
이 요셉을 만나러 갈 때 예물로 가져간
열매이다.

그들의 아버지 이스라엘이 그들에게 이르되 그러할진대 이렇게
하라 너희는 이 땅의 아름다운 소산을 그릇에 담아가지고 내려
가서 그 사람에게 예물로 드릴지니 곧 유향 조금과 꿀 조금과
향품과 몰약과 유향나무 열매와 감복숭아이니라 (창43:11)

피스타치오는 콜레스테롤 저하, 심혈관질환 예방, 성인병 예방과
항암 효과가 있으며 고혈압, 골다공증 예방, 안구질환 예방, 피부
미용과 노화 방지에 효과적이며 다이어트와 피로 회복에도 좋고

불포화지방산 오메가3도 풍부하여 두뇌를 활성화시키고 두뇌 발달과 기억력, 집중력 향상에 도움이 되는 열매이다.

6. 아몬드(Almond)

아몬드는 창세기 43장 11절 말씀에 감복숭아(almond)로 알려져 있으며 야곱의 아들들이 요셉을 만나러 갈 때 예물로 가져간 열매이다. 아몬드는 비타민E를 공급하는 최상의 식품 중 하나이며 노화예방, 산화방지제 역할을 한다. 아몬드는 중동에서 처음 발견되었으며 많은 영양소가 포함되어 있다. 아몬드는 산화방지제가 풍부한 식품이고 비타민E가 풍부하여 세계 최고의 비타민E 공급원 중 하나로 1온스의 아몬드는 하루 일일 비타민E 권장량의 37%를 제공한다. 뿐만 아니라 혈당 조절, 혈압 조절, 콜레스테롤 수치 경감 기능이 있으며 탄수화물이 적고 단백질과 섬유질이 풍부하여 포만감을 높여준다.

7. 아보카도(Avocado)

아보카도는 비타민이 풍부하고 필수 지방산이 있어 피부 건강에 좋다. 아보카도는 보습효과가 뛰어나 피부를

촉촉하게 해 주고 피부 톤을 밝게 개선시켜 주며, 활성산소를 제거하여 주름이나 다크서클을 예방하는 데 효과가 있다. 아보카도에 함유된 풍부한 칼륨은 체내의 나트륨 배출을 촉진시키고 체내 독소를 제거하는 데 도움을 주며, 염증이 발생할 확률이 낮다. 또한 아보카도는 심혈관계 질환을 예방하며 마그네슘, 철분, 비타민, 미네랄이 풍부하고 당분이 낮아 식사 전에 아보카도 반 개를 먹으면 포만감이 생겨 과식을 막아 주고, 아보카도 4분의 1조각을 매일 섭취하면 복부지방이 감량되는 효과가 있다. 아보카도는 11가지 미네랄, 20가지 비타민, 10가지의 아미노산 등의 영양이 풍부한 슈퍼푸드(super food)이며 아보카도의 풍부한 영양은 피로를 회복하는 데 도움이 된다.

그 외 면역력 강화, 항암 효과, 눈 건강과 소화에도 도움을 준다.

8. 두리안(Durian)

두리안은 과일 중의 왕자라는 별명을 갖고 있다. 두리안은 당분이 높아 포도당을 빨리 공급하여 지친 기운에 원기를 불어넣어 주어 원기 회복에 좋다. 두리안은 고혈압 예방, 체내 노폐물 배출, 피로 회복, 빈혈 예방에 효능이 있으며 두리안에 함유되어 있는 트립토판은 우울감 완화와 불면증 개선에 큰 도움을 준다. 트립토판 성분은 암을 예방해 주는 효과와 콜레스테롤 수치 조절에도 효과가 있다.

9. 코코넛(coconut)

코코넛은 열대와 아열대 지방에 널리 자라며 태국을 비롯한 동남아시아의 농장에서 대규모로 재배한다. 1년에 4회 정도 수확하는데 나무 1그루당 50~60개의 열매가 달린다. 코코넛은 피부, 관절염, 골다공증, 동맥경화, 심장병 예방, 치주질환 예방, 치석 방지에 도움이 된다. 코코넛 오일은 향균 효과, 항산화 효과, 면연력 향상 효과, 피하지방. 내장지방 감소 효과, 알츠하이머형 치매 증상 경감 효과가 있다. 코코넛 워터는 성인병 예방, 다이어트, 노화 방지, 수분보충(세계 2차대전 당시 식염수가 없어서 응급환자에게 식염수 대신 코코넛 워터를 사용했다고 한다. 코코넛 워터의 성분은 몸속 혈액과 비슷하다고 볼 수 있다.) 땀을 많이 흘렸거나 심한 운동 후 코코넛 워터를 섭취하면 전해질 보충에 효과적이다. 코코넛워터는 숙취 해소에도 좋으며 소화제 역할을 해서 급성위장염, 이질, 변비, 기생충 등 복부와 관련된 치료에 사용되기도 한다.

10. 망고(Mango)

망고는 최고 인기가 있는 동양과일로 '모든 과일 중의 왕'이라고 한다. 망고는

성인병 예방과 혈관 건강에 도움이 된다. 망고에는 비타민C, 베타카로틴 등의 면역력에 좋은 성분들이 풍부하여 하루에 망고 1개만 먹어도 일일 비타민C 권장량을 채울 수 있다. 또한 망고는 피부에도 좋으며 눈 건강에도 도움이 되며 변비 예방에도 도움이 되고 두뇌 발달을 좋게 하는 두뇌 식품이다. 망고에는 칼슘과 비타민K 성분이 풍부하여 뼈를 튼튼하게 해 주고 뼈 생성에 효과가 있다.

11. 망고스틴(Mangosteen)

망고스틴은 '열매 중의 여왕'이라고 할 정도로 맛이 뛰어나다. 망고스틴은 비타민C와 니아신 등이 풍부해서 피부 보습과 탄력에 효과적이며 항산화 성분이 풍

성해 체내 유일한 활성산소와 염증 수치를 줄이고 비만세포가 분해되어 체중감소에 도움을 준다. 망고스틴은 칼륨 함량이 높아 나트륨을 배출시키고 체내에 쌓인 노폐물을 몸 밖으로 내보내며, 식이섬유가 풍부해 변비 해소에 도움을 준다. 또한 망고스틴에는 칼슘, 인, 철, 각종 미네랄 성분과 비타민 B1,2,3와 비타민C, 각종 식이섬유 등 130여 종의 영양소가 함유되어 있다. 또한 류머티스 관절염, 생리통, 아토피, 알레르기, 피부트러블에 효과가 있다. 그 외에도 화상, 습진, 구내염, 치주염, 장염, 설사, 방광염에도 치료 효과가 있고 예로부터 한약재로 사용되어 왔다.

12. 호두(Walnut)

호두는 사람의 뇌(brain)를 닮았으며
불포화지방산이 풍부하여 뇌세포 형성
에 좋고 뇌기능을 원활하게 도와주는

효과가 있다. 호두 속의 칼슘, 마그네슘, 인 성분이 뇌 신경세포 파
괴를 예방하고 기억력과 학습력을 향상해 주기 때문에 수험생 건강
식품으로 좋다.

호두에 풍부한 불포화 지방산은 나쁜 콜레스테롤은 낮춰 주고 좋
은 콜레스테롤은 높여 주는 효능이 있어 고혈압, 뇌졸중, 심근경색
등의 심혈관계 질환을 예방하는 데 도움을 준다. 또한 호두에 함유
된 엘라그산은 암의 발생과 전이를 억제하는 효과가 있으며 오메
가3 지방산은 암세포의 생성을 예방하고 이미 생긴 암세포의 성장
을 늦춰 주기 때문에 암 예방에 도움이 된다.

호두에는 칼슘과 마그네슘이 풍부하여 뼈 건강에 도움이 되며 탄
수화물 함량이 적어 당뇨 예방에 좋으며 피부에 좋은 비타민E, 비
타민F, 미네랄 등이 풍부하다. 그 외 불면증 예방, 탈모 예방, 피로
해소, 체중 관리에 도움이 된다.

 위에 소개된 과일은 필자가 열매 맺기 원하는 과일을 소개한 것이
며 독자 여러분들은 자신이 열매 맺기 원하는 과일을 상상하며 기
도할 수 있다. 또한 계절에 따라 먹고 싶은 과일을 구할 수도 있다.

제 **4** 장
하나님 앞에 상달되는 헌물

필자는 하나님 앞에 상달되는 헌물을 위한 기도를 드릴 때 감사로 하나님께 헌물을 드렸을 때 기적을 베풀어주신 아벨, 노아, 아브라함, 이삭, 야곱, 기드온, 마노아, 다윗, 솔로몬, 히스기야, 요시야, 엘리야의 헌물과 비록 작은 헌물이나 섬김일지라도 하나님께서 크게 받으시고 축복하신 황충을 제거하는 헌물, 과부의 두 렙돈, 사렙다 과부의 헌물, 과부의 기름 그릇에 기름이 흘러넘치는 은혜, 요단강을 건너게 하는 은혜의 헌물, 나아만 장군처럼 깨끗함을 입는 은혜, 사마리아 성처럼 회복하여 주시는 은혜, 오병이어의 기적을 체험하는 헌물, 다비다의 섬김의 헌물, 라합의 섬김의 헌물, 바르실래의 섬김의 헌물, 수넴 여인의 섬김의 헌물을 기억하며 기도한다.

1. 감사로 드리는 헌물에 기적을 베푸시는 하나님

누가 먼저 내게 주고 나로 하여금 갚게 하겠느냐 온 천하에 있는 것이 다 내 것이니라 (욥41:11)

오직 너희의 하나님 여호와께서 자기의 이름을 두시려고 너희 모든 지파 중에서 택하신 곳인 그 계실 곳으로 찾아 나아가서 너희의 번제와 너희의 제물과 너희의 십일조와 너희 손의 거제와 너희의 서원제와 낙헌 예물과 너희 소와 양의 처음 난 것들을 너희는 그리로 가져다가 드리고 거기 곧 너희의 하나님 여호와 앞에서 먹고 너희의 하나님 여호와께서 너희의 손으로 수고한 일에 복 주심으로 말미암아 너희와 너희의 가족이 즐거워할지니라 (신12:5~7)

필자는 하나님께 헌금을 드릴 때, 감사로 제사를 드리고 복을 받아 성경 말씀에 기록된 아벨, 노아, 아브라함, 이삭, 야곱, 다윗, 솔로몬, 히스기야, 요시야와 번제물에 불로 응답받은 기드온, 마노아, 엘리야의 제사를 상상(imagination)하며, 나의 헌물이 하나님께서 기뻐 받으시는 헌물이 될 수 있도록 기도한다.

네 하나님 여호와를 기억하라 그가 네게 재물 얻을 능력을 주셨음이라 이같이 하심은 네 조상들에게 맹세하신 언약을 오늘과 같이 이루려 하심이니라 (신8:18)

내게 구하라 내가 이방 나라를 네 유업으로 주리니 네 소유가
땅 끝까지 이르리로다 (시2:8)

1) 아벨의 제사처럼 받으시는 헌물

아담이 가인과 아벨을 낳았는데 가인은 농사하는 자였고 아벨은
양치는 자였다. 가인은 땅의 소산으로 제물을 삼아 하나님께 드렸
고 아벨은 양의 첫 새끼와 그 기름으로 제사를 드렸는데 하나님께
서 아벨과 그의 제물은 받으시고 가인과 그의 제물은 받지 아니하
셨다.

필자는 작은 헌금이라도 성경 말씀에 기록된 아벨의 제물처럼 받
아주시기를 기도한다.

세월이 지난 후에 가인은 땅의 소산으로 제물을 삼아 여호와께
드렸고 아벨은 자기도 양의 첫 새끼와 그 기름으로 드렸더니
여호와께서 아벨과 그의 제물은 받으셨으나 가인과 그의 제물
은 받지 아니하신지라 가인이 몹시 분하여 안색이 변하니
(창4:3~5)

2) 노아의 제사처럼 받으시는 헌물

홍수 후에 하나님이 노아와 그와 함께 방주에 있는 모든 들짐승과 가축을 기억하셔서 바람을 땅 위에 불게 하셨다. 물이 줄어들었고 깊은 샘과 하늘의 창문이 닫히고 하늘에서 비가 그쳐 홍수가 난 지 150일 후에 방주가 아라랏산에 머물렀고 산들의 봉우리가 보였다. 노아는 40일이 지나 까마귀와 비둘기를 내놓게 된다. 저녁에 비둘기가 입에 감람나무 새 잎사귀를 물고 돌아왔고 7일 후에 다시 비둘기를 내놓자 다시 돌아오지 않았다. 노아가 방주 뚜껑을 열고 보니 지면에 물이 걷혀 있었다. 하나님께서 노아에게 아내와 아들들과 며느리들과 함께 방주에서 나오라고 하셔서 노아의 8식구와 모든 동물들도 방주에서 나왔다. 방주에서 나온 노아는 처음으로 번제를 드렸고 하나님께서는 그 향기를 받으셨다. 필자는 노아와 같은 마음으로 하나님께 감사하며 헌금을 드리고 하나님은 노아의 번제처럼 받으시기를 기도한다.

> 노아가 여호와께 제단을 쌓고 모든 정결한 짐승과 모든 정결한 새 중에서 제물을 취하여 번제로 제단에 드렸더니 여호와께서 그 향기를 받으시고 그 중심에 이르시되 내가 다시는 사람으로 말미암아 땅을 저주하지 아니하리니 이는 사람의 마음이 계획하는 바가 어려서부터 악함이라 내가 전에 행한 것 같이 모든 생물을 다시 멸하지 아니하리니 땅이 있을 동안에는 심음과 거

둠과 추위와 더위와 여름과 겨울과 낮과 밤이 쉬지 아니하리라

(창8:20~22)

3) 아브라함의 제사처럼 받으시는 헌물

아브라함은 하나님께 제단을 많이 쌓은 대표적인 인물이다. 그는 75세 때 고향과 친척과 아비집을 떠나 하나님께서 보여줄 땅으로 가라는 여호와의 말씀을 따라 가나안 땅에 들어간다. 하나님께서 아브라함에게 나타나셔서 "내가 이 땅을 네 자손에게 주리라" 하신 그곳에 첫 번째 제단을 쌓은 후, 벧엘 동쪽 산으로 옮겨 또 여호와께 제단을 쌓고 여호와의 이름을 불렀다.

> 여호와께서 아브람에게 나타나 이르시되 내가 이 땅을 네 자손에게 주리라 하신지라 자기에게 나타나신 여호와께 그가 그곳에서 제단을 쌓고 거기서 벧엘 동쪽 산으로 옮겨 장막을 치니 서쪽은 벧엘이요 동쪽은 아이라 그가 그곳에서 여호와께 제단을 쌓고 여호와의 이름을 부르더니 점점 남방으로 옮겨갔더라
> (창12:7~9)

아브라함은 헤브론으로 옮겨서 헤브론에 있는 마므레 상수리 수풀에서 또 여호와를 위한 제단을 쌓는다.

이에 아브람이 장막을 옮겨 헤브론에 있는 마므레 상수리 수풀
에 이르러 거주하며 거기서 여호와를 위하여 제단을 쌓았더라
(창13:18)

창세기 15장에 하나님은 아브라함에게 하늘을 우러러 뭇 별을 세
어보게 하신 후 "네 자손이 이와 같으리라" 말씀하셨고, "이 땅을
네게 주어 소유로 삼게 하려고 갈대아인의 우르에서 이끌어 내신
여호와라"고 말씀하셨다. 그때 아브라함이 "내가 이 땅을 소유로
받을 것을 무엇으로 알리이까" 했을 때 삼 년 된 암소와 삼 년 된
암염소와 삼 년 된 숫양과 산비둘기와 집비둘기 새끼를 가져오라
하셨고 하나님께서는 그 제사를 받으셨다.

여호와께서 그에게 이르시되 나를 위하여 삼 년 된 암소와 삼
년 된 암염소와 삼 년 된 숫양과 산비둘기와 집비둘기 새끼를
가져올지니라 아브람이 그 모든 것을 가져다가 그 중간을 쪼개
고 그 쪼갠 것을 마주 대하여 놓고 그 새는 쪼개지 아니하였으
며 솔개가 그 사체 위에 내릴 때에는 아브람이 쫓았더라
(창15:9~11)

해가 져서 어두울 때에 연기 나는 화로가 보이며 타는 횃불이
쪼갠 고기 사이로 지나더라 (창15:17)

창세기 22장에는 하나님께서 아브라함에게 이삭을 번제로 드리라
고 말씀하셨고 아브라함은 순종하였다.

> 그 일 후에 하나님이 아브라함을 시험하시려고 그를 부르시되
> 아브라함아 하시니 그가 이르되 내가 여기 있나이다 여호와께서
> 이르시되 네 아들 네 사랑하는 독자 이삭을 데리고 모리아 땅으
> 로 가서 내가 네게 일러 준 한 산 거기서 그를 번제로 드리라
> (창22:1~2)

아브라함이 하나님 말씀에 순종했을 때 숫양을 예비하셔서 이삭을
대신하여 번제로 드리게 되었다.

> 아브라함이 이르되 내 아들아 번제할 어린 양은 하나님이 자
> 기를 위하여 친히 준비하시리라 하고 두 사람이 함께 나아가서
> 하나님이 그에게 일러 주신 곳에 이른지라 이에 아브라함이 그
> 곳에 제단을 쌓고 나무를 벌여 놓고 그의 아들 이삭을 결박하
> 여 제단 나무 위에 놓고 손을 내밀어 칼을 잡고 그 아들을 잡으
> 려 하니 여호와의 사자가 하늘에서부터 그를 불러 이르시되 아
> 브라함아 아브라함아 하시는지라 아브라함이 이르되 내가 여기
> 있나이다 하매 사자가 이르시되 그 아이에게 네 손을 대지 말
> 라 그에게 아무 일도 하지 말라 네가 네 아들 네 독자까지도 내
> 게 아끼지 아니하였으니 내가 이제야 네가 하나님을 경외하는

줄을 아노라 아브라함이 눈을 들어 살펴본즉 한 숫양이 뒤에 있는데 뿔이 수풀에 걸려 있는지라 아브라함이 가서 그 숫양을 가져다가 아들을 대신하여 번제로 드렸더라 (창22:8~13)

필자도 헌금을 드릴 때 아브라함처럼 순종하며 드리는 헌물이 될 수 있기를, 하나님께서는 나의 헌물도 아브라함의 번제를 받으심 같이 받아 주시기를 기도한다.

4) 이삭의 제사처럼 받으시는 헌물

이삭이 그 땅에 흉년이 들어 그랄로 가서 블레셋왕 아비멜렉에게 갔을 때 하나님께서 이삭에게 나타나셔서 "애굽으로 가지 말고 내가 지시한 땅에 거주하라 이 땅에 거류하면 내가 너와 함께 있어 네게 복을 주고 내가 이 모든 땅을 너와 네 자손에게 주리라. 내가 네 아버지 아브라함에게 맹세한 것을 이루어 네 자손을 하늘의 별과 같이 번성하게 하며 이 모든 땅을 네 자손에게 주리니 네 자손으로 말미암아 천하 만민이 복을 받으리라" 하셨다. 이삭이 그랄에 거주하며 그 땅에서 농사를 지어 그 해에 백 배나 얻었다. 하나님께서 복을 주셔서 창대하고 왕성하여 거부가 되어 양과 소가 떼를 이루었고 종이 심히 많아 블레셋 사람이 시기하여 아브라함 때에 판 우물을 막고 흙으로 메워 버렸다.

이삭이 그 땅에서 농사하여 그 해에 백 배나 얻었고 여호와께
서 복을 주시므로 그 사람이 창대하고 왕성하여 마침내 거부가
되어 양과 소가 떼를 이루고 종이 심히 많으므로 블레셋 사람
이 그를 시기하여 그 아버지 아브라함 때에 그 아버지의 종들
이 판 모든 우물을 막고 흙으로 메웠더라 (창26:12~15)

이삭이 그랄 골짜기에 장막을 치고 거기 거류하며 아브라함 때 팠
던 우물들을 다시 팠다. 그랄 목자들이 이삭의 목자들과 다투어서
그 우물 이름을 에섹(다툼의 뜻)이라 하였고 또 다른 우물을 팠으
나 또 다투어서 우물 이름을 싯나(대적함의 뜻)라고 하였으며 또
다른 우물을 팠더니 다투지 아니하여 그 우물 이름을 르호봇(장소
가 넓음의 뜻)이라 하고, "이제는 여호와께서 우리를 위하여 넓게
하셨으니 이 땅에서 우리가 번성하리로다" 하였다.

이삭이 그곳을 떠나 그랄 골짜기에 장막을 치고 거기 거류하며
그 아버지 아브라함 때에 팠던 우물들을 다시 팠으니 이는 아
브라함이 죽은 후에 블레셋 사람이 그 우물들을 메웠음이라 이
삭이 그 우물들의 이름을 그의 아버지가 부르던 이름으로 불
렀더라 이삭의 종들이 골짜기를 파서 샘 근원을 얻었더니 그랄
목자들이 이삭의 목자와 다투어 이르되 이 물은 우리의 것이
라 하매 이삭이 그 다툼으로 말미암아 그 우물 이름을 에섹이
라 하였으며 또 다른 우물을 팠더니 그들이 또 다투므로 그 이

름을 싯나 하였으며 이삭이 거기서 옮겨 다른 우물을 팠더니
그들이 다투지 아니하였으므로 그 이름을 르호봇이라 하여 이
르되 이제는 여호와께서 우리를 위하여 넓게 하셨으니 이 땅에
서 우리가 번성하리로다 하였더라 (창26:17~22)

이삭이 브엘세바로 갔을 때 하나님께서 나타나셔서 "내 종 아브라
함을 위하여 내가 너와 함께 있어 네게 복을 주어 네 자손이 번성
하게 하리라" 하셨다. 이삭이 그곳에서 제단을 쌓고 하나님의 이름
을 불렀다.

이삭이 거기서부터 브엘세바로 올라갔더니 그 밤에 여호와께
서 그에게 나타나 이르시되 나는 네 아버지 아브라함의 하나님
이니 두려워하지 말라 내 종 아브라함을 위하여 내가 너와 함께
있어 네게 복을 주어 네 자손이 번성하게 하리라 하신지라 이삭
이 그 곳에 제단을 쌓고, 여호와의 이름을 부르며 거기 장막을
쳤더니 이삭의 종들이 거기서도 우물을 팠더라 (창26:23~25)

필자는 하나님께서 이삭에게 주신 축복처럼 르호봇의 축복을 주시
기를 간절히 기도한다.

5) 야곱의 제사처럼 받으시는 헌물

 야곱이 브엘세바를 떠나 하란을 향하여 갈 때의 일이다. 해가 져서 돌 하나를 베개 삼고 한 곳에서 잠을 청했는데, 한 꿈을 꾸고 난 후 그곳에서 하나님께 제사를 드린다.

 야곱이 브엘세바에서 떠나 하란으로 향하여 가더니 한 곳에 이르러는 해가 진지라 거기서 유숙하려고 그 곳의 한 돌을 가져다가 베개로 삼고 거기 누워 자더니 꿈에 본즉 사닥다리가 땅 위에 서 있는데 그 꼭대기가 하늘에 닿았고 또 본즉 하나님의 사자들이 그 위에서 오르락내리락 하고 또 본즉 여호와께서 그 위에 서서 이르시되 나는 여호와니 너의 조부 아브라함의 하나님이요 이삭의 하나님이라 네가 누워 있는 땅을 내가 너와 네 자손에게 주리니 네 자손이 땅의 티끌 같이 되어 네가 서쪽과 동쪽과 북쪽과 남쪽으로 퍼져나갈지며 땅의 모든 족속이 너와 네 자손으로 말미암아 복을 받으리라 내가 너와 함께 있어 네가 어디로 가든지 너를 지키며 너를 이끌어 이 땅으로 돌아오게 할지라 내가 네게 허락한 것을 다 이루기까지 너를 떠나지 아니하리라 하신지라 야곱이 잠이 깨어 이르되 여호와께서 과연 여기 계시거늘 내가 알지 못하였도다 이에 두려워하여 이르되 두렵도다 이곳이여 이것은 다름 아닌 하나님의 집이요 이는 하늘의 문이로다 하고 야곱이 아침에 일찍이 일어나 베개로 삼

앉던 돌을 가져다가 기둥으로 세우고 그 위에 기름을 붓고 그
곳 이름을 벧엘이라 하였더라 이 성의 옛 이름은 루스더라
(창28:10~19)

야곱은 하나님께 이렇게 첫 번째로 제사를 드리고 서원한다.

야곱이 서원하여 이르되 하나님이 나와 함께 계셔서 내가 가는
이 길에서 나를 지키시고 먹을 떡과 입을 옷을 주시어 내가 평
안히 아버지 집으로 돌아가게 하시오면 여호와께서 나의 하나
님이 되실 것이요 내가 기둥으로 세운 이 돌이 하나님의 집이
될 것이요 하나님께서 내게 주신 모든 것에서 십분의 일을 내
가 반드시 하나님께 드리겠나이다 하였더라 (창28:20~22)

야곱이 라반의 집에서 두 딸을 위하여 14년, 양떼를 위하여 6년,
20년을 봉사하였으나 라반이 품삯을 열 번이나 바꾸어서 외삼촌
라반을 떠나게 된다. 라반이 야곱이 도망간 것을 알고 7일 동안 뒤
를 쫓아 길르앗 산에 이르렀을 때 하나님께서 꿈에 나타나셔서 "너
는 삼가 야곱에게 선악 간에 말하지 말라" 하셨다. 야곱과 라반은
언약을 맺었고 야곱은 길르앗산에서 하나님께 제사를 드린다.

야곱이 또 산에서 제사를 드리고 형제들을 불러 떡을 먹이니
그들이 떡을 먹고 산에서 밤을 지내고 라반이 아침에 일찍이

일어나 손자들과 딸들에게 입맞추며 그들에게 축복하고 떠나
고향으로 돌아갔더라 (창31:54~55)

야곱은 또 세겜에서 하나님께 제단을 쌓는다.

야곱이 밧단아람에서부터 평안히 가나안 땅 세겜 성읍에 이르
러 그 성읍 앞에 장막을 치고 그가 장막을 친 밭을 세겜의 아버
지 하몰의 아들들의 손에서 백 크시타에 샀으며 거기에 제단을
쌓고 그 이름을 엘엘로헤이스라엘이라 불렀더라 (창33:18~20)

세겜에서 디나가 히위족(族) 추장 하몰의 아들 세겜에게 부끄러운
일을 당한 후 하나님께서 야곱에게 벧엘로 올라가서 제단을 쌓으
라고 하셨고 야곱은 순종하여 제단을 쌓는다.

야곱과 그와 함께 한 모든 사람이 가나안 땅 루스 곧 벧엘에 이
르고 그가 거기서 제단을 쌓고 그 곳을 엘벧엘이라 불렀으니
이는 그의 형의 낯을 피할 때에 하나님이 거기서 그에게 나타
나셨음이더라 (창35:6~7)

야곱이 엘벧엘에서 제단을 쌓은 후 하나님이 자기와 함께 말씀하
시던 곳에 돌기둥을 세우고 제사를 드린다.

야곱이 밧단아람에서 돌아오매 하나님이 다시 야곱에게 나타나
사 그에게 복을 주시고 하나님이 그에게 이르시되 네 이름이 야
곱이지마는 네 이름을 다시는 야곱이라 부르지 않겠고 이스라
엘이 네 이름이 되리라 하시고 그가 그의 이름을 이스라엘이라
부르시고 하나님이 그에게 이르시되 나는 전능한 하나님이라
생육하며 번성하라 한 백성과 백성들의 총회가 네게서 나오고
왕들이 네 허리에서 나오리라 내가 아브라함과 이삭에게 준 땅
을 네게 주고 내가 네 후손에게도 그 땅을 주리라 하시고 하나
님이 그와 말씀하시던 곳에서 그를 떠나 올라가시는지라 야곱
이 하나님이 자기와 말씀하시던 곳에 기둥 곧 돌 기둥을 세우고
그 위에 전제물을 붓고 또 그 위에 기름을 붓고 하나님이 자기
와 말씀하시던 곳의 이름을 벧엘이라 불렀더라 (창35:9~15)

야곱은 요셉을 만나기 위해 애굽으로 내려가기 전에 또 하나님께
제사를 드린다.

이스라엘이 모든 소유를 이끌고 떠나 브엘세바에 이르러 그
의 아버지 이삭의 하나님께 희생제사를 드리니 그 밤에 하나님
이 이상 중에 이스라엘에게 나타나 이르시되 야곱아 야곱아 하
시는지라 야곱이 이르되 내가 여기 있나이다 하매 하나님이 이
르시되 나는 하나님이라 네 아버지의 하나님이니 애굽으로 내
려가기를 두려워하지 말라 내가 거기서 너로 큰 민족을 이루게

하리라 내가 너와 함께 애굽으로 내려가겠고 반드시 너를 인도
하여 다시 올라올 것이며 요셉이 그의 손으로 네 눈을 감기리
라 하셨더라 (창46:1~4)

하나님께서 야곱에게 제단을 쌓으라고 말씀하신 곳에서 제사를
드리면 하나님께서는 축복을 약속하셨고 그 약속을 지키셨다. 필
자도 야곱처럼 제단을 많이 쌓고 약속있는 축복을 받기 위해 기도
한다.

6) 기드온의 번제처럼 받으시는 헌물

이스라엘이 미디안으로 말미암아 궁핍이 심하던 때, 이스라엘 자
손이 여호와께 부르짖자, 요아스의 아들 사사 기드온에게 하나님
의 사자가 나타나서 "큰 용사여 여호와께서 너와 함께 계시도다"
라 하신다. 하나님께서는 기드온에게 "너는 가서 이 너의 힘으로
이스라엘을 미디안의 손에서 구원하라. 내가 너를 보낸 것이 아니
냐" 하신다. 그러나 기드온은 "내가 무엇으로 이스라엘을 구원하리
이까. 나의 집은 므낫세 중에 극히 약하고 내 아버지 집에서 가장
작은 자니이다" 라 한다.

여호와께서 그에게 이르시되 내가 반드시 너와 함께 하리니 네가 미디안 사람 치기를 한 사람을 치듯 하리라 하시니라 기드온이 그에게 대답하되 만일 내가 주께 은혜를 얻었사오면 나와 말씀하신 이가 주 되시는 표징을 내게 보이소서 내가 예물을 가지고 다시 주께로 와서 그것을 주 앞에 드리기까지 이곳을 떠나지 마시기를 원하나이다 하니 그가 이르되 내가 너 돌아올 때까지 머무르리라 하니라 (삿6:16~18)

기드온은 제물을 준비하여 상수리나무 아래로 가져다가 드렸고 하나님의 사자는 고기와 무교병을 바위 위에 놓고 국을 부으라고 하여 기드온은 그대로 따랐다. 하나님의 사자가 지팡이 끝을 내밀어 고기와 무교병에 대자 불이 바위에서 나와 고기와 무교병을 살랐다.

기드온이 가서 염소 새끼 하나를 준비하고 가루 한 에바로 무교병을 만들고 고기를 소쿠리에 담고 국을 양푼에 담아 상수리나무 아래 그에게로 가져다가 드리매 하나님의 사자가 그에게 이르되 고기와 무교병을 가져다가 이 바위 위에 놓고 국을 부으라 하니 기드온이 그대로 하니라 여호와의 사자가 손에 잡은 지팡이 끝을 내밀어 고기와 무교병에 대니 불이 바위에서 나와 고기와 무교병을 살랐고 여호와의 사자는 떠나서 보이지 아니한지라 기드온이 그가 여호와의 사자인 줄을 알고 이르되 슬프도소이다 주 여호와여 내가 여호와의 사자를 대면하여 보았나이다

하니 여호와께서 그에게 이르시되 너는 안심하라 두려워하지
말라 죽지 아니하리라 하시니라 기드온이 여호와를 위하여 거
기서 제단을 쌓고 그것을 여호와 살롬이라 하였더라 그것이 오
늘까지 아비에셀 사람에게 속한 오브라에 있더라 (삿6:19~24)

하나님께서는 기드온의 제사에 불로 응답하셨다. 그날 밤에 여호
와께서 기드온에게 할 일을 말씀하셨고 기드온은 순종한다.

그 날 밤에 여호와께서 기드온에게 이르시되 네 아버지에게 있
는 수소 곧 칠 년 된 둘째 수소를 끌어 오고 네 아버지에게 있
는 바알의 제단을 헐며 그 곁의 아세라 상을 찍고 또 이 산성
꼭대기에 네 하나님 여호와를 위하여 규례대로 한 제단을 쌓고
그 둘째 수소를 잡아 네가 찍은 아세라 나무로 번제를 드릴지
니라 하시니라 이에 기드온이 종 열 사람을 데리고 여호와께서
그에게 말씀하신 대로 행하되 그의 아버지의 가문과 그 성읍
사람들을 두려워하므로 이 일을 감히 낮에 행하지 못하고 밤에
행하니라 (삿6:25~27)

기드온은 하나님께 제사를 드리고 삼백 용사로 미디안을 치고 승리한다.

필자도 기드온처럼 순종하여 날마다 영적·육적인 싸움에서 승리하
고 하나님께서 나의 헌물을 기드온의 제사처럼 받으시기를 기도한다.

7) 마노아의 번제처럼 받으시는 헌물

이스라엘 자손이 여호와의 목전에서 악을 행하여서 40년 동안 블레셋 사람의 손에 넘겨진 적이 있었다. 마노아라 이름하는 자의 아내가 임신하지 못하자 여호와의 사자가 그 여인에게 나타나서 "네가 본래 임신하지 못하므로 출산하지 못하였으나 이제 임신하여 아들을 낳으리니 포도주와 독주를 마시지 말고 부정한 것도 먹지 말고 그의 머리 위에 삭도를 대지 말라. 이 아이는 태에서 나옴으로부터 하나님께 바쳐진 나실인이 됨이라" 하였다.

마노아가 여호와의 사자에게 말하되 구하옵나니 당신은 우리에게 머물러서 우리가 당신을 위하여 염소 새끼 하나를 준비하게 하소서 하니 여호와의 사자가 마노아에게 이르되 네가 비록 나를 머물게 하나 내가 네 음식을 먹지 아니하리라 번제를 준비하려거든 마땅히 여호와께 드릴지니라 하니 이는 그가 여호와의 사자인 줄을 마노아가 알지 못함이었더라 마노아가 또 여호와의 사자에게 말하되 당신의 이름이 무엇이니이까 당신의 말씀이 이루어질 때에 우리가 당신을 존귀히 여기리이다 하니 여호와의 사자가 그에게 이르되 어찌하여 내 이름을 묻느냐 내 이름은 기묘자라 하니라 이에 마노아가 염소 새끼와 소제물을 가져다가 바위 위에서 여호와께 드리매 이적이 일어난지라 마노아와 그의 아내가 본즉 불꽃이 제단에서부터 하늘로 올라가

는 동시에 여호와의 사자가 제단 불꽃에 휩싸여 올라간지라 마
노아와 그의 아내가 그것을 보고 그들의 얼굴을 땅에 대고 엎
드리니라 (삿13:15~20)

제사를 드릴 때 불꽃이 제단에서부터 하늘로 올라가는 제사는 아
브라함의 제사와 기드온의 제사, 마노아의 제사, 엘리야의 번제,
솔로몬의 낙성식 제사 등이 있다. 필자도 하나님 앞에 드리는 헌물
이 하나님께서 이분들의 제사처럼 받으시기를 기도한다.

8) 다윗의 제사처럼 받으시는 헌물

다윗이 인구조사를 마친 후 마음에 자책감이 들어 하나님께 큰 죄
를 범하였으니 사해 달라고 기도한다. 선지자 갓에게 여호와의 말
씀이 임하여 세 가지를 보이니 그중에 하나를 택하라고 하신다.
즉, 이스라엘 땅의 칠년 기근, 원수에게 쫓겨 석 달 동안 도망다니
는 것, 이스라엘 땅의 사흘 간의 전염병, 그중에 하나를 택하면 그
것을 행하겠다고 하셨다. 다윗은 "여호와께서는 긍휼이 크시니 우
리가 여호와의 손에 빠지고 내가 사람의 손에 빠지지 아니하기를
원하노라" 하였다.

이에 여호와께서 그 아침부터 정하신 때까지 전염병을 이스라엘에게 내리시니 단에서부터 브엘세바까지 백성의 죽은 자가 칠만 명이라 천사가 예루살렘을 향하여 그의 손을 들어 멸하려 하더니 여호와께서 이 재앙 내리심을 뉘우치사 백성을 멸하는 천사에게 이르시되 족하다 이제는 네 손을 거두라 하시니 여호와의 사자가 여부스 사람 아라우나의 타작 마당 곁에 있는지라 다윗이 백성을 치는 천사를 보고 곧 여호와께 아뢰어 이르되 나는 범죄하였고 악을 행하였거니와 이 양 무리는 무엇을 행하였나이까 청하건대 주의 손으로 나와 내 아버지의 집을 치소서 하니라 (삼하24:15~17)

갓 선지자는 다윗에게 아라우나 타작마당에 제단을 쌓으라고 하고 다윗은 순종하여 은 오십 세겔(약 0.6kg)로 타작마당과 소를 사고 그곳에서 여호와께 제단을 쌓고 번제와 화목제를 드렸다. 하나님께서 기도를 들으시고 재앙을 그치셨다.

이르되 어찌하여 내 주 왕께서 종에게 임하시나이까 하니 다윗이 이르되 네게서 타작 마당을 사서 여호와께 제단을 쌓아 백성에게 내리는 재앙을 그치게 하려 함이라 하는지라 아라우나가 다윗에게 아뢰되 원하건대 내 주 왕은 좋게 여기시는 대로 취하여 드리소서 번제에 대하여는 소가 있고 땔 나무에 대하여는 마당질 하는 도구와 소의 멍에가 있나이다 왕이여 아라우나

가 이것을 다 왕께 드리나이다 하고 또 왕께 아뢰되 왕의 하나
님 여호와께서 왕을 기쁘게 받으시기를 원하나이다 왕이 아라
우나에게 이르되 그렇지 아니하다 내가 값을 주고 네게서 사리
라 값 없이는 내 하나님 여호와께 번제를 드리지 아니하리라
하고 다윗이 은 오십 세겔로 타작 마당과 소를 사고 그 곳에서
여호와를 위하여 제단을 쌓고 번제와 화목제를 드렸더니 이에
여호와께서 그 땅을 위한 기도를 들으시매 이스라엘에게 내리
는 재앙이 그쳤더라 (삼하24:21~25)

필자도 다윗처럼 "값없이는 내 하나님 여호와께 번제를 드리지 아
니하리라"는 말씀을 잊지 않기를 기도한다. 하나님 앞에 갈 때 빈
손으로 가지 아니하고 작은 예물이라도 드릴 때 하나님께서 다윗
의 제사처럼 기뻐 받으시는 헌물이 될 수 있기를 기도한다.

9) 솔로몬의 일천번제처럼 받으시는 헌물

솔로몬이 회막 앞에 있는 놋제단에 천 마리 희생으로 번제를 드렸
을 때 하나님께서 솔로몬에게 나타나셔서 "내가 네게 무엇을 주랴.
너는 구하라" 하신다.

여호와 앞 곧 회막 앞에 있는 놋 제단에 솔로몬이 이르러 그 위에 천 마리 희생으로 번제를 드렸더라 그 날 밤에 하나님이 솔로몬에게 나타나 그에게 이르시되 내가 네게 무엇을 주랴 너는 구하라 하시니 솔로몬이 하나님께 말하되 주께서 전에 큰 은혜를 내 아버지 다윗에게 베푸시고 내가 그를 대신하여 왕이 되게 하셨사오니 여호와 하나님이여 원하건대 주는 내 아버지 다윗에게 허락하신 것을 이제 굳게 하옵소서 주께서 나를 땅의 티끌 같이 많은 백성의 왕으로 삼으셨사오니 주는 이제 내게 지혜와 지식을 주사 이 백성 앞에서 출입하게 하옵소서 이렇게 많은 주의 백성을 누가 능히 재판하리이까 하니 하나님이 솔로몬에게 이르시되 이런 마음이 네게 있어서 부나 재물이나 영광이나 원수의 생명 멸하기를 구하지 아니하며 장수도 구하지 아니하고 오직 내가 네게 다스리게 한 내 백성을 재판하기 위하여 지혜와 지식을 구하였으니 그러므로 내가 네게 지혜와 지식을 주고 부와 재물과 영광도 주리니 네 전의 왕들도 이런 일이 없었거니와 네 후에도 이런 일이 없으리라 하시니라

(대하1:6~12)

또한 솔로몬이 성전 낙성식을 할 때 불이 하늘에서부터 내려와서 번제물과 제물들을 사르게 된다.

솔로몬이 기도를 마치매 불이 하늘에서부터 내려와서 그 번제
물과 제물들을 사르고 여호와의 영광이 그 성전에 가득하니 여
호와의 영광이 여호와의 전에 가득하므로 제사장들이 여호와의
전으로 능히 들어가지 못하였고 이스라엘 모든 자손은 불이 내
리는 것과 여호와의 영광이 성전 위에 있는 것을 보고 돌을 깐
땅에 엎드려 경배하며 여호와께 감사하여 이르되 선하시도다
그의 인자하심이 영원하도다 하니라 이에 왕과 모든 백성이 여
호와 앞에 제사를 드리니 솔로몬 왕이 드린 제물이 소가 이만
이천 마리요 양이 십이만 마리라 이와 같이 왕과 모든 백성이
하나님의 전의 낙성식을 행하니라 (대하7:1~5)

또 솔로몬이 여호와의 전 앞뜰 가운데서 번제물로 화목제의 기름
을 드렸고 하나님께서는 그 제사를 받으셨다.

솔로몬이 또 여호와의 전 앞뜰 가운데를 거룩하게 하고 거기서
번제물과 화목제의 기름을 드렸으니 이는 솔로몬이 지은 놋 제
단이 능히 그 번제물과 소제물과 기름을 용납할 수 없음이더라
(대하7:7)

필자가 하나님께 드리는 헌물도 솔로몬의 제사와 번제물처럼 받
으시고 솔로몬에게 내려주셨던 축복을 내려 주시기를 간절히 기도
한다.

10) 히스기야의 유월절 제사처럼 받으시는 헌물

히스기야가 온 이스라엘과 유다에 사람을 보내고 여호와를 위하여 유월절을 지키라 하자, 왕과 온 회중이 이 일을 좋게 여기고 브엘세바부터 단까지 온 이스라엘에 공포하여 일제히 예루살렘에 와서 유월절을 지키라 하였다.

> 예루살렘에 모인 이스라엘 자손이 크게 즐거워하며 칠 일 동안 무교절을 지켰고 레위 사람들과 제사장들은 날마다 여호와를 칭송하며 큰 소리 나는 악기를 울려 여호와를 찬양하였으며 히스기야는 여호와를 섬기는 일에 능숙한 모든 레위 사람들을 위로하였더라 이와 같이 절기 칠 일 동안에 무리가 먹으며 화목제를 드리고 그의 조상들의 하나님 여호와께 감사하였더라
> (대하30:21~22)

온 회중이 다시 칠 일을 유월절로 지키기로 결의하고 또 칠 일을 즐겁게 지켰다. 히스기야는 수송아지 천 마리와 양 칠천 마리를 회중에게 주었다.

> 온 회중이 다시 칠 일을 지키기로 결의하고 이에 또 칠 일을 즐겁게 지켰더라 유다 왕 히스기야가 수송아지 천 마리와 양 칠천 마리를 회중에게 주었고 방백들은 수송아지 천 마리와 양

만 마리를 회중에게 주었으며 자신들을 성결하게 한 제사장들
도 많았더라 유다 온 회중과 제사장들과 레위 사람들과 이스라
엘에서 온 모든 회중과 이스라엘 땅에서 나온 나그네들과 유다
에 사는 나그네들이 다 즐거워하였으므로 예루살렘에 큰 기쁨
이 있었으니 이스라엘 왕 다윗의 아들 솔로몬 때로부터 이러한
기쁨이 예루살렘에 없었더라 그 때에 제사장들과 레위 사람들
이 일어나서 백성을 위하여 축복하였으니 그 소리가 하늘에 들
리고 그 기도가 여호와의 거룩한 처소 하늘에 이르렀더라

(대하30:23~27)

히스기야의 유월절 제사를 위해 자발적으로 하나님께 드린 헌물
처럼, 필자도 자발적으로 헌금을 드릴 수 있는 마음을 주시기를,
그리고 하나님께서는 헌물을 받으시고 축복해 주시기를 기도한다.

11) 요시야의 유월절 제사처럼 받으시는 헌물

요시야가 예루살렘에서 여호와께 유월절을 지켜 첫째 달 열넷째
날에 유월절 어린 양을 잡는다.

너희 형제 모든 백성의 족속의 서열대로 또는 레위 족속의 서
열대로 성소에 서서 스스로 성결하게 하고 유월절 어린 양을

잡아 너희 형제들을 위하여 준비하되 여호와께서 모세를 통하여 전하신 말씀을 따라 행할지니라 요시야가 그 모인 모든 이를 위하여 백성들에게 자기의 소유 양 떼 중에서 어린 양과 어린 염소 삼만 마리와 수소 삼천 마리를 내어 유월절 제물로 주매 방백들도 즐거이 희생을 드려 백성과 제사장들과 레위 사람들에게 주었고 하나님의 전을 주장하는 자 힐기야와 스가랴와 여히엘은 제사장들에게 양 이천육백 마리와 수소 삼백 마리를 유월절 제물로 주었고 또 레위 사람들의 우두머리들 곧 고나냐와 그의 형제 스마야와 느다넬과 또 하사뱌와 여이엘과 요사밧은 양 오천 마리와 수소 오백 마리를 레위 사람들에게 유월절 제물로 주었더라 (대하35:5~9)

이스라엘 백성은 요시야 왕의 명령대로 유월절을 지키며 번제를 하나님의 제단에 드렸다. 선지자 사무엘 이후로 이스라엘 가운데서 유월절을 이같이 지키지 못하였고 이스라엘 모든 왕들도 요시야가 제사장들과 레위 사람들과 모인 유다와 이스라엘 무리와 예루살렘 주민과 함께 지킨 것처럼 유월절을 지키지 못하였다.

필자도 요시야 왕이 하나님께 유월절 헌물을 드린 것처럼 아낌없이 하나님께 드릴 수 있기를, 하나님께서는 헌금을 받으시고 축복해 주시기를 간절히 기도한다.

12) 엘리야의 번제처럼 받으시는 헌물

 사마리아에 가뭄과 기근이 심하여 여호와의 말씀이 엘리야에게 임하여 "너는 가서 아합에게 보이라 내가 비를 지면에 내리리라" 하셨다. 아합이 엘리야를 만났을 때 엘리야는 온 이스라엘과 이세벨의 상에서 먹는 바알 선지자 사백오십 명과 아세라의 선지자 사백 명을 갈멜산으로 모으게 한다. 아합은 사람을 보내어 선지자들을 갈멜산으로 모으고 "여호와가 만일 하나님이면 그를 따르고 바알이 만일 하나님이면 그를 따를지니라. 여호와의 선지자는 나만 홀로 남았으나 바알의 선지자는 사백오십 명이로다" 한다.

> 그런즉 송아지 둘을 우리에게 가져오게 하고 그들은 송아지 한 마리를 택하여 각을 떠서 나무 위에 놓고 불은 붙이지 말며 나도 송아지 한 마리를 잡아 나무 위에 놓고 불은 붙이지 않고 너희는 너희 신의 이름을 부르라 나는 여호와의 이름을 부르리니 이에 불로 응답하는 신 그가 하나님이니라 백성이 다 대답하되 그 말이 옳도다 하니라 (왕상18:23~24)

 엘리야가 바알 선지자들에게 "먼저 송아지 한 마리를 택하여 잡고 너희 신의 이름을 부르고 불을 붙이지 말라"고 하였다. 아침부터 낮까지 바알의 이름을 부르고 "우리에게 응답하소서" 하였으나 아무 응답도 없었으므로 그들이 쌓은 제단 주위로 뛰어놀았다. 정오에 엘리야가 그들을 조롱하며 "큰 소리로 부르라 그는 신인즉 묵상하고 있는지 혹은 그가 잠깐 나갔는지 혹은 그가 길을 행하는지 혹은 잠이 들어서 깨워야 할 것인지" 하자 그들이 큰소리로 부르고 피가 흐르기까지 칼과 창으로 그들의 몸을 상하게 하였다. 정오가 지났고 저녁 소제 드릴 때까지 미친 듯이 떠들었으나 응답이 없었다.

> 엘리야가 모든 백성을 향하여 이르되 내게로 가까이 오라 백성이 다 그에게 가까이 가매 그가 무너진 여호와의 제단을 수축하되 야곱의 아들들의 지파의 수효를 따라 엘리야가 돌 열두 개를 취하니 이 야곱은 옛적에 여호와의 말씀이 임하여 이르시기를 네 이름을 이스라엘이라 하리라 하신 자더라 그가 여호와의 이름을 의지하여 그 돌로 제단을 쌓고 제단을 돌아가며 곡식 종자 두 세아를 둘 만한 도랑을 만들고 또 나무를 벌이고 송아지의 각을 떠서 나무 위에 놓고 이르되 통 넷에 물을 채워다가 번제물과 나무 위에 부으라 하고 또 이르되 다시 그리하라 하여 다시 그리하니 또 이르되 세 번째로 그리하라 하여 세 번째로 그리하니 물이 제단으로 두루 흐르고 도랑에도 물이 가득 찼더라 저녁 소제 드릴 때에 이르러 선지자 엘리야가 나아가서 말하되 아브라함과 이삭과 이스라엘의 하나님 여호와여 주께서 이스라엘 중에서 하나님이신 것과 내가 주의 종인 것과 내가 주의 말씀대로 이 모든 일을 행하는 것을 오늘 알게 하옵소서 여호와여 내게 응답하옵소서 내게 응답하옵소서 이 백성에

게 주 여호와는 하나님이신 것과 주는 그들의 마음을 되돌이키
심을 알게 하옵소서 하매 이에 여호와의 불이 내려서 번제물과
나무와 돌과 흙을 태우고 또 도랑의 물을 핥은지라 모든 백성
이 보고 엎드려 말하되 여호와 그는 하나님이시로다 여호와 그
는 하나님이시로다 하니 (왕상18:30~40)

엘리야가 하나님께 드린 이 번제로 이스라엘에는 가뭄이 그치게
되었다.

엘리야가 아합에게 이르되 올라가서 먹고 마시소서 큰 비 소리
가 있나이다 아합이 먹고 마시러 올라가니라 엘리야가 갈멜 산
꼭대기로 올라가서 땅에 꿇어 엎드려 그의 얼굴을 무릎 사이에
넣고 그의 사환에게 이르되 올라가 바다쪽을 바라보라 그가 올
라가 바라보고 말하되 아무것도 없나이다 이르되 일곱 번까지
다시 가라 일곱 번째 이르러서는 그가 말하되 바다에서 사람의
손만한 작은 구름이 일어나나이다 이르되 올라가 아합에게 말
하기를 비에 막히지 아니하도록 마차를 갖추고 내려가소서 하
라 하니라 조금 후에 구름과 바람이 일어나서 하늘이 캄캄해
지며 큰 비가 내리는지라 아합이 마차를 타고 이스르엘로 가니
여호와의 능력이 엘리야에게 임하매 그가 허리를 동이고 이스
르엘로 들어가는 곳까지 아합 앞에서 달려갔더라

(왕상18:41~46)

필자는 작은 헌물이라도 엘리야의 번제처럼 받으시고 내가 드린 헌물이 구름이 되어 큰비를 내려 주셔서 주변에 있는 가뭄들을 제거하고 내 주변에 있는 사람들이 모두 은혜의 단비로 풍성하게 해 달라고 간절히 기도한다.

2. 작은 것도 크게 받으시고 축복하시는 하나님

너희가 이 모든 법도를 듣고 지켜 행하면 네 하나님 여호와께서 네 조상들에게 맹세하신 언약을 지켜 네게 인애를 베푸실 것이라 곧 너를 사랑하시고 복을 주사 너를 번성하게 하시되 네게 주리라고 네 조상들에게 맹세하신 땅에서 네 소생에게 은혜를 베푸시며 네 토지 소산과 곡식과 포도주와 기름을 풍성하게 하시고 네 소와 양을 번식하게 하시리니 네가 복을 받음이 만민보다 훨씬 더하여 너희 중의 남녀와 너희의 짐승의 암수에 생육하지 못함이 없을 것이며 여호와께서 또 모든 질병을 네게서 멀리 하사 너희가 아는 애굽의 악질에 걸리지 않게 하시고 너를 미워하는 모든 자에게 걸리게 하실 것이라 (신7:12~15)

1) 황충을 제거하는 헌물

말라기서 3장에는 십일조와 봉헌물에 대해 말씀하고 있다. 십일조와 봉헌물은 작은 것이라도 하나님께서 크게 받으시고 축복하신다. 그러나 우리가 하나님의 것을 도둑질하므로 저주를 받는다고 한다.

만군의 여호와가 이르노라 너희 조상들의 날로부터 너희가 나
의 규례를 떠나 지키지 아니하였도다 그런즉 내게로 돌아오라
그리하면 나도 너희에게로 돌아가리라 하였더니 너희가 이르기
를 우리가 어떻게 하여야 돌아가리이까 하는도다 사람이 어찌
하나님의 것을 도둑질하겠느냐 그러나 너희는 나의 것을 도둑
질하고도 말하기를 우리가 어떻게 주의 것을 도둑질하였나이까
하는도다 이는 곧 십일조와 봉헌물이라 너희 곧 온 나라가 나의
것을 도둑질하였으므로 너희가 저주를 받았느니라 (말3:7~9)

하나님께서는 우리에게, 온전한 십일조를 드리면 하늘 문을 열고
우리에게 더 쌓을 곳이 없도록 주실 뿐 아니라 메뚜기를 금하여 토
지의 소산을 먹어 없애지 못하게 하며 밭의 포도 열매가 기한 전에
떨어지지 않게 하신다고 말씀하고 있다.

만군의 여호와가 이르노라 너희의 온전한 십일조를 창고에 들
여 나의 집에 양식이 있게 하고 그것으로 나를 시험하여 내가
하늘 문을 열고 너희에게 복을 쌓을 곳이 없도록 붓지 아니하
나 보라 만군의 여호와가 이르노라 내가 너희를 위하여 메뚜기
를 금하여 너희 토지 소산을 먹어 없애지 못하게 하며 너희 밭
의 포도나무 열매가 기한 전에 떨어지지 않게 하리니 너희 땅
이 아름다워지므로 모든 이방인들이 너희를 복되다 하리라 만
군의 여호와의 말이니라 (말3:10~12)

엘리야가 회오리바람을 타고 하늘로 올라간 후 엘리사가 여리고
에 머물고 있었는데 그 성읍 사람들이 이곳의 물이 나쁘므로 토산
이 익지 못하고 떨어진다고 하소연했다. 이에 엘리사가 새 그릇에
소금을 담아서 가져오라고 하여 물의 근원에 소금을 던지자 그 성
읍의 물이 좋은 물로 바뀌었다. 오늘날 세계에서 가장 달고 맛있는
오렌지는 이 여리고에서 생산되는 오렌지라고 한다.

그 성읍 사람들이 엘리사에게 말하되 우리 주인께서 보시는 바
와 같이 이 성읍의 위치는 좋으나 물이 나쁘므로 토산이 익지
못하고 떨어지나이다 엘리사가 이르되 새 그릇에 소금을 담아
내게로 가져오라 하매 곧 가져온지라 엘리사가 물 근원으로 나
아가서 소금을 그 가운데에 던지며 이르되 여호와의 말씀이 내
가 이 물을 고쳤으니 이로부터 다시는 죽음이나 열매 맺지 못
함이 없을지니라 하셨느니라 하니 그 물이 엘리사가 한 말과
같이 고쳐져서 오늘에 이르렀더라 (왕하2:19~22)

필자는 황충을 제거하는 헌물에 대해 기도할 때 오늘 드린 헌물이
토지의 소산을 먹어 없애지 못하게 하시며 포도열매가 기한 전에
떨어지지 않게 하시고 내 삶에 열매 맺는 모든 것들의 근원을 치료
하여 토지의 소산이 기한 전에 떨어지지 않게 해달라고 기도한다.

2) 과부의 두 렙돈처럼 받으시는 헌물

예수님께서 부자들이 헌금함에 헌금 넣는 것을 보시고 또 어떤 가난한 과부가 두 렙돈 넣는 것을 보시고 이 가난한 과부가 다른 모든 사람보다 많이 넣었다고 말씀하셨다.

> 예수께서 헌금함을 대하여 앉으사 무리가 어떻게 헌금함에 돈 넣는가를 보실새 여러 부자는 많이 넣는데 한 가난한 과부는 와서 두 렙돈 곧 한 고드란트를 넣는지라 예수께서 제자들을 불러다가 이르시되 내가 진실로 너희에게 이르노니 이 가난한 과부는 헌금함에 넣는 모든 사람보다 많이 넣었도다 그들은 다 그 풍족한 중에서 넣었거니와 이 과부는 그 가난한 중에서 자기의 모든 소유 곧 생활비 전부를 넣었느니라 하시니라
> (막12:41~44)

필자는 오늘 하나님께 드린 헌물이 비록 작은 금액일자라도 과부의 두 렙돈처럼 하나님께 상달될 수 있도록 기도한다.

3) 사렙다 과부의 밀가루와 기름처럼 받으시는 헌물

엘리야가 아합왕에게 "내 말이 없으면 수 년 동안 비도 이슬도 있지 아니하리라" 한 후 하나님께서 엘리야에게 "여기를 떠나 동쪽으로 가서 요단 앞 그릿시냇가에 숨고 그 시냇물을 마시라. 내가 까마귀를 명령하여 거기서 너를 먹이게 하리라" 한다. 엘리야가 요단 앞 그릿시냇가에 머물자 까마귀들이 아침과 저녁에 떡과 고기를 가져왔고 엘리야가 시냇물을 마셨지만 비가 내리지 않아 얼마 후에 그 시내가 마르게 되었다.

> 여호와의 말씀이 엘리야에게 임하여 이르시되 너는 여기서 떠나 동쪽으로 가서 요단 앞 그릿 시냇가에 숨고 그 시냇물을 마시라 내가 까마귀들에게 명령하여 거기서 너를 먹이게 하리라 그가 여호와의 말씀과 같이 하여 곧 가서 요단 앞 그릿 시냇가에 머물매 까마귀들이 아침에도 떡과 고기를, 저녁에도 떡과 고기를 가져왔고 그가 시냇물을 마셨으나 땅에 비가 내리지 아니하므로 얼마 후에 그 시내가 마르니라 (왕상17:2~7)

하나님께서 엘리야에게 시돈에 속한 사르밧으로 가라고 그곳 과부에게 명령하여 음식을 주게 하였다고 말씀하셨다. 엘리야가 사르밧 성문에 이르자 한 과부가 그곳에서 나뭇가지를 줍고 있는 것을 보고 불러서 그릇에 물을 조금 가져다가 내게 마시게 하라 하고 또

떡 한 조각을 가져오라고 한다.

> 여호와의 말씀이 엘리야에게 임하여 이르시되 너는 일어나 시
> 돈에 속한 사르밧으로 가서 거기 머물라 내가 그 곳 과부에게
> 명령하여 네게 음식을 주게 하였느니라 그가 일어나 사르밧으
> 로 가서 성문에 이를 때에 한 과부가 그 곳에서 나뭇가지를 줍
> 는지라 이에 불러 이르되 청하건대 그릇에 물을 조금 가져다가
> 내가 마시게 하라 그가 가지러 갈 때에 엘리야가 그를 불러 이
> 르되 청하건대 네 손의 떡 한 조각을 내게로 가져오라
>
> (왕상17:8~11)

그러자 사렙다 과부는 "나는 떡이 없고 통에 가루 한 웅큼과 병에
기름 조금뿐이라 내가 나뭇가지를 주워다가 아들과 함께 음식을 만
들어 먹고 그 후에 죽으리라" 한다. 엘리야가 "두려워하지 말고 가
서 먼저 나를 위하여 작은 떡 한 개를 만들어 내게로 가져오고 그
후에 너와 네 아들을 위하여 만들라. 여호와께서 비를 지면에 내리
는 날까지 그 통의 가루가 떨어지지 아니하고 기름병의 기름이 없
어지지 아니하리라" 한다. 사렙다 과부는 엘리야의 말대로 했고 통
의 밀가루와 병의 기름이 없어지지 아니하는 축복을 받게 되었다.

> 그가 이르되 당신의 하나님 여호와께서 살아 계심을 두고 맹세
> 하노니 나는 떡이 없고 다만 통에 가루 한 움큼과 병에 기름 조

금뿐이라 내가 나뭇가지 둘을 주워다가 나와 내 아들을 위하여
음식을 만들어 먹고 그 후에는 죽으리라 엘리야가 그에게 이르
되 두려워하지 말고 가서 네 말대로 하려니와 먼저 그것으로
나를 위하여 작은 떡 한 개를 만들어 내게로 가져오고 그 후에
너와 네 아들을 위하여 만들라 이스라엘의 하나님 여호와의 말
씀이 나 여호와가 비를 지면에 내리는 날까지 그 통의 가루가
떨어지지 아니하고 그 병의 기름이 없어지지 아니하리라 하셨
느니라 그가 가서 엘리야의 말대로 하였더니 그와 엘리야와 그
의 식구가 여러 날 먹었으나 여호와께서 엘리야를 통하여 하신
말씀 같이 통의 가루가 떨어지지 아니하고 병의 기름이 없어지
지 아니하니라 (왕상17:12~16)

필자는 사렙다 과부가 마지막 남은 밀가루와 기름으로 엘리사를
섬긴 것처럼 나에게도 그런 마음을 주셔서 하나님의 선지자를 먼
저 섬길 수 있는 마음을 주시고 사렙다 과부의 밀가루와 기름처럼
오늘 드린 헌물이 하나님 앞에 상달되기를 기도한다.

내가 참으로 너희에게 이르노니 엘리야 시대에 하늘이 삼 년 육
개월간 닫히어 온 땅에 큰 흉년이 들었을 때에 이스라엘에 많은
과부가 있었으되 엘리야가 그중 한 사람에게도 보내심을 받지
않고 오직 시돈 땅에 있는 사렙다의 한 과부에게뿐이었으며
(눅4:25~26)

4) 과부의 기름 그릇에 기름이 흘러 넘치는 은혜

선지자의 제자들의 아내 중 한 여인이 엘리사에게 "당신의 종 나의 남편이 이미 죽었는데 이제 빚 준 사람이 와서 나의 두 아들을 데려가 그의 종을 삼고자 하나이다." 하며 부르짖는다. 엘리사는 "네 집에 무엇이 있는지 내게 말하라"하자 선지자의 아내는 "기름 한 그릇 외에는 아무것도 없나이다." 한다. 엘리사는 밖에 나가서 모든 이웃에게 빈 그릇을 많이 빌리라고 이른다. 그리고 두 아들과 함께 들어가서 문을 닫고 그릇에 기름을 부어서 차는 대로 옮겨 놓으라고 한다. 선지자의 아내가 엘리사의 말대로 했더니 기름 그릇에 기름이 다 차게 되었다. 그 기름을 팔아서 빚을 갚고 남은 것으로 두 아들과 함께 생활하게 된다.

엘리사가 그에게 이르되 내가 너를 위하여 어떻게 하랴 네 집에 무엇이 있는지 내게 말하라 그가 이르되 계집종의 집에 기름 한 그릇 외에는 아무것도 없나이다 하니 이르되 너는 밖에 나가서 모든 이웃에게 그릇을 빌리라 빈 그릇을 빌리되 조금 빌리지 말고 너는 네 두 아들과 함께 들어가서 문을 닫고 그 모든 그릇에 기름을 부어서 차는 대로 옮겨 놓으라 하니라 여인이 물러가서 그의 두 아들과 함께 문을 닫은 후에 그들은 그릇을 그에게로 가져오고 그는 부었더니 그릇에 다 찬지라 여인이 아들에게 이르되 또 그릇을 내게로 가져오라 하니 아들이 이르

되 다른 그릇이 없나이다 하니 기름이 곧 그쳤더라 그 여인이
하나님의 사람에게 나아가서 말하니 그가 이르되 너는 가서 기
름을 팔아 빚을 갚고 남은 것으로 너와 네 두 아들이 생활하라
하였더라 (왕하4:2~7)

필자는 사렙다 과부의 처지를 상상(imagination)하면서 그와 동일
한 입장에서 간절한 마음으로 기도한다. 오늘 드린 헌물이 나의 빈
그릇을 채우는 기름이 되게 하시고 그릇에 기름이 가득 넘쳐서 나
도 쓰고 주변 사람들에게도 나눌 수 있도록 은혜를 구한다.

5) 요단강을 건너게 하는 은혜의 헌물

여호수아가 이스라엘 백성들에게 명령하기를 레위 사람 제사장들
이 여호와의 언약궤를 메는 것을 보면 너희와 그 사이 거리가 이천
규빗(약 900m)쯤 거리를 두고 그 뒤를 따르라고 한다. 그리고 이
스라엘 지파 중에서 각 지파에 한 사람씩 열두 명을 택하게 한다.
여호와의 궤를 멘 제사장들의 발바닥이 요단 물을 밟고 멈춰 서자,
위에서부터 흘러내리던 물이 멈추고 쌓이면서 높은 물벽이 생기게
된다.
백성이 요단을 건너려고 장막을 떠날 때 제사장들은 언약궤를 메
고 백성 앞에서 나아간다. 추수기에는 항상 요단물이 넘치게 되었

고 궤를 멘 자들이 요단에 이르고 궤를 멘 제사장들의 발이 물에 잠기자 위에서부터 흘러내리던 물이 그쳐서 한 곳으로 쌓이고 사해로 흘러가던 물이 완전히 끊어지자 백성들은 여리고 앞으로 바로 건넜고 여호와의 언약궤를 멘 제사장들은 요단 가운데 마른 땅에 굳게 섰고 모든 백성들이 요단강을 건너기까지 모든 이스라엘 백성들은 마른 땅으로 건너가게 되었다.

온 땅의 주 여호와의 궤를 멘 제사장들의 발바닥이 요단 물을 밟고 멈추면 요단 물 곧 위에서부터 흘러내리던 물이 끊어지고 한 곳에 쌓여 서리라 백성이 요단을 건너려고 자기들의 장막을 떠날 때에 제사장들은 언약궤를 메고 백성 앞에서 나아가니라 요단이 곡식 거두는 시기에는 항상 언덕에 넘치더라 궤를 멘 자들이 요단에 이르며 궤를 멘 제사장들의 발이 물 가에 잠기자 곧 위에서부터 흘러내리던 물이 그쳐서 사르단에 가까운 매우 멀리 있는 아담 성읍 변두리에 일어나 한 곳에 쌓이고 아라바의 바다 염해로 향하여 흘러가는 물은 온전히 끊어지매 백성이 여리고 앞으로 바로 건널새 여호와의 언약궤를 멘 제사장들은 요단 가운데 마른 땅에 굳게 섰고 그 모든 백성이 요단을 건너기를 마칠 때까지 모든 이스라엘은 그 마른 땅으로 건너갔더라

(수3:13~17)

보리 추수 때마다 넘치던 요단강물이, 제사장들의 발바닥이 닿자마자 물이 말라 이스라엘 백성들이 건너갈 수 있게 하심같이, 오늘 하나님께 드린 헌물이, 필자의 생활 가운데로 흘러 들어오는 요단강물을 갈라서 하나님의 은혜로 잘 넘어갈 수 있게 해달라고 기도한다.

> 그들에게 이르기를 요단 물이 여호와의 언약궤 앞에서 끊어졌나니 곧 언약궤가 요단을 건널 때에 요단 물이 끊어졌으므로 이 돌들이 이스라엘 자손에게 영원히 기념이 되리라 하라 하니라 (수4:7)

6) 나아만 장군처럼 깨끗함을 입는 은혜

아람왕의 군대장관 나아만은 큰 용사이었지만 나병환자였다. 전에 이스라엘 땅에서 어린 소녀 하나를 사로잡아 왔는데 그가 나아만 장군의 수종을 들었다. 나아만 장군의 여종이 그의 아내에게 "우리 주인이 사마리아에 계신 선지자 앞에 계셨으면 좋겠나이다. 그가 그 나병을 고치리이다" 하였다. 아람왕이 이스라엘 왕에게 신하 나아만을 보내니 그의 나병을 고쳐 달라고 글을 보낸다.

이스라엘 왕이 그 글을 읽고 자기 옷을 찢으며 이르되 내가 사
람을 죽이고 살리는 하나님이냐 그가 어찌하여 사람을 내게로
보내 그의 나병을 고치라 하느냐 너희는 깊이 생각하고 저 왕
이 틈을 타서 나와 더불어 시비하려 함인줄 알라 하니라 하나
님의 사람 엘리사가 이스라엘 왕이 자기의 옷을 찢었다 함을
듣고 왕에게 보내 이르되 왕이 어찌하여 옷을 찢었나이까 그
사람을 내게로 오게 하소서 그가 이스라엘 중에 선지자가 있는
줄을 알리이다 하니라 (왕하5:7~8)

나아만이 말들과 병거를 거느리고 엘리사의 집 문에 서자 엘리사
는 "요단강에 몸을 일곱 번 씻으라 네 살이 회복되어 깨끗하리라"
한다. 나아만이 노하여 몸을 돌려 떠나자 그의 종들이 "내 아버지
여 선지자가 당신에게 큰일을 행하라 말하였더면 행하지 아니하였
으리까? 하물며 씻어 깨끗하게 하라 함이리이까?" 하자 나아만 장
군은 종들의 간청에 요단강에 일곱 번 몸을 담그게 된다. 그러자
어린아이의 살과 같이 깨끗하게 회복되었다.

나아만이 이에 말들과 병거들을 거느리고 이르러 엘리사의 집
문에 서니 엘리사가 사자를 그에게 보내 이르되 너는 가서 요
단 강에 몸을 일곱 번 씻으라 네 살이 회복되어 깨끗하리라 하
는지라 나아만이 노하여 물러가며 이르되 내 생각에는 그가 내
게로 나와 서서 그의 하나님 여호와의 이름을 부르고 그의 손

을 그 부위 위에 흔들어 나병을 고칠까 하였도다 다메섹 강 아
바나와 바르발은 이스라엘 모든 강물보다 낫지 아니하냐 내가
거기서 몸을 씻으면 깨끗하게 되지 아니하랴 하고 몸을 돌려
분노하여 떠나니 그의 종들이 나아와서 말하여 이르되 내 아버
지여 선지자가 당신에게 큰 일을 행하라 말하였더면 행하지 아
니하였으리이까 하물며 당신에게 이르기를 씻어 깨끗하게 하라
함이리이까 하니 나아만이 이에 내려가서 하나님의 사람의 말
대로 요단 강에 일곱 번 몸을 잠그니 그의 살이 어린아이의 살
같이 회복되어 깨끗하게 되었더라 (왕하5:9~14)

필자는 오늘 하나님께 드린 헌물이 나아만 장군의 나병을 깨끗이
치료한 요단강물처럼 나의 생활 속에 치료받아야 하는 것들을 깨
끗이 치료하는 요단강물이 되게 해 달라고 기도한다.

또 선지자 엘리사 때에 이스라엘에 많은 나병환자가 있었으되
그중의 한 사람도 깨끗함을 얻지 못하고 오직 수리아 사람 나
아만뿐이었느니라 (눅4:27)

7) 사마리아 성처럼 회복하여 주시는 은혜

아람왕 벤하닷이 군대를 모아 올라와서 사마리아를 에워싸자 사마리아성이 크게 주려 나귀머리 하나에 은 팔십세겔(약 1kg)하고, 비둘기 똥 사분의 일 갑에 은 다섯 세겔(약 55g)이나 하였다. 이스라엘 왕이 성 위로 지나갈 때 한 여인이 도와달라고 외치자 "여호와께서 너를 돕지 아니하시면 내가 무엇으로 너를 도우랴?" 한다. 왕이 무슨 일이냐? 하며 묻자 이렇게 대답한다.

> 또 이르되 무슨 일이냐 하니 여인이 대답하되 이 여인이 내게 이르기를 네 아들을 내놓아라 우리가 오늘 먹고 내일은 내 아들을 먹자 하매 우리가 드디어 내 아들을 삶아 먹었더니 이튿날에 내가 그 여인에게 이르되 네 아들을 내놓아라 우리가 먹으리라 하나 그가 그의 아들을 숨겼나이다 하는지라 왕이 그 여인의 말을 듣고 자기 옷을 찢으니라 그가 성 위로 지나갈 때에 백성이 본즉 그의 속살에 굵은 베를 입었더라 (왕하6:28~30)

엘리사가 내일 이맘때에 사마리아 성문에서 고운 가루 한 스아(7.5ℓ)에 은 한 세겔(11g)로 매매하고 보리 두 스아(15ℓ)에 은 한 세겔로 매매하리라 한다. 그때 한 장관이 "여호와께서 하늘에 창을 내신들 어찌 이런 일이 있으리요" 한다. 엘리사가 "네가 네 눈으로 보리라 그러나 그것을 먹지는 못하리라" 한다.

성문 어귀에 나병 환자 네 사람이 서로 말하되 "우리가 가서 아람 군대에게 항복하자 그들이 우리를 살려 주면 살 것이요 우리를 죽이면 죽을 것이라" 하고 해질 무렵에 일어나 아람진영으로 간다.

성문 어귀에 나병환자 네 사람이 있더니 그 친구에게 서로 말하되 우리가 어찌하여 여기 앉아서 죽기를 기다리랴 만일 우리가 성읍으로 가자고 말한다면 성읍에는 굶주림이 있으니 우리가 거기서 죽을 것이요 만일 우리가 여기서 머무르면 역시 우리가 죽을 것이라 그런즉 우리가 가서 아람 군대에게 항복하자 그들이 우리를 살려 두면 살 것이요 우리를 죽이면 죽을 것이라 하고 아람 진으로 가려 하여 해질 무렵에 일어나 아람 진영 끝에 이르러서 본즉 그 곳에 한 사람도 없으니 (왕하7:3~5)

그런데 그곳에는 한 사람도 없었다. 하나님께서 아람 군대에게 병거 소리와 말 소리와 큰 군대의 소리를 듣게 하셨다. 아람 사람들은, 이스라엘 왕이 우리를 치려고 헷사람의 왕들과 애굽 사람들에게 돈을 주고 우리를 치게 하였다 생각하고는, 해질 무렵에 일어나서 말과 나귀와 진영을 그대로 두고 목숨을 건지려 도망하였다.

이는 주께서 아람 군대로 병거 소리와 말 소리와 큰 군대의 소리를 듣게 하셨으므로 아람 사람이 서로 말하기를 이스라엘 왕이 우리를 치려 하여 헷 사람의 왕들과 애굽 왕들에게 값을 주

고 그들을 우리에게 오게 하였다 하고 해질 무렵에 일어나서
도망하되 그 장막과 말과 나귀를 버리고 진영을 그대로 두고
목숨을 위하여 도망하였음이라 (왕하7:6~7)

나병환자들이 한 장막에 들어가서 먹고 마시고 금과 은과 의복을
가지고 가서 감추고 다른 장막에 들어가서도 감추었다. 나병환자
들이 서로 "오늘은 아름다운 소식이 있는 날이거늘 우리가 침묵하
고 있도다. 만일 밝은 아침까지 기다리면 벌이 우리에게 미칠 것이
므로 이제 떠나 왕궁에 가서 알리자" 한다.

그 나병환자들이 진영 끝에 이르자 한 장막에 들어가서 먹고
마시고 거기서 은과 금과 의복을 가지고 가서 감추고 다시 와
서 다른 장막에 들어가 거기서도 가지고 가서 감추니라 나병환
자들이 그 친구에게 서로 말하되 우리가 이렇게 해서는 아니되
겠도다 오늘은 아름다운 소식이 있는 날이거늘 우리가 침묵하
고 있도다 만일 밝은 아침까지 기다리면 벌이 우리에게 미칠지
니 이제 떠나 왕궁에 가서 알리자 하고 (왕하7:8~9)

나병환자들이 가서 성읍 문지기들을 불러 사실을 말하자 말 다섯
마리를 취하고 사람을 보내어 정탐하게 한다.

그들이 그들의 뒤를 따라 요단에 이른즉 아람 사람이 급히 도망하느라고 버린 의복과 병기가 길에 가득하였더라 사자가 돌아와서 왕에게 알리니 백성들이 나가서 아람 사람의 진영을 노략한지라 이에 고운 밀가루 한 스아에 한 세겔이 되고 보리 두 스아가 한 세겔이 되니 여호와의 말씀과 같이 되었고 왕이 그의 손에 의지하였던 그의 장관을 세워 성문을 지키게 하였더니 백성이 성문에서 그를 밟으매 하나님의 사람의 말대로 죽었으니 곧 왕이 내려왔을 때에 그가 말한 대로라 (왕하7:15~17)

필자는 사마리아성에 있던 네 명의 나병환자들이 죽을 각오를 하고 아람 군대에 들어갔을 때 이들의 발소리가 병거소리와 말 소리와 큰 군대의 소리로 듣게 하여 목숨을 위하여 모든 것을 두고 도망하여 그 다음날 사마리아 성의 인플레이션이 모두 해결되어 정상화된 것 같이 오늘 드린 나의 헌물이 인플레이션을 디플레이션으로 바꾸고 내일 나의 창고를 사마리아 성이 회복되는 것처럼 가득 채워지는 은혜를 입게 해 달라고 간절히 기도한다.

8) 오병이어의 기적을 체험하는 헌물

예수님께서 디베랴의 갈릴리 바다 건너편으로 가시자 큰 무리가 따랐다. 예수님께서 산에 오르자 제자들이 함께 거기 앉았다. 예수님께서 빌립을 시험하기 위하여 "우리가 어디서 떡을 사서 이 사람들을 먹이겠느냐?" 하시자 빌립은 각 사람이 조금씩 받더라도 이백 데나리온(노동자 한 사람의 8개월 임금)의 떡으로도 부족하다고 한다.

> 예수께서 눈을 들어 큰 무리가 자기에게로 오는 것을 보시고 빌립에게 이르시되 우리가 어디서 떡을 사서 이 사람들을 먹이겠느냐 하시니 이렇게 말씀하심은 친히 어떻게 하실지를 아시고 빌립을 시험하고자 하심이라 빌립이 대답하되 각 사람으로 조금씩 받게 할지라도 이백 데나리온의 떡이 부족하리이다
> (요6:5~7)

그런데 안드레가 "여기 한 아이가 보리떡 다섯 개와 물고기 두 마리를 가지고 있나이다"한다. 예수님께서는 오천 명이나 되는 사람들을 50명씩 100명씩 앉게 하시고 떡을 가져 축사하신 후 나눠 주시고 생선도 원대로 주셨다. 그들이 모두 배불리 먹고 남은 조각이 열두 바구니에 가득 찼다.

제자 중 하나 곧 시몬 베드로의 형제 안드레가 예수께 여짜오
되 여기 한 아이가 있어 보리떡 다섯 개와 물고기 두 마리를 가
지고 있나이다 그러나 그것이 이 많은 사람에게 얼마나 되겠사
옵나이까 예수께서 이르시되 이 사람들로 앉게 하라 하시니 그
곳에 잔디가 많은지라 사람들이 앉으니 수가 오천 명쯤 되더라
예수께서 떡을 가져 축사하신 후에 앉아 있는 자들에게 나눠
주시고 물고기도 그렇게 그들의 원대로 주시니라 그들이 배부
른 후에 예수께서 제자들에게 이르시되 남은 조각을 거두고 버
리는 것이 없게 하라 하시므로 이에 거두니 보리떡 다섯 개로
먹고 남은 조각이 열두 바구니에 찼더라 (요6:8~13)

필자는 오늘 드린 헌금이 '오병이어'의 기적의 헌물이 되어 많은 사
람들을 먹일 수 있는 헌물이 되게 해 달라고 간절히 기도한다.
5천 명이나 되는 사람은 아무도 도시락을 준비하지 않았는데 유일
하게 한 아이만 도시락을 준비 했다. 필자도 '오병이어'의 도시락을
준비해 준 한 아이의 엄마처럼 다른 사람을 먹일 수 있는 여유 있
고 넉넉한 사람이 되게 해 달라고 기도한다.

9) 다비다의 섬김의 헌물

욥바에 다비다라 불리는 여제자가 있었는데 그 이름을 번역하면 도르가이다. 다비다가 병들어 죽게 되어 시체를 씻어 다락방에 뉘어 놓았다. 욥바에서 가까운 룻다에 베드로가 있다는 소리를 제자들이 듣고 두 사람을 보내어 지체하지 말고 와서 도와 달라고 간청하자 베드로가 일어나서 그들과 함께 가서 다비다의 집에 이르게 되었다. 베드로가 다락방에 올라가자 과부들이 베드로 곁에 서서 울며 다비다가 그들과 함께 있을 때에 지은 속옷과 겉옷을 보여주었다.

> 욥바에 다비다라 하는 여제자가 있으니 그 이름을 번역하면 도르가라 선행과 구제하는 일이 심히 많더니 그때에 병들어 죽으매 시체를 씻어 다락에 누이니라 룻다가 욥바에서 가까운지라 제자들이 베드로가 거기 있음을 듣고 두 사람을 보내어 지체 말고 와 달라고 간청하여 베드로가 일어나 그들과 함께 가서 이르매 그들이 데리고 다락방에 올라가니 모든 과부가 베드로 곁에 서서 울며 도르가가 그들과 함께 있을 때에 지은 속옷과 겉옷을 다 내보이거늘 (행9:36~39)

베드로가 다락방에 있던 사람들을 다 내보내고 무릎을 꿇고 기도하고 난 후 몸을 돌이켜서 시체를 향하여 "다비다야 일어나라"하자 다비다가 눈을 뜨고 베드로를 보고 일어나 앉자 베드로가 손을 내

밀어 일으키고 성도들과 과부들을 불러들여 다비다가 살아난 것을
보이자 온 욥바 사람들이 그 일을 알게 되었고 많은 사람들이 주님
을 믿게 되었다.

> 베드로가 사람을 다 내보내고 무릎을 꿇고 기도하고 돌이켜 시
> 체를 향하여 이르되 다비다야 일어나라 하니 그가 눈을 떠 베
> 드로를 보고 일어나 앉는지라 베드로가 손을 내밀어 일으키고
> 성도들과 과부들을 불러 들여 그가 살아난 것을 보이니 온 욥
> 바 사람이 알고 많은 사람이 주를 믿더라 (행9:40~42)

다비다는 평소에 이웃 사람들에게 선행을 베풀고 손수 옷을 만들
어 가난한 자들을 섬겼다. 하나님께서는 그의 선행과 봉사를 아시
고 베드로를 통해 죽음에서 생명을 얻게 하셨다.

우리도 이웃에게 사랑을 베풀고 섬기면 우리의 고난의 날에 우리
를 돌보아 주시는 하나님의 사랑을 체험할 수 있으리라 믿는다. 다
비다의 작은 선행과 섬김이 죽었던 생명이 살아나는 기적을 체험
하게 하였다.

필자는 다비다처럼 주변 사람들을 사랑하고 아낌없는 마음으로 섬겨
환난날에 하나님을 부르며 찾을 때 내게 응답해 주시기를 기도한다.

> 환난 날에 나를 부르라 내가 너를 건지리니 네가 나를 영화롭
> 게 하리로다 (시50:15)

10) 라합의 섬김의 헌물

여호수아가 "사흘 안에 너희가 이 요단을 건너 너희의 하나님 여호와께서 너희에게 주사 차지하게 하시는 땅을 차지하기 위하여 들어갈 것임이니라"하며 가나안 땅에 들어가기 위해 여리고에 정탐꾼을 보낸다. 정탐꾼은 기생 라합의 집에 들어가서 유숙하는데 어떤 사람들이 여리고 왕에게 말하여 여리고 왕이 라합에게 사람을 보내어 정탐꾼을 끌어내라 한다.

> 눈의 아들 여호수아가 싯딤에서 두 사람을 정탐꾼으로 보내며 이르되 가서 그 땅과 여리고를 엿보라 하매 그들이 가서 라합이라 하는 기생의 집에 들어가 거기서 유숙하더니 어떤 사람이 여리고 왕에게 말하여 이르되 보소서 이 밤에 이스라엘 자손 중의 몇 사람이 이 땅을 정탐하러 이리로 들어왔나이다 여리고 왕이 라합에게 사람을 보내어 이르되 네게로 와서 네 집에 들어간 그 사람들을 끌어내라 그들은 이 온 땅을 정탐하러 왔느니라 (수2:1~3)

라합은 두 정탐꾼을 이미 지붕 위에 벌여 놓은 삼대에 숨겨 놓았다. 라합의 집에 정탐꾼을 뒤쫓는 사람들이 오자 라합은 그들이 성문 닫을 때 쯤 나갔으니 급히 따라가면 잡을 수 있다고 한다. 그 후 라합은 잠자기 전에 지붕에 올라가서 정탐꾼들에게 "여호와께서 이 땅을 너희에게 주신 줄 내가 알고 하나님께서 너희들에게 행한 일을 다 들었고 우리는 그 말을 듣고 정신을 잃었으니 너희의 하나님 여호와는 위로는 하늘에서도 아래로는 땅에서도 하나님이시라" 하며 정탐꾼들에게 너희를 선대하였으니 내 아버지의 집도 선대하도록 하나님께 맹세하라고 한다.

> 그러므로 이제 청하노니 내가 너희를 선대하였은즉 너희도 내 아버지의 집을 선대하도록 여호와로 내게 맹세하고 내게 증표를 내라 그리고 나의 부모와 나의 남녀 형제와 그들에게 속한 모든 사람을 살려 주어 우리 목숨을 죽음에서 건져내라 그 사람들이 그에게 이르되 네가 우리의 이 일을 누설하지 아니하면 우리의 목숨으로 너희를 대신할 것이요 여호와께서 우리에게 이 땅을 주실 때에는 인자하고 진실하게 너를 대우하리라
>
> (수2:12~14)

라합은 정탐꾼들이 창문에서 줄을 타고 내려가도록 하고 뒤쫓는 자들과 마주치지 않도록 산으로 가서 삼일 동안 숨어 있다가 너희의 길을 가라고 한다. 정탐꾼들은 라합에게 "우리가 이 땅에 들어올 때에 우리를 달아 내린 창문에 이 붉은 줄을 매고 네 부모와 형제와 네 아버지의 가족을 다 네 집에 모으라. 누구든지 네 집 문을 나가면 그의 피가 그의 머리로 돌아가고 우리에게는 허물이 없다" 고 하여 라합은 창문에 붉은 줄을 맨다.

우리가 이 땅에 들어올 때에 우리를 달아 내린 창문에 이 붉은 줄을 매고 네 부모와 형제와 네 아버지의 가족을 다 네 집에 모으라 누구든지 네 집 문을 나가서 거리로 가면 그의 피가 그의 머리로 돌아갈 것이요 우리는 허물이 없으리라 그러나 누구든지 너와 함께 집에 있는 자에게 손을 대면 그의 피는 우리의 머리로 돌아오려니와 네가 우리의 이 일을 누설하면 네가 우리에게 서약하게 한 맹세에 대하여 우리에게 허물이 없으리라 하니 라합이 이르되 너희의 말대로 할 것이라 하고 그들을 보내어 가게 하고 붉은 줄을 창문에 매니라 (수2:18~21)

라합은 기생이었으나 하나님께서 여호수아를 통해 보낸 정탐꾼을 알아보고 그들을 숨겨주고 뒤쫓는 자들에게 잡히지 않도록 도와 주었다. 위급한 상황에서 정탐꾼들을 섬긴 라합은 여리고 성이 무너질 때 여호수아를 통해 그와 그의 아버지의 가족과 그에게 속한 모든 것을 살리게 되었다.

여호수아가 기생 라합과 그의 아버지의 가족과 그에게 속한 모든 것을 살렸으므로 그가 오늘까지 이스라엘 중에 거주하였으니 이는 여호수아가 여리고를 정탐하려고 보낸 사자들을 숨겼음이었더라 (수6:25)

라합은 이 일로 하나님께 은혜를 입어 보아스의 어머니가 되었고
다윗의 조상이 되었고 예수님의 족보에 오르는 사람이 되었다. 필
자에게도 라합처럼 위기의 상황에서도 하나님을 인정하고 높이며
하나님의 사람들을 알아볼 수 있는 영적인 분별력과 그들을 선대
할 수 있는 믿음을 달라고 기도한다.

11) 바르실래의 섬김의 헌물

다윗의 아들 압살롬이 반역하여 예루살렘에서 도망갈 때 "다윗이
예루살렘에 함께 있는 그의 모든 신하들에게 이르되 일어나 도망
하자 그렇지 아니하면 우리 중 한 사람도 압살롬에게서 피하지 못
하리라 빨리 가자 두렵건대 그가 우리를 급히 따라와 우리를 해하
고 칼날로 성읍을 칠까 하노라(삼하15:14)"하고 가족들과 신하들 그
렛사람, 블렛 사람, 다윗을 따라온 가드사람 육백 명이 왕과 함께
행진하여 갈 때 길르앗 사람 바르실래가 침상과 대야와 질그릇과
밀과 보리와 밀가루와 볶은 곡식과 콩과 팥과 볶은 녹두와 꿀과 버
터와 양과 치즈를 가져다가 다윗과 그와 함께한 사람들에게 먹게
하였다.

다윗이 마하나임에 이르렀을 때에 암몬 족속에게 속한 랍바 사
람 나하스의 아들 소비와 로데발 사람 암미엘의 아들 마길과

로글림 길르앗 사람 바르실래가 침상과 대야와 질그릇과 밀과
보리와 밀가루와 볶은 곡식과 콩과 팥과 볶은 녹두와 꿀과 버
터와 양과 치즈를 가져다가 다윗과 그와 함께 한 백성에게 먹
게 하였으니 이는 그들 생각에 백성이 들에서 시장하고 곤하고
목마르겠다 함이더라 (삼하17:27~29)

압살롬이 죽고 다윗이 예루살렘으로 다시 귀환할 때 길르앗 사람
바르실래가 왕이 요단을 건너간다는 소리를 듣고 요단에 오게 된
다. 바르실래는 큰 부자였기 때문에 다윗 왕이 마하나임에 머물 때
다윗 왕을 공궤하였다. 다윗이 바르실래에게 "나와 함께 건너가자.
예루살렘에서 내가 너를 공궤하리라" 한다.

길르앗 사람 바르실래가 왕이 요단을 건너가게 하려고 로글림
에서 내려와 함께 요단에 이르니 바르실래는 매우 늙어 나이가
팔십 세라 그는 큰 부자이므로 왕이 마하나임에 머물 때에 그
가 왕을 공궤하였더라 왕이 바르실래에게 이르되 너는 나와 함
께 건너가자 예루살렘에서 내가 너를 공궤하리라
(삼하19:31~33)

바르실래는 '내 나이가 팔십 세라 좋고 흉한 것을 분간할 수 없으니
자신의 아들 김함이 여기 있으니 왕과 함께 요단을 건너갈 수 있도
록' 간청한다. 다윗은 바르실래에게 김함과 함께 건너갈 것이며 네

가 좋아하는 대로 그에게 베풀겠고 네가 내게 구하는 것은 다 너를 위하여 시행하리라 한다.

> 바르실래가 왕께 아뢰되 내 생명의 날이 얼마나 있사옵겠기에 어찌 왕과 함께 예루살렘으로 올라가리이까 내 나이가 이제 팔십 세라 어떻게 좋고 흉한 것을 분간할 수 있사오며 음식의 맛을 알 수 있사오리이까 이 종이 어떻게 다시 노래하는 남자나 여인의 소리를 알아들을 수 있사오리이까 어찌하여 종이 내 주 왕께 아직도 누를 끼치리이까 당신의 종은 왕을 모시고 요단을 건너려는 것뿐이거늘 왕께서 어찌하여 이같은 상으로 내게 갚으려 하시나이까 청하건대 당신의 종을 돌려보내옵소서 내가 내 고향 부모의 묘 곁에서 죽으려 하나이다 그러나 왕의 종 김함이 여기 있사오니 청하건대 그가 내 주 왕과 함께 건너가게 하시옵고 왕의 처분대로 그에게 베푸소서 하니라 왕이 대답하되 김함이 나와 함께 건너가리니 나는 네가 좋아하는 대로 그에게 베풀겠고 또 네가 내게 구하는 것은 다 너를 위하여 시행하리라 하니라 (삼하19:34~38)

바르실래는 다윗왕이 어려움에 처했을 때 진심으로 그를 공궤하며 섬겼다. 성경에는 이웃을 섬기든지, 왕을 섬기든지, 주의 종을 섬기든지 하나님의 형상대로 지음받은 사람들을 섬기고 공궤하면 복을 주셨다. 바르실래는 고난 중에 있던 다윗을 섬김으로 말미암아 그의 아들 김함이 다윗의 망명생활이 끝나자 다윗과 함께 요단을 건너 예루살렘으로 와서 다윗왕의 돌봄을 받게 되었다. 아버지의 작은 섬김으로 아들이 복을 받은 것이다. 바르실래는 큰 부자였지만 다윗에게 크고 거창한 일을 한 것이 아니다. 그야말로 작은 섬김과 공궤였지만 하나님께서는 다윗이 바르실래의 아들 김함에게 되갚게 하셨다.

필자도 매일 삶 속에서 바르실래처럼 작은 것이라도 다른 사람을 섬기고 공궤할 수 있는 믿음을 달라고 기도하며 바르실래의 섬김으로 그의 아들 김함이 복을 받은 것처럼 나의 작은 섬김이 자녀들에게 복이 되어 하나님의 선하심을 맛보아 알게 해 달라고 기도한다.

12) 수넴 여인의 섬김의 헌물

엘리사가 수넴에 이르렀을 때 수넴에 사는 한 귀한 여인이 엘리사에게 음식을 대접하고 남편에게 말하여 작은 방을 만들고 침상과 책상과 의자와 촛대를 준비해 드리라고 한다.

하루는 엘리사가 수넴에 이르렀더니 거기에 한 귀한 여인이 그를 간권하여 음식을 먹게 하였으므로 엘리사가 그 곳을 지날 때마다 음식을 먹으러 그리로 들어갔더라 여인이 그의 남편에게 이르되 항상 우리를 지나가는 이 사람은 하나님의 거룩한

사람인 줄을 내가 아노니 청하건대 우리가 그를 위하여 작은
방을 담 위에 만들고 침상과 책상과 의자와 촛대를 두사이다
그가 우리에게 이르면 거기에 머물리이다 하였더라

(왕하4:8~10)

엘리사는 수넴 여인이 세심한 배려를 하는 것에 감사하며 무엇을
해줄까? 하고 물었을 때 게하시가 이 여인은 아들이 없고 그 남편
은 늙었다고 한다.

하루는 엘리사가 거기에 이르러 그 방에 들어가 누웠더니 자
기 사환 게하시에게 이르되 이 수넴 여인을 불러오라 하니 곧
여인을 부르매 여인이 그 앞에 선지라 엘리사가 자기 사환에게
이르되 너는 그에게 이르라 네가 이같이 우리를 위하여 세심한
배려를 하는도다 내가 너를 위하여 무엇을 하랴 왕에게나 사령
관에게 무슨 구할 것이 있느냐 하니 여인이 이르되 나는 내 백
성 중에 거주하나이다 하니라 엘리사가 이르되 그러면 그를 위
하여 무엇을 하여야 할까 하니 게하시가 대답하되 참으로 이
여인은 아들이 없고 그 남편은 늙었나이다 하니 (왕하4:11~14)

엘리사가 수넴여인을 다시 부르라고 하고 그에게 내년 이때쯤에
네가 아들을 안을 수 있을 것이라고 한다. 엘리사의 말대로 한 해
가 지나서 수넴 여인은 아들을 낳게 되었다.

이르되 다시 부르라 하여 부르매 여인이 문에 서니라 엘리사가
이르되 한 해가 지나 이때쯤에 네가 아들을 안으리라 하니 여
인이 이르되 아니로소이다 내 주 하나님의 사람이여 당신의 계
집종을 속이지 마옵소서 하니라 여인이 과연 잉태하여 한 해가
지나 이때쯤에 엘리사가 여인에게 말한 대로 아들을 낳았더라
(왕하4:15~17)

수넴 여인은 엘리사 선지자를 위하여 음식을 대접하고 방과 침대
와 책상과 의자와 촛대를 준비해 드렸다. 수넴 여인은 나이가 많아
아이를 나을 수 없음에도 불구하고 엘리사를 섬긴 1년 후 아들을 낳
게 되었다. 만약 우리 중에 누가 나이가 많은 데도 아들을 낳지 못
한 사람들이 있다고 가정해 보자. 이들에게 엘리사를 공궤한 수넴
여인처럼 목사님이나 선교사님을 섬기면 아들을 낳게 해 준다면 누
가 그 섬김을 주저하겠는가? 하나님께서는 주의 종을 섬긴 작은 섬
김도 잊지 않으시고 우리에게 되갚아 주신다. 주의 종을 공궤하면
자식에게 복을 주시는 것은 말씀 속에 있는 약속이다.

필자는 수넴 여인처럼 주의 종을 공궤할 수 있는 믿음과 참된 주님
의 종을 알아 볼 수 있는 영적인 눈과 주의 종을 섬김으로 인해 받
는 축복이 올 때 그 축복의 기회를 놓치지 않게 해달라고 기도한다.

에필로그(Epilogue)

사랑하는 자들아 너희는 너희의 지극히 거룩한 믿음 위에 자신
을 세우며 성령으로 기도하며 하나님의 사랑 안에서 자신을 지
키며 영생에 이르도록 우리 주 예수 그리스도의 긍휼을 기다리
라 어떤 의심하는 자들을 긍휼히 여기라 또 어떤 자를 불에서
끌어내어 구원하라 또 어떤 자를 그 육체로 더럽힌 옷까지도
미워하되 두려움으로 긍휼히 여기라 (유1:20~23)

초대교회는 사도들이 기도하는 일과 말씀 사역에 힘쓰자 성령의 역사가
크게 나타났다. 하나님의 말씀이 점점 왕성하여져서 예루살렘에 있는
제자들의 수가 심히 많아졌고 제사장의 무리들도 그 말씀에 복종하게
되었다. 지금 이 시대는 말씀과 기도와 영성이 있어야 승리할 수 있다.

사랑하는 자들아 영을 다 믿지 말고 오직 영들이 하나님께 속
하였나 분별하라 많은 거짓 선지자가 세상에 나왔음이라 이로
써 너희가 하나님의 영을 알지니 곧 예수 그리스도께서 육체
로 오신 것을 시인하는 영마다 하나님께 속한 것이요 예수를
시인하지 아니하는 영마다 하나님께 속한 것이 아니니 이것이
곧 적그리스도의 영이니라 오리라 한 말을 너희가 들었거니와

지금 벌써 세상에 있느니라 자녀들아 너희는 하나님께 속하였
고 또 그들을 이기었나니 이는 너희 안에 계신 이가 세상에 있
는 자보다 크심이라 그들은 세상에 속한 고로 세상에 속한 말
을 하매 세상이 그들의 말을 듣느니라 우리는 하나님께 속하였
으니 하나님을 아는 자는 우리의 말을 듣고 하나님께 속하지
아니한 자는 우리의 말을 듣지 아니하나니 진리의 영과 미혹의
영을 이로써 아느니라 (요일4:1~6)

말씀은 읽는데 기도하지 않으면 말씀대로 살기가 힘들고 기도는 하는
데 말씀을 읽지 않으면 기도가 힘이 없어진다. 우리는 기도를 하되 말
씀에 근거한 기도를 해야 살아 있고 깊이있는 기도를 할 수 있다. 성령
께서 친히 기도를 도와주시므로 기도의 응답도 빠르다.

사람이 귀를 돌려 율법을 듣지 아니하면 그의 기도도 가증하니라
(잠28:9)

사무엘도 "나는 너희를 위하여 기도하기를 쉬는 죄를 여호와 앞에 결단
코 범하지 아니하고 선하고 의로운 길을 너희에게 가르칠 것인즉 너희
는 여호와께서 너희를 위하여 행하신 큰일을 생각하며 오직 그를 경외
하며 너희의 마음을 다하여 진실히 섬기라 (삼상12:23~24)"고 하였다.

기도하는 데 자신이 있는 사람은 없지만 기도는 계속 이어져야 한다. 기도는 오늘도 하고 내일도 하고 그 다음날도 하고 우리가 천국 갈 때까지 계속 하는 것이다. 왜냐하면 기도는 하나님과 우리를 영적으로 이어주는 호흡이기 때문이다.

필자는 5월 11일 「기도가 이끄는 삶」 책을 쓰라는 응답을 받고 5월 말일까지 성경 말씀 속에서 기도와 관련된 말씀과 인물들에 대한 자료를 수집하고 정리하였으며 이 기간 동안에 김삼환 원로 목사님의 주옥과 같은 말씀이 성전 강단으로부터 내려왔고 유튜브 방송을 통해 현 시대를 알 수 있는 각종 정보들이 봇물이 터지듯이 내게 다가왔다. 무엇이든지 필자가 필요할 때 on time에 자료들이 배달이 되었고 희미하게 알고 있었던 정보들이 완벽한 자료로 다듬어져서 내게 왔을 때 하나님의 은혜임을 고백하지 않을 수 없었다.
the final sign의 저자이신 David cha 선교사님과 SPIKA STUDIO creator SUE의 정확한 정보들이 이 책을 더욱 빛나게 해주었다. 이분들은 마지막 때에 하나님께서 사용하시는 귀한 하나님의 자녀임을 확신한다. 또한 내수동교회 박희천 원로목사님의 살아계신 하나님의 말씀을 귀하고 소중히 여기시는 설교를 들으면서 필자가 말씀을 아무리 강조해도 지나침이 없다는 확신을 얻게 되었다. 그동안 성경 말씀을 읽으면서 정리해 둔 글들이 이번 책을 집필하는 데 소중하게 쓰임받게 되었고 신광두례교회 김진홍 목사님의 설교를 들으면서 목사님의 인문학적인 지식과 성경 말씀의 역사적 배경지식을 많이 얻게 되었다. 이 모든 것이 하나님의 예비하심이라 생각하며 원고정리를 잘 할 수 있게 도와 주신 귀한 분들에게 깊은 감사를 드린다.

6월 1일부터 6월 30일까지 contents에 있는 1장, 2장, 3장, 4장의 원고를 모두 정리할 수 있었는데 하나님의 은혜가 아니고는 이 짧은 기간 동안 매일 두 시간씩 말씀 읽고, 두 시간씩 기도하며 하루 평균 8시간 원고 작업을 하는 것이 쉽지 않았을 것이다.

각 장에 있는 내용들은 모두 사실(reality)을 바탕으로 한 글이며 필자가 그동안 살아오면서 하나님께서 나의 삶 속에 역사하셨던 간증들이 많이 들어 있다. 모든 간증들은 기도와 더불어 하나님의 기적을 체험한 일들이다. 그때나 지금이나 필자가 기도하면 그때와 동일한 역사를 만들어 가시는 하나님을 찬양하지 않을 수 없다.

각종 음모론과 코로나19, 또 그 이후에 더 큰 전염병이 올 것이라는 등의 세상 소문이 우리를 위협하고 있지만, 한 가지 분명한 사실은 하나님의 말씀에 잡혀 기도하고 교회 중심의 생활을 하는 하나님의 자녀들은 밤에 찾아오는 공포와 낮에 날아드는 화살과 어두울 때 퍼지는 전염병과 밝을 때 닥쳐오는 재앙을 두려워하지 않는다는 사실이다. 전염병으로 천명이 우리의 왼쪽에서, 만 명이 우리의 오른쪽에서 엎드러지더라도 이 재앙이 우리를 가까이 하지 못할 것이며 하나님께서 우리를 그의 날개깃으로 덮으시고 화가 우리에게 미치지 못하며 재앙이 우리의 장막에 가까이 오지 못하도록 천사들을 명령하여 모든 길에서 우리를 지키게 하실 줄 믿는다.

이 책을 처음 시작하면서 혹시 정한 기한 내에 원고를 마감하지 못하면 어떻게 하나? 이런 생각이 들 때 이사야서 66장 9절의 말씀을 주시면서 탈고할 수 있다는 믿음을 주셨다.

> 여호와께서 이르시되 내가 아이를 갖도록 하였은즉 해산하게 하지 아니하겠느냐 네 하나님이 이르시되 나는 해산하게 하는 이인즉 어찌 태를 닫겠느냐 하시니라 (사66:9)

필자가 여러 모로 부족하기 때문에 이 한 권의 책을 완성할 때까지 하나님께서 돕는 분들의 손길을 많이 보내 주셔서 합력하여 선을 이루게 하셨다. 원고를 읽고 신학적으로 세심하게 코멘트를 해 주신 최대열 목사님과 국문학적으로 중요한 코멘트를 해주신 심원섭 교수님과 원고 교정을 해 준 손길들과 책의 그림을 그려준 신정애 선생, 배영희 전도사님, 바쁘신 중에도 이 책의 추천사를 써주신 심원섭 교수님과 추경호 목사님, 박진건 목사님께 깊이 감사를 드린다.

이 책이 출판되면 교회 세미나와 교회학교 교사 교육자료로 사용하려고 기다리시는 목사님과 주변에 있는 분들을 전도하기 위해 전도용으로 사용하려고 기다리는 분들이 있다. 모두 필자의 기도의 동역자들이며 세계를 복음화하기 위한 꿈을 잉태하고 있는 소중한 분들이다. 하나님의 꿈이 우리의 비전이 되고 예수님의 성품이 우리의 인격이 되고 성령님의 권능이 우리의 능력이 되어, 이 책을 가까이하는 모든 분들이 영적으로 죽어가는 생명을 살리고 세계의 많은 민족을 예수님 기뻐하시는 제자로 삼아 생명록에 기록되기를 소망한다. 우리의 이름이 기록된 거룩한 성 새 예루살렘에서 하나님께서 우리에게 예비하여 베풀어 주시는 상을 받고 주님과 함께 영원히 사는 복을 누리길 간절히 기도한다.

보라 내가 속히 오리니 내가 줄 상이 내게 있어 각 사람에게 그가 행한 대로 갚아 주리라(계22:12)

아멘, 주 예수여, 오시옵소서!

Amen. come, Lord jesus!

부 록

1. '성소에서 드리는 기도' 말씀 구절

(시20:1~3) / (시141:2) / (사56:7) / (히4:16) / (말3:1) / (마21:13) / (막11:17) / (눅2:36~38) / (눅2:25~33)

2. '구하는 기도' 말씀 구절

(마7:7~8) / (마7:9~11) / (시2:8) / (마6:33) / (시55:1) / (요16:24) / (시27:4) / (시54:2) / (시55:1) / (시143:1) / (시145:18) / (약4:2~3) / (엡6:18) / (골4:2) / (롬12:12) / (겔36:37) / (슥10:1) / (욘1:6) / (요14:13~14) / (요15:16) / (딤전5:5~6) / (몬1:22) / (눅11:9~10) / (눅12:29~30) / (눅12:31) / (마18:19) / (롬8:26) / (고후1:11) / (빌4:6~7) / (골4:3) / (골4:12) / (요14:13) / (요14:14) / (요15:7) / (요15:16) / (요16:23) / (요16:24)

3. '응답받는 기도' 말씀 구절

(시91:15) / (시20:5) / (마11:24) / (요14:13~14) / (시35:13) / (시66:19) / (시66:20) / (시69:13) / (요일5:15) / (롬12:12~13) / (시69:13) / (시69:17) / (막9:29) / (막11:24) / (행9:40~42) / (행10:30~31) / (약5:13~14) / (약5:15~16) / (약5:17~18) / (시65:24~25)

4. '부르짖는 기도' 말씀 구절

(시142:1) / (시27:7) / (시140:6) / (시4:3) / (시5:1~2) / (시28:1) / (시18:6) / (시39:12) / (시40:1) / (시55:16) / (시77:1) / (시88:1~2) / (시88:13) / (시102:1) / (시130:1~2) / (시142:5) / (시142:6) / (시61:1) / (눅18:7~8)

5. '들으시는 기도' 말씀 구절

(시10:17) / (시66:18∼19) / (시66:20) / (시116:1∼2) / (욥22:27) / (사6:9) / (단9:23) / (마6:9) / (마21:22) / (눅18:1) / (눅18:7) / (행28:8∼10) / (롬12:12∼13) / (고전14:14∼15) / (딤전2:8) / (딤전4:4∼5) / (벧전3:7) / (계5:8) / (계8:3∼4)

6. '고통 중에 드리는 기도' 말씀 구절

(시118:5) / (시17:1) / (시55:17) / (시61:1) / (시69:17) / (시102:2) / (시107:6∼7) / (시107:13∼14) / (시107:19∼20) / (시107:28∼29) / (시116:3∼4) / (시120:1) / (욘2:1∼2) / (눅22:44)

7. '간청하는 기도' 말씀 구절

(눅11:8) / (마26:39) / (행12:5) / (행12:11∼12) / (히13:18∼19)

8. '성령이 도우시는 기도' 말씀 구절

(롬8:26) / (눅11:13) / (엡6:18) / (눅22:41∼43) / (눅3:21∼22) / (눅9:28∼29) / (눅22:39∼43) / (행13:2∼3) / (엡6:18) / (유1:20∼21)

9. '은혜를 구하는 기도' 말씀 구절

(시86:3) / (눅18:13) / (마24:20) / (마26:42) / (막13:18) / (눅5:16) / (눅11:1) / (롬1:9∼10) / (빌1:9∼11) / (살후1:11∼12) / (살후3:1∼2)

10. '그의 나라와 의를 구하는 기도' 말씀 구절

(눅12:30~31) / (마6:33) / (행6:5~6) / (행10:1~5) / (딤전2:1~2)

11. '깨어있는 기도' 말씀 구절

(눅21:36) / (마26:41) / (막14:38) / (눅6:12~16) / (눅21:36) / (눅22:45~46) /
(행16:25~26) / (골4:2)

12. '감사 기도' 말씀 구절

(눅22:17~18) / (눅22:19) / (마26:27~28) / (막14:23~24) / (골1:3~5) /
(골1:9~12) / (살전1:2~4)

13. '응답을 주시는 기도' 말씀 구절

(시4:1) / (욘2:7) / (눅1:10~13) / (살전5:17)

14. '오직 기도' 말씀 구절

(행1:14) / (행2:42) / (행6:3~4) / (마26:41) / (벧전4:7)

15. '받지 않으시는 기도' 말씀 구절

(마6:5) / (마6:7) / (막12:38~40) / (눅18:10~11) / (눅20:46~47)